D1652680

Auf heimatlichen Jägerpfaden

Begegnungen mit Jagd und Jägern
im Schlitzerland, Vogelsberg und Knüll

von
Dr. Matthias Krafft

Illlustrationen:
Heinrich Dahmer

Euler Verlag

Impressum

Herausgeber: Euler Verlag, Lauterbach, © 2001

Idee und Text: **Dr. Matthias Krafft**
Illustrationen: **Heinrich Dahmer**

Satz und
Gestaltung: Christine Schenkel, Druckhaus Lauterbach GmbH
Lithos und Druck: Druckhaus Lauterbach GmbH
Buchbindearbeiten: Buchbinderei Keller, Kleinlüder

Nachdruck, auch auszugsweise, nur mit Genehmigung
des Verlags und des Autors

ISBN: 3-933983-23-1

Meinen Freunden und Gönnern in dankbarer Erinnerung gewidmet

Der Autor

Er wurde am 18.7.1942 im von alliierten Bomberflotten schwer heimgesuchten Kassel geboren und mit seiner Familie nach Verlust des gesamten Besitzes mehrerer Generationen nach Schlitz zu Verwandten evakuiert, wo er in der idyllischen Umgebung der Burgenstadt seine ersten und unumkehrbaren Naturprägungen erfuhr.

Nach Voksschule und Gymnasium legte er am Alexander-von-Humboldt-Gymnasium der Kreisstadt Lauterbach sein Abitur ab und nahm an der Gießener Alma Mater das Studium der germanischen und englischen Philologie auf, das er mit dem ersten Staatsexamen abschloss.

Nach seiner Promotion mit einer Dissertation über die Schlitzerländer Mundart legte er am Studienseminar Darmstadt sein Zweites Staatsexamen ab, dem der Eintritt in den Schuldienst des Landes Hessen mit einer Assessorenstelle am Dreieich-Gymnasium Langen folgte.

Von dort auf eigenen Wunsch nach Lauterbach versetzt, unterrichtete er an seiner alten Schule vorwiegend in der Oberstufe und wurde auch nach Herbstein an die Förderstufe der dortigen Gesamtschule abgeordnet. Hier war er jagdlich, kommunalpolitisch und fastnachtlich als Aktiver tätig, bis ihn ein privater Umbruch in den Kreis Hersfeld/Rotenburg in die Gemeinde Ludwigsau umziehen ließ.

Nach seiner Pensionierung, die seine Unterrichtstätigkeit an der Blumensteinschule in Obersuhl beendete, ist er am neuen Wohnort im Kreise seiner neuen Familie politisch, jagdlich, schriftstellerisch und journalistisch tätig. Die Verbindungen zu seinem geliebten Vogelsberg und Schlitzerland bestehen allerdings weiterhin fort.

Von Wesen, Einstellung und Elternhaus her konservativ geprägt, steht er in einem distanziert-skeptischen Spannungsverhältnis zu den Erschienungsformen der zeitgeistorientierten Gegenwartsgesellschaft, deren Aktivitäten er kritisch verfolgt und streitbar kommentiert.

Mit diesem Buch, das Biographie, Dokumentation, Reflexion, Analyse und Streitschrift zugleich ist, tritt er engagiert für die „Saubere Jagd" ein, die seinen Lebensprinzipien entspricht und in Gegensatz zu vielen Jagdpraktiken rückt, die eine wertungebundene Gesellschaft mit sich bringt. Indem er sich konsequent mit Missständen „im eigenen Hause" auseinandersetzt, bezieht er daraus die Legitimierung, für Jagd, Jäger und Jagdwesen einzustehen.

„Unbequem" zu sein – darin sah und sieht er seine jagdliche, politische und gesellschaftlliche Aufgabe; sterile Ruhe wie kritikloses Sich-Fügen sind ihm unentschuldbare Sündenfälle, denn das Mitverantwortungsprinzip steht im Mittelpunkt seines Denkens und Handelns.

DEM LESER AN'S HERZ GELEGT

Vierzig Jahre Wald und Flur,
Und alles in der Heimat nur! –
Jägerfreude, Jägerleid
Hielt mir diese Zeit bereit.

Jägerglück und Jägerfrust,
Besinnlichkeit und hohe Lust –
All dieses hat bei Tag und Nacht
Mir die Jagd daheim gebracht.

Davon will ich hier berichten,
Denn diese Zeilen sind mitnichten
Schießchronik und Streckenkunde
Aus eines Großwildjägers Munde.

Nein, das wollen sie nicht sein!
Auf so was gehe ich nicht ein!
Zur Heimatjagd in Wald und Feld,
Da habe ich Euch hin bestellt.

Hören, Schauen muss man können,
Möchte man sich „Jäger" nennen.
Nur dem erschließt sich die Natur,
Der voll Respekt auf ihrer Spur!

Wer heimat- und naturverbunden
Bewusst erlebt die Ansitzstunden,
Der kehrt erfüllt nach Haus' zurück,
Denn er erfuhr das wahre Glück!

PRÄLUDIUM

Drei Freunde haben mich dazu motiviert, dieses Buch in der vorliegenden Form an das Licht der Lesewelt zu bringen, nachdem ich ihnen meine diesbezüglichen Ideen unterbreitet hatte. Jeder auf seine Art war mithin an dieser Geburt beteiligt.

Kurt-Joachim Riedesel, F.z.E., Thilo von und zu Gilsa sowie Heinrich Dahmer waren von Anfang an in dieses Projekt eingebunden und halfen mir – jeder auf seine Art – bei seiner Umsetzung.

Heinrich Dahmer – ein lokal und regional bekannter und geschätzter Jagdmaler, passionierter Jäger und sensibler Naturbeobachter ist der Vater der von tiefem Naturgefühl und kundigem Verstehen der Vorgänge in Wald und Flur zeugenden Illustrationen, die eine ganz eigene Ausstrahlung besitzen und die genau das ausdrücken, was ich sagen möchte. Er ist ein langjähriger Jagdfreund, und wir teilen viele An- und Einsichten.

In den Revieren Stockhausen, Engelrod und Lanzenhain sowie Ludwigseck war und bin ich schon lange Jahre Gast von „Jockel" und Thilo, mit denen mich eine tiefe Freundschaft verbindet, die über das reine Jagen hinausreicht. Viele Gespräche und Unterhaltungen sind daher in Konzeption und Ausführung des Buches eingeflossen.

„Auf heimatlichen Jägerpfaden" ist kein Jagdbuch im allgemeinen Wortsinn, da es weder die Bejagung kapitaler Trophäenträger noch die Erbeutung von Massenstrecken abschildert, wie wir sie zur Genüge kennen. Auch gibt es nirgendwo Bilder von mir in der bekannten jagdlichen Siegerpose mit aufgestützter Hochwildbüchse und adäquatem Outfit.

Wer also nach dergleichen sucht, der lasse die Finger bitte davon, denn ihn wird dieses Buch enttäuschen. Wer dagegen um die Reize heimatlicher Jagd weiß, das Schlitzerland, den Vogelsberg und den nördlichen Knüllausläufer um Schloss Ludwigseck kennt und liebt so wie ich es tue, der dürfte Freude daran finden.

Zugleich ist es die Erinnerung an viele Jagdgefährten, die nicht mehr sind und an eine Zeit, in der noch anders gejagt wurde als heute üblich. Daher auch die Reflexionen über Wesen und Sinn der Jagd, mit der es ausklingt. Und für mich ist es Bilanz und Ertrag von vierzig Jahren Jagd „Auf heimatlichen Jägerpfaden".

Allen, die aktiv oder auf eine andere Art am Zustandekommen dieser Zeilen beteiligt waren – wissentlich und unwissentlich – deshalb von Herzen

„Waidmannsdank und Vergelt's Gott!"

Ludwigsau/Niederthalhausen, Herbst/Winter 2000/2001

Stationen

Mein jagdlicher Lebensweg

Der Kreis öffnet sich – jagdliche Kindheit und Jugend im Schlitzerland

So lang' ich mich erinnern kann,
Stand die Jagd stets obenan.
Das ist bis heute so geblieben:
Sie hat mich an- und umgetrieben.

Schon als Junge von sechs Jahren begann ich die Umgebung meiner Heimatstadt Schlitz zu durchstreifen und konnte bald Geläufe, Spuren und Fährten voneinander unterscheiden: gewandet war ich auf diesen Pirschen mit einer abgelegten Lodenjacke und einem ebensolchen Hut. Als Ausrüstung führte ich mein erstes 8x30 japanischer Provenienz und einen alten Spazierstock, der schon bessere Zeiten gesehen hatte, mit. Die Beine steckten bei entsprechender Witterung in geschenkten Gummistiefeln und ich fühlte mich als der Größte, der mit niemandem tauschen mochte.

Hinter dem Haus, in dem wir wohnten, erhob sich der Heidberg, der nördlich in das Hutzdorfer Feld und westlich in den Eisenberg übergeht. Einschließlich Quekker Wald wurden meine Kreise durch dieses Areal immer größer, denn mein Entdeckungshunger und die Hoffnung auf kapitalen Anblick beflügelten meine Schrittlängen und Schrittfrequenzen nicht unerheblich.

Auf allen möglichen verfallenen und zusammengebrochenen Hochsitzen hockte ich im Feld und an der Wald-Feld-Grenze herum – da, wo ich eine Rehfährte oder eine Fuchsspur im nassen Sommersand oder im Winterschnee ausgemacht zu haben glaubte. Die Anblicksausbeute hielt sich freilich in Grenzen, was sicherlich auch durch die noch nicht vorhandene Routine und Ausdauer bedingt war. So war der vorbeischnürende Fuchs schon kapitales Raubwild, und das zaghaft austretende Schmalreh musste mir den Kapitalhirsch ersetzen. Fasziniert war ich auch dann, wenn ich ein Gesperre Hühner aufging oder beim Bestreifen des Ufers der Schlitz Enten hochmachte. Das waren die ersten Höhepunkte eines sich bereits andeutenden Jägerlebens.

Ungeachtet der kopfschüttelnden Missbilligung meiner Frau Mama, die offenkundig anderes – und besseres – mit mir vorhatte, fiel in dieser Zeit die Entscheidung zur „Karriere" eines Fischers, Sammlers und Jägers, der den Höhenflug mütterlichen Ehrgeizes konterkarierte und rüde unterbrach. Mir war der Geruch nach Holzrauch schon damals sehr viel angenehmer als der nach edlen Wässerchen oder duftender Seife.

Meine erste Wasserbeute bestand aus einem 125 g schweren Jungbarsch und mein erstes Flugwild war ein Krammetsvogel, den ich im Rübenacker kniend mit der 22 lfb „streckte".

Das Pachtrevier des bekannten Facharztes Dr. med. Walter Z. – rund um Schlitz gelegen – wurde neben einigen anderen im Schlitzerland Ausbildungsstätte und Vorjägerprüfungsheimat. Zu diesen gehörte das Revier Üllershausen – vom Vater meines Freundes Ludwig L. angepachtet; das Revier Ützhausen, in dem der Vater meiner Jugendfreunde und Nachbarsjungen Didi, Heino und Matschka T. Beständer war und das Revier Hemmen, von Zahnarzt Rudi P. bejagt. Letztere öffneten sich mir dann besonders nach Erwerb des Jagdscheines.

Schlitz war zu dieser Zeit die typische bürgerlich und in ihrem Sozialgefüge stark hierarchisch geprägte Kleinstadt, deren Gesellschaftsordnung den Zweiten Weltkrieg nahezu unver- und -ändert überstanden hatte und diesen Zustand noch fast ein Jahrzehnt sozusagen „konservierte".

Bestimmte Familien, deren Wohn- und Fachwerkhäuser rund um den historischen Marktplatz idyllisch angeordnet sind, waren tonangebend und einflussreich, gehörten doch zu ihnen mittelständische Unternehmer, leitende Angestellte, Laden- und Geschäftsinhaber sowie Steuerberater und Juristen. Nach der Symbolfigur des Schlitzer Marktplatzes, dem sog. „Bornschorsch" – einer aus Sandstein gehauenen Brunnenfigur – wurden sie im Volksmund „Bornschorschpatrizier" genannt.

In den Händen dieser Familien nun befanden sich die angrenzenden Pachtreviere des Schlitzerlandes, so dass man, – wenn man die anderen Pächter noch mitrechnet – sagen kann, dass die Reviere rund um Schlitz von reputierlichen Schlitzer Bürgern gepachtet waren. Es war damals eine große Auszeichnung, wenn einen diese Pächter ausgeguckt hatten und einen für wert befanden, bei ihnen „mit rauszugehen".

Es wurde gern gesehen, wenn man zu revierspezifischen Gegenleistungen in der Lage, fähig und bereit war, die sich auf sämtliche Bereiche der traditionellen Revierarbeiten – wie Pirschwege rechen, Fütterungen beschicken, Anpflanzungen vornehmen, Assistenz beim Hochsitzbau, Hecken stutzen und Äsungsflächen anlegen – erstreckten. Da sich mein handwerkliches Geschick in krassem Missverhältnis zu meiner handwerklichen Passion befand, war dies die Zeit der Blutblasen, Schwielen, Riss- sowie Schnittverletzungen und schlaglädierten Daumen. In Kombination mit Rückenschmerzen und verstauchten Knöchelgelenken äußere Merkmale einer partiell nützlichen Existenz.

Brannte dann am Abend eines solchen Einsatztages ein Feuerchen, um das herumstehend oder -hockend mitgebrachte oder eingepackte Köstlichkeiten in Form regionalspezifischer Produkte wie Eier, Wurst, Brot sowie schluckfördernders Bier und verdauungsfördernder Schnaps konsumiert wurden, war das der Mühe überreicher Lohn und ein gemeinschaftsstiftendes wie -erhaltendes Ritual. Das Wort „Cholesterin" war zu dieser Zeit ebenso unbekannt wie der schnelle Griff zu desinfizierenden Arzneimitteln im Falle peripherer Verletzungen.

Meine im Verhältnis zu mir deutlich älteren Eltern waren oft genug entsetzt, wenn ihr Kronsohn verschwitzt, dreckig und verletzt daheim einpassierte und seine Klamotten vorsichtshalber vor der Wohnungstür abgelegt bzw. deponiert hatte.

Nach Ablegen der Jägerprüfung – „Erst das Abitur, dann die Jägerprüfung" hatten meine karrierebesorgten Eltern verfügt – standen mir dann neben den erwähnten Revieren noch weitere offen, wo ich nach Absprache genau spezifizierte Abschlussböcke, Rehwild, Niederwild und die erste Sau meines jungen Jägerlebens zur Strecke bringen durfte. Hier in die Details zu gehen, hieße den Rahmen dieses Buches sprengen und würde allein über diese Zeit einen ganzen Band erforderlich machen.

Als Jagdscheininhaber hatte ich nun auch Zutritt zum Honoratiorenstammtisch des Städtchens, wo vorerwähnte Pächter Sitz und Stimme hatten. Hier tat sich mir eine völlig neue Perspektive auf, da ich nun auch des Jagdscheines wegen eine Sprosse auf der Jagdleiter erklommen hatte und „dazu gehörte". Meine Talente als Erzähler und Imitator beförderten diesen Aufstieg nicht wenig, wenn auch das Honorar aus flüssigen Naturalien bestand, aber jagdlich förderlich war es allemal, wie die Öffnung weiterer Reviere und neuer Möglichkeiten zeigte. Hier wurde der Grundstock für langanhaltende Privatbeziehungen gelegt, die sich als abrieb- und bestandsfest erwiesen.

So waren es im Laufe der Zeit die Reviere Schlitz, Sandlofs, Rimbach, Pfordt, Üllershausen, Hemmen und Ützhausen, wo jagdliche Betätigung des jungen Waidmannes harrte, in deren Mittelpunkt Abend- und Nachtansitze standen, die dem Rehwild und den Sauen galten, der Hasenpass sowie die Teilnahme an sog. „Klepperjagden", von denen in anderem Zusammenhang noch ausführlicher die Rede sein wird.

Strohballen, Sitzstock, der untergelegte Rucksack sowie eine Vielzahl unterschiedlichster Leiter- und Sitzkonstruktionen boten abwechslungs-, anblicks- und beutereiche Jagdmöglichkeiten, wie ich sie mir heute mit Rücksicht auf meine Bandscheiben niemals mehr zumuten könnte. Zu dieser Zeit war es dem ausharrenden Jäger an der Wald-Feldgrenze noch ohne weiteres möglich, bei bestem Licht Anblick zu haben, denn das Wild war – aus den bekannten Gründen – noch nicht zum Nachtwild geworden. Überdies kannte man damals den Slogan „Zahl vor Wahl!" noch nicht, und ein Jährling von halber Lauscherhöhe hätte einen Riesenkrach mit dem Beständer nach sich gezogen!

Dankbar gedenke ich an dieser Stelle meiner beiden Lehrprinzen Dr. Walter Z. und Paul T. sowie des Jagdaufsehers Roman B., von denen ich ein Jahrzehnte überdauerndes Rüstzeug erhielt. Ihr Beispiel, ihr Vorbild und ihre Mühe waren es, die mich nachhaltig prägten und mir den Weg in das grüne Wunderland ebneten.

Ützhausen war mein Lehrrevier, mit dem mich sowohl personelle als auch landschaftliche und jagdliche Verbindungen verknüpften. Paul T., ein hochpassionierter, an den jagdlichen Traditionen ausgerichteter, ebenso strenger wie großzügiger und doch feinsinniger Mann mit ehernen Prinzipien unterwies mich, da mein Nachbar und Vater vorerwähnter Freunde, am gründlichsten und nachhaltigsten in sämtlichen Disziplinen des grünen Handwerks. Er, der vor dem Krieg Förster war, konnte uns Jungen jederzeit und überall etwas zeigen und vormachen. Ihn akzeptierten wir schon allein deshalb.

Unter seiner Ägide lernte ich alles Wissens- und Beherrschenswerte über die gesamte Palette der Revierarbeiten, über Pflanzen, Anpflanzungen sowie Einrichtung und Betreiben kleiner Fasanenvolieren. Darüber hinaus machte ich meine ersten Kochversuche für Mitjäger, die durch die Bank über ein robustes Verdauungssystem verfügt haben mussten, denn sie vertrugen die von mir kreierten und kredenzten Speisen ohne nennenswerte Negativfolgen.

In diesem Revier, das u. a. über eine gute Wasserjagd an der Fließstrecke der Schlitz im Gemarkungsbereich Ützhausen verfügte, fand alljährlich unsere traditionelle Sylvesterjagd im kleinen Kreis handverlesener und dazugehöriger Nimrode aller Schattierungen statt, in die ich schon integriert war, als der Jagdschein noch kein Thema war. Auch hernach natürlich, was mich mit großem Stolz erfüllte, denn im Lehrrevier dann auch jagen zu dürfen, empfand ich als eine bestätigende Auszeichnung.

Diese Sylvesterjagden hatten es, was Schützen, Treiber, Hunde, Umgebung, Organisation und Atmosphäre anlangt, in sich, wovon ich später noch detaillierter berichten werde. Zentrum waren nach Beendigung der Jagd meist zwei hohe, breite und tiefe Hochsitze, die kleinen Hütten auf hohen Stelzen glichen und die Aufnahme von fünf bis sechs Schützen, drei bis vier Treibern und erforderlichenfalls zwei Hunden gestatteten. Die Inneineinrichtung war spartanisch aber zweckmäßig, denn alle hatten Sitzbänke ebenso wie einen wärmespendenden Kanonenofen mit Ofenrohr durch die Wand. Gingen die Aufstiege zu löblichem Tun noch problemlos über die Leiter, wendete sich das Blatt während der anschließenden Ess- und Trinkstunden in kameradschaftlicher Atmosphäre dann dahingehend, dass der Abstieg getränkebedingt durchaus komplizierter sein konnte, was - gottlob - niemals zu ernsthafteren Gefährdungen geführt hat.

Als Sitz der gräflich-görtzischen Burggüter- und Forstverwaltung war das wunderhübsche, romantische Fachwerkstädtchen Schlitz traditionell und auf vielfältige Weise „mit der Herrschaft" – wie es hieß – verbunden, was sich auch in einer Vielzahl gesellschaftlich-jagdlicher Kontakte niederschlug. Das mittelständische Gewerbe – hier insbesondere die bis an den Zarenhof liefernde, aus gewerblichen Wurzeln hervorgegangene Leinenindustrie, die Beamtenschaft der o. a. Verwaltung sowie zahlreiche Handwerksmeister und Kaufleute bildeten die Grundlage der ausgeprägten bürgerlichen Stadt- und Gesellschaftsstruktur. Die wenigen landwirtschaftlichen Betriebe waren durchweg größer, was dazu führte, dass ihre Besitzer auch dem Lager der Bürger i.w.S. zuzuordnen waren.

Ihren gesellschaftlichen Niederschlag fand diese Sozialstruktur in einem ausgeprägten Vereinswesen, in dem Kulturelles deutlich im Vordergrund stand. Hier verdienen die sog. „Grünen Abende" besondere Erwähnung, denn sie führten die Angehörigen der gräflichen Verwaltung mit den jagenden Stadtbürgern zusammen, woraus sich eine differenzierte „Szene" entwickelte, wie wir heute sagen würden. Diese Entwicklung endete mit dem Ende des Zweiten Weltkrieges, erhielt sich aber in Einzelbeziehungen bis in meine Jugendzeit hinein.

Viel von dem, was Atmosphäre, Geist und Eigenheit dieser Kleinstadtkultur ausmacht, spiegelt sich in den Strophen des sog. „Schlitzer Liedes" wider, das von J. Ch. Dieffenbach stammt. Es wurde bei vielen Vereinsanlässen und bei den Eröffnungen des „Schlitzerländer Heimat- und Trachtenfestes" alle zwei Jahre auf dem vorerwähnten Marktplatz gemeinsam gesungen, denn jeder „richtige Schlitzer" kennt es auswendig. Seine erste Strophe sei daher der genaueren und besseren Verständlichkeit von Umwelt, Gesellschaftsstruktur und Lokalgeschichte hier abgedruckt:

„Im weiten, deutschen Reiche,
Da liegt ein Städtlein klein.
Im Ring von grünen Bergen
Ein heller Edelstein.
Ein klarer Fluss umspielet
Des trauten Städtleins Fuß.
Und seine Höhen senden
Dem Himmel frommem Gruß.

Ref. *Du Stadt, die uns geboren:*
Dir sei ein Gruß geweiht.
O mögst Du ewig grünen
Und blühen allezeit!"

In dieser Umgebung, in den Revieren um Schlitz herum, im Kreise einer verschworenen grünen Gesellschaft machte der Student der deutschen und englischen Philologie seine ersten bewaffneten Schritte und wartete unter der Woche an der Alma Mater in Gießen sehnsüchtig auf das jeweilige Wochenende und auf die Semesterferien, die ihn dann meist in Diensten Dianae und Huberti unterwegs sahen - per pedes, per Fahrrad, per Bus oder als „Mitgenommener", denn dass ein Studiosus zu Beginn der „Sechziger" etwa mit einem PKW ausgestatten gewesen wäre, das gab es nicht!

Sieben Reviere standen mir offen, die Reviergrenzen waren der Freundschaft wegen durchlässig, die Pachtpreise moderat und die Wildbestände, was Arten, Zahl und Bonität anlangte, hervorragend. Es war somit schon ein kleines Paradies, in dem ich jagen durfte.

Heute hat sich auch diese Situation gravierend verändert, was mit dem Verkauf der gräflich-görtzischen Waldungen an das Land Hessen begann. Die ehemals fest in Schlitzer Pächterhand befindlichen Feldreviere der zum Schlitzerland gehörigen Dörfer (heute: Ortsteile) von Untergrund, Fuldagrund und Kreutzersgrund sind an sog. „Frehme" (Fremde) verpachtet und die Reihen der Alten Garde haben sich erheblich gelichtet.

Privat und beruflich schlug ich nach meinem Zweiten Staatsexamen, meiner Promotion und nach meinem Referendariat in Darmstadt meine Zelte in der Kreisstadt Lauterbach auf, wodurch sich ein weiteres Tor in ein neues Jagdparadies öffnete, in den Vogelsberg.

Ein Füllhorn ergießt sich – Jagd, Menschen und Landschaft im Vogelsberg

Der Vogelsberg – Vulkanbasalt!
Auf seinen Höhen dunkler Wald.
Hier hat ein Füllhorn sich ergossen
Auf mich und viele Waidgenossen.

Im sog. „Riedeselland" – den Besitzungen der Freiherren von Riedesel zu Eisenbach – fasste ich, lanciert durch Freundeshände, jagdlich neuen Fuß. Von meiner beruflichen und dienstlichen Basis Lauterbach aus, wo ich mit meiner damaligen Frau ansässig geworden war, „eroberte" ich viele neue Reviere, denen nach unserem Umzug nach Herbstein noch weitere hinzugefügt werden konnten, so dass ich in meinen besten Vogelsberger Jahren von Maar bis Engelrod, von Herbstein bis Stockhausen, von Lauterbach bis Zahmen reichliche und reichhaltige Jagdmöglichkeiten auf alle regional vorkommenden Nieder- und Hochwildarten hatte.

Im Rückblick auf diese Jahre kommt es mir so vor, als sei ich im Galopp eine Leiter empor gestürmt, deren jede Sprosse für sich gesehen eine eminent wichtige Station gewesen ist, obwohl ich das damals mit Sicherheit so gar nicht realisierte sondern rauschhaft genoss.

Jagdlich, menschlich, gesellschaftlich und freundschaftlich Jahre, wie sie so mit Sicherheit nicht jedermann vergönnt sind. Erst bei rückerinnerndem Verarbeiten, zu dem ein Blick auf meine wahrlich gut bestückten Trophäenwände immer wieder einlädt, wird mir im Licht aus Reife und Alter erwachsenden Verstehens klar, was diese Jahre für mich darstellten und welche enorme Bedeutung sie für meine weitere Mensch- und Jägerwerdung hatten. Gottlob kann ich auch noch heute in vielen dieser Reviere zu grünem Tun aufbaumen, weshalb es keine Abbrüche oder Abrisse zu beklagen gibt.

Die Nordostabdachung des Vogelsberges von den Höhen des Taufsteines bis in den Lauterbacher Raum hinein mit ihren unterschiedlichen Klima- und Vegetationszonen bildet einen stark gegliederten und kleingekammerten Lebensraum für Pflanze, Tier und Mensch, der sich auch als Jagdgebiet besonderer Prägung erwies. Auf den Hochplateaus, in den Hanglagen und in den ebenen Ausläufern hatte sowohl Land- als auch Forstwirtschaft ein anderes Gesicht, was nicht ohne Auswirkungen auf die jagdlichen Rahmenbedingungen sowie auf die vorkommenden Wildarten blieb.

Man wird dem Vogelsberg wohl am ehesten gerecht, wenn man ihn als Landschaft mit ausgeprägtem Charakter bezeichnet, was sowohl auf seine landschaftliche Vielfalt wie auf seine herbe Kargheit zurückzuführen ist, die in ihrem Zusammenwirken auch den dort ansässigen Menschenschlag nachhaltig prägt. Das Produkt - „der Vogelsberger" – ist zäh, hart, erdverbunden, arbeitsam und bei allem gesellig und humorvoll, wovon zahllose Erzählungen, Anekdoten und Begebenheiten künden. Auf's engste mit Natur, Feld und Wald verbunden sowie durch vielseitige Bindungen an den Forst als wichtigen Arbeitgeber gebunden, spielt dort die Jagd naturgegeben eine ebenso wichtige Rolle wie der Forstbeamte (staatlich und privat) und der Jäger. Bauer, Waldarbeiter, Förster und Jäger sind der die jagdliche Szenerie nachhaltig prägende Personenkreis, woraus sich zahlreiche Verbindungen bis hinein in den Privatbereich ergeben und erklären.

Durch die ausgedehnten Waldungen des oberen Vogelsberges zieht kapitales Hochwild seine Fährte, und so ist es möglich, dass man an einem Ansitzabend die Schnepfe, den Hasen, den Fuchs, das Reh und Hochwild sehen bzw. bejagen kann. In der heutigen Zeit ist es wohl nicht vermessen, hier von jagdlichen Sternstunden zu sprechen, die so weder allgemein verbreitet noch vielen zu erleben möglich sein dürften.

Wer sich einen Sinneseindruck von der Gewalt der Naturelemente in uriger Landschaft verschaffen möchte, der stellt sich am besten einmal an den Waldrand zur Zeit der Herbststürme, wenn diese Regen oder Schnee waagrecht vor sich herpeitschen und krachend in den Baumbestand fahren, als sei der Wilde Jäger mit Huss und Hoh auf seinem Ritt durch die Nacht. So richtig der Lebensraum, aus dem die für den Vogelsberg so zahlreichen Mythen und Geistergeschichten entsprangen, denen zuzuhören mir immer ein großes Vergnügen war.

Hier erlebte ich Jagd als die urige Synthese aus Landschaft, Naturerscheinungen und Menschen, wie sie mir in dieser Plastizität und Eindringlichkeit niemals bisher zuteil wurden: ein Stück Kahlwild am Schweißriemen bei hoher Schneelage mit einem oder mehreren Gefährten auf den nächsten Holzabfuhrweg gezogen, während vom Himmel der Frostmond beißend herunterschaut – das waren Erlebnisse, die mich bis in mein Innerstes hinein durchdrangen und die mir stets wieder vor Augen erstehen, wenn ich mich zurückversetze in diese Jahre.

Rotwild und Schwarzwild im Oberwald, brave Böcke um Herbstein, Altenschlirf und Stockhausen, Sauen in Rudlos, Enten, Hasen und Füchse um Herbstein herum – zahllose glückliche und beutefrohe Stunden in Gesellschaft von Menschen, mit denen man diese Erlebnisse teilen konnte und durfte – wer so jagen darf, der ist fürwahr ein Liebling Huberti!

Werden dann aus Menschen Bekannte und aus Bekannten Freunde, dann hat man in der grünen Lotterie das große Los gezogen. Ich möchte keine dieser Minuten missen, ich werde keinen der Weggefährten vergessen, obwohl der Lebensstorm schon mächtige Lücken in diese Althölzer gerissen hat und ich dadurch zunehmend freigestellt bin. Gerade hier wurde ich Zeuge, wie sich ursprünglich rein jagdliche

Beziehungen zu freundschaftlichen und familiären auswuchsen, in denen ich Kameradschaft, Geborgenheit und Dazugehörigkeit empfand wie noch niemals zuvor. Man wurde Teil eines Ganzen, verwuchs mit Land und Menschen, man feierte Feste zusammen und ging manchen schweren Abschiedsgang. Gerade wir Jäger kennen ja den ehernen Grundsatz des „Stirb und Werde!", der unser Tun so nachhaltig und unverwechselbar prägt.

Wenn Jagd zur Basis menschlichen Miteinanders wird, wenn sich aus ihr ein Füreinander ableitet, dann ist sie weit über das hinausgewachsen, was eigentlich ihre Urform war. Ob das die wissen, die unserer Jagd den ideologischen Glaubenskrieg erklären – ich möchte es bezweifeln, denn sie wissen nicht, wovon sie reden!

Wie der innere Zusammenhalt der Vogelsberger Jägerschaft beschaffen war, das möchte ich am Beispiel des Altenschlirfer Jägerstammtisches verdeutlichen, dem in den besten Zeiten ca. 15 Grüne als sog. „harter Kern" angehörten.

Wir trafen uns allmittwöchlich beim „Briggedelles" in Altenschlirf nach dem Abendansitz je nach Jahreszeit gegen 18:00 bzw. 22:00 Uhr. Präsidiert wurde diese Institution durch den Riedeselschen FAM Willi H. aus Altenschlirf, und ihr gehörten Handwerksmeister und Beamte ebenso an wie Unternehmer, Rechtsanwälte und Zahnärzte.

Gemeinsames Jagen, gemeinsame Feiern und der gemeinsame letzte Gang hatten uns im Laufe der Jahre zusammengeschweißt, so dass der Stammtisch eigentlich über seine Grenzen hinausgewachsen und zu einem Kristallisationspunkt geworden war, in den auch die Gattinnen integriert wurden. Fast möchte man von einer jagdlich fundierten und strukturierten Großfamilie sprechen.

Viele unterschiedliche Unternehmungen nahmen hier ihren Anfang, mancher Trophäenträger wurde hier gebührend gefeiert und manche Jagdreise startete eben hier. Klassen- oder Standesunterschiede kannten wir nicht, denn wenn etwas zählte, dann war es das Jagdliche. Ein guter Jäger war uns stets willkommen und auch zu ansässigen Landwirten bestanden enge Kontakte. Mancher von ihnen spannte nachts an, wenn es galt, einen starken Keiler oder einen Hirsch zu bergen und im Triumphzug vor unsere Wahlheimat zu fahren.

Die im Laufe der Zeit zusammengekommenen Episoden, Begebenheiten und Vorkommnisse aus unseren Reihen würden einen eigenen Band füllen. Anwesenheitspflicht bestand freilich nicht, aber wem es irgend möglich war, der passierte nachansitzlich am Stammtisch neben dem offenen Kamin ein.

Herbstens und winters vereinigte uns oft ein gemeinsames Leberessen, denn dann war die hohe Zeit des Abschusses weiblichen Rot- und Rehwildes. Wer erfolgreich war, der gab seine Naturalspende in der Küche unserer Wirtin Erna G. ab, wo sie der kulinarischen Veredelung zugeführt wurde. Unser Stammtischvater – „Vadder" genannt – höchstpersönlich überprüfte mit seinem extrem sensiblen Windfang zunächst die angelieferten Lebern, denen er sogar anzuriechen vermochte, wo der Schuss saß. War dieser „e bissje weit hinte oder weich", dann kannte er keine Gnade und die Hunde hatten eine Leber mehr im Futternapf. Was unsere Erna aus Lebern zu zaubern vermochte, war kochmützenverdächtig und kann als „haute cuisine rusticale de la chasse" bezeichnet werden, überdies waldfrisch und kreativ zubereitet.

Dass es am Stammtisch gelegentlich auch gewaltig krachen konnte, erhellt allein aus der Tatsache, dass keiner der hochedlen Grünen vom Laster des Jagdneides restlos frei war. Jeder sieht halt ein Gehörn oder Geweih lieber an der eigenen statt an der Wand des anderen. So mancher heiße Strauß um das Alter des Grenzbockes wurde lautstark und vehement ausgefochten nach dem Motto: ist der betreffende Bock bei mir gefallen, dann ist der Abschuss natürlich gerechtfertigt; fiel der gleiche aber bei dir, dann ist es ein krasser Fehlabschuss! Aber so sind wir Jäger nun einmal!

Dass wir untereinander zu herbst-winterlichen Jagden nachbarschaftlichen Zuschnitts einluden bzw. gingen, war guter Brauch, doch davon später mehr.

So war unser Alterschlirfer Jägerstammtisch zu Zeiten seiner Hochblüte eine lokal geschätzte und regional bekannte Institution, der anzugehören durchaus als Privileg verstanden und geschätzt wurde. Beileibe nicht nur jagdliche Themen bildeten den Hauptgegenstand unserer Gespräche sondern auch die kleine und große Politik, denn in unseren Reihen befanden sich auch Kreis- und Landespolitiker.

Ich kann und will dieses Kapitel nicht abschließen, ohne meine beiden Jagd/Freunde Heini D. und Herbert H. mit ihren Familien aus Lauterbach zu erwähnen, denn das Jagen und Leben mit ihnen gehört zu den Höhepunkten meiner Vogelsberger Jahre. Ihre neidlose, großzügige und kameradschaftliche Art des geselligen Jagens, in dessen Mittelpunkt Revier und Hütte des Pachtrevieres Rudlos standen, war für mich eine völlig neue, andere Dimension der Erfahrung von Jagen und Jagd. In diesem Revier schoss ich mehrere Sauen, deren Erlegung jeweils in denkwürdiger Manier zelebriert wurde und von der wir noch heute sprechen, wenn wir uns treffen. Gastronomisch, kulinarisch, jagdlich, menschlich und gesellschaftlich waren dies Jahre, die erlebt zu haben bzw. erlebt haben zu dürfen im Rückblick gesehen zu den Höhepunkten meiner Jagdzeit im Vogelsberg gehörten und gehören.

Hier wäre ich wohl bis an das Ende meines persönlichen, dienstlichen und jagdlichen Erdenwandels geblieben, hätte nicht eine tiefe Caesur zu einer völlig neuen Lebensplanung geführt. „Vom Vogelsberg nach Nordhessen in den Besengrund nördlich von Bad Hersfeld in den magischen Lebens- und Jagdkreis rund um Schluss Ludwigseck" – das war ein Sprung, wie ich ihn mir zwei Jahre zuvor noch nicht hätte träumen lassen: privat, lokal, dienstlich, sozial und jagdlich! Als Mittvierziger auf allen Feldern noch einmal grundlegend neu anzufangen fiel mir, dem konservativen Gewohnheitsmenschen, der überdies noch eine recht bequeme Grundeinstellung zu den Dingen des Lebens besitzt, nicht gerade leicht.

Aber auch in diesem Lebensabschnitt waren es wieder menschlich-freundschaftliche Fäden, die mich zogen und leiteten. Da ich die Bande zum Vogelsberg nie kappte und neue knüpfen konnte, bin ich heute in der glücklichen Lage, hier wie noch dort jagen zu können – in den beiden großen Paradiesen meines bunten, abwechslungs- und beutereichen sowie beglückenden Jägerlebens, für das ich sämtlichen Waldgeistern und Schutzpatronen tief dankbar bin.

Anhand solcher Bruchlinien meiner Biographie wurde mir immer wieder vor Augen geführt, dass Jagen stets mehr ist als Schießen. Neues Jagen heißt für mich neue Menschen; neue Menschen sind neue Herausforderungen; neue Herausforderungen bedeuten neue Bewährungen, neue Bewährungen führen zu neuen Erkenntnissen und Erfahrungen, die mein Leben unendlich bereichern. Jagen als Lebensprinzip mit eigener Sinngebung und spezifischer Persönlichkeitsformung – das ist es, was den unvergleichlichen Reiz ausmacht, der nur ganzheitlich erlebt werden kann.

Der Kreis schließt sich – erfülltes und erfüllendes Jagen um Ludwigseck

Auch jagdlich wirst Du reif; wirst Mann!
Bewusster, Freund, erlebst Du dann,
Was die Jagd bereit Dir hält
In neuer Um- und Lebenswelt!

Ludwigsau, Ludwigseck, Besengrund – wer die Landschaft, die Menschen, den Lebensraum und die Jagd „dort oben" kennt, der weiß, wo ich seit meiner Übersiedelung „dahin" meine Fährte ziehe. Vom Basalt bin ich gekommen, vom Hochplateau des Vogelsberges und seinen Abdachungen. Auf Buntsandstein bin ich gelandet, im zerteilten, grabendurchzogenen, steilhängigen Knüllausläufer. Als Jäger bin ich dort wie jetzt hier um die Wege: neugierig, offen, erwartungsvoll nach vorn blickend. Erst jetzt bin ich in der Lage das, was Jagd im Innersten ausmacht, zu begreifen und zu schätzen.

Das Forstamt Ludwigseck – zu den Besitzungen der Freiherren von Riedesel zu Eisenbach gehörig – wurde aufgrund verschiedener Umstände zu meinem neuen jagdlichen Betätigungsfeld, in dem ich – bisher überwiegend Feldjäger – zum reinen Waldjäger wurde, und das noch im Rotwildkerngebiet!

Nahezu ausschließlich auf Buntsandstein gelegen, gibt es natürlich sowohl hinsichtlich der Wildpret- als auch der Trophäengewichte des Rotwildes deutliche Unterschiede zum Vogelsberger Basalt. Tief eingeschnittene Bachtäler zerschneiden die Waldkomplexe in einzelne Rücken, die mit Fichten und Buchen bestanden sind, während die Kiefer demgegenüber deutlich geringer vertreten ist. Das FA

Ludwigseck umfasst ca. ein Drittel der Gesamtwaldfläche, deren Hauptanteil im Vogelsberg liegt. Die Geländeformationen stellen den Waldbau und die Holzbringung in Anbetracht der steilhängigen Geländefaltung vor besondere Probleme, wie wir sie aus dem Vogelsberg nur bedingt kennen.

Das Forstamt liegt mit der Hauptmasse seiner Fläche im oberen Rohrbach- und Teilen des Beisetales handtuchförmig in den Staatswald eingelagert. In den Revieren von Baron Hans Hubertus R. F.z.E. sowie denen der Familie von G. erhielt ich ein sich allmählich erweiterndes jagdliches Betätigungsfeld, wofür sich FM Walter H. verwendet hatte. Die Umstellung auf die Eigenheiten und Erfordernisse der Waldjagd fiel mir relativ leicht, da ich bereits im Vogelsberg in einigen Waldrevieren um die Wege war. Hier jedoch – als reiner Waldjäger – konzentrierte sich mein Tun auf Schneisen, Kulturflächen und eingesprengte Waldwiesen. Neben der Fortsetzung der mir schon früh vertrauten Revierarbeiten kamen hier die Teilnahme an den Vorbereitungen zu Drückjagden sowie die Anlage und Betreuung von Wildäckern hinzu, was mir immer sehr viel Freude bereitete und bereitet.

Da es hier üblich ist, Drückjagden durchzuführen, ist deren Planung, Vorbereitung, Durchführung und Nachsorge ein nicht unwesentlicher Bestandteil des regulären Dienstes der Revierbeamten Bernd S., Revier Ersrode; Michael F., Revier Heyerode und Hartmut Z., Revier Niederthalhausen. Die beiden Erstgenannten kannte ich schon aus ihrer Ausbildungszeit, die sie anteilig in von mir mitbejagten Revieren des Vogelsberges verbrachten. Wie im Vogelsberg, so verfügt die Waldgesellschaft der Riedesel F.z.E. auch im FA Ludwigseck über sehr passionierte, kompetente und motivierte Revierbeamte mittleren Alters, denen die Freude am Leben und Jagen deutlich anzumerken ist. Das jagdliche Handwerk in allen seinen Sparten und Unterabteilungen beherrschen sie, was bis in den Bereich der Führung von hier eingeladenen Gästen reicht.

Da die Jagdherrin und der Jagdherr der beiden Teilflächen sowie deren Familien immer Gäste von der Bockjagd bis zum Ende der Drückjagdsaison haben, lernte und lerne ich immer neue Gäste = Jäger = Menschen kennen, was ich als unendliche Bereicherung registriere und dankbar annehme. Aus solchen Begegnungen sind mittlerweile feste Freundschaften erwachsen, auf deren keine einzige ich je verzichten möchte.

Das in unseren Kreisen gepflegte sog. „Waidmannsheilgeschwätz" ist alles andere als eine Negativbezeichnung sondern eher eine leicht ironische Bezeichnung eines lebendigen und facettenreichen Erfahrungs- und Erlebnisaustausches zwischen Menschen, die durch das gemeinsame Jagen eng zusammengerückt und miteinander vertraut geworden sind. Es ist immer wieder ein freudiges Willkomm, das man nach Jahresfrist empfindet, wenn der oder jener wieder zur Jagd einpassiert oder einschließt.

PASSIONEN

Jagen ist und bleibt eine Sache des Herzens

Jagd in den Jahreszeiten

Das Jahr – es hat vier Jahreszeiten,
Die uns durch Wald und Flur begleiten;
Die Jagd – im Zyklus fest vom Jahr
Ist rund um dies stets wunderbar.

Wie kaum ein anderer Zeitgenosse nimmt gerade der Jäger den Wechsel der Jahreszeiten besonders intensiv wahr, bedeutet dieser doch immer auch einen Wechsel der Jagd – klimatisch, vegetationsmäßig, jagdstrategisch und – emotional! Ausgehend vom Betrachtungsstandort des jagenden Menschen stehen die vier Jahreszeiten unter speziellen jagdlichen Prämissen, werden also gewissermaßen symbolisch von diesen eingefärbt. Zu jeder Jahreszeit nämlich rückt eine andere Wildart in das Zentrum jägerischen Begehrens, Denkens und Fühlens und beschäftigt seine fünf Sinne in entsprechendem Maße.

Klassischerweise beginnt der Jahreszeit-Jagd-Zyklus mit dem „Vogel mit dem langen Gesicht" und dem rucksenden Tauber. Vom Mai bis hin in den August tritt dann der Bock auf die Bühne und die Sauen betreten sie ab Mitte Juni. Wo vorhanden, drängt dann die Jagd auf den Feisthirsch alles andere in den Hintergrund, bevor dann der Brunfthirsch und danach das Kahlwild sowie das weibliche Rehwild unsere Aufmerksamkeit binden. Regional beschäftigen Muffel- und Damwild die Jäger, bevor die breite und vielfältige Palette der Herbst- und Winterjagden die ungeteilte Hinwendung des Jägers erheischt.

Diesen altüberlieferten Jagd-Jahreszeiten-Zyklus freilich haben Gesetzesveränderungen, Änderungen der Jagd- und Schonzeiten, Abweichungen innerhalb der Bundesländer sowie Streichung und Neuaufnahme bejagbarer Tiere gewaltig und substantiell verändert, aber ich habe ihn noch voll „durchlebt".

Wir Jäger dürfen gespannt sein, was uns politisch und gesellschaftlich noch alles an Restiktionen auferlegt wird, und ich wage die Prognose, dass es eher mehr denn weniger, eher schmerzhaft denn vernünftig sein wird. Eine Gruppe, die weder in der Politik noch in der Gesellschaft eine entsprechend einflussreiche und organisierte Lobby hat, wird sich nur sehr schwer behaupten und durchsetzen können. Wer den organisierten Zeitgeist gegen sich hat–und das haben wir Jäger nun einmal – der wird von diesem ausgegrenzt und stigmatisiert. Aber es geht ja hier um Jagd und Jahreszeiten, nicht um pessimistische Kulturbetrachtungen!

Ich selbst fieberte jahrzehntelang dem Beginn der Bockjagd entgegen, so dass der 16. Mai irgendwie ein magisches Datum für mich war. Nach manch guter Trophäe und schmerzlichen Versagererlebnissen bin ich nunmehr ein jagender Paulus geworden, der eher bescheiden und leise hoffend den ersten Bockgang unternimmt als beutehitzig und schussfiebrig. -

Zunächst und vor allem galt es, die unterdurchschnittlichen Knopfer zu erlegen, dann erst den freigegebenen Abschussbock. „Gute" waren sowieso Privileg des Jagdherren und seiner auserwählten Gäste – dies vor allem während der Blattzeit. Heute, wo ich zu den „Privilegierten" gehöre, denke ich immer wieder an die verzichtsreichen und trophäenarmen Jahre zurück, die mir manchen Frust bescherten.

Ab dem ersten Mai Schmalrehe und Böcke zu erlegen – daran kann ich mich noch immer nicht recht gewöhnen; zu tief steckt noch die emotionale Sperre, derzufolge „der Brave" erst während der Blattzeit bejagt werden durfte, in meinem Unterbewusstsein. „Ich gehe doch nicht im Pelz auf den Bock!" – das sagte mir mein verehrter Freund Johannes Graf Westerholt in einer unserer zahlreichen Unterhaltungen über Jagd und Wild. An ihn und diesen Satz muss ich oft denken, wenn ich – mal wieder – in einen Zielkonflikt geraten bin. Einen lauscherhohen Jährlingsgabler von 16 kg oder mehr nach dem Motto „Zahl vor Wahl!" am ersten Mai zu strecken – das kann, will und werde ich nicht tun!

Der Bock im hellgrünen Maienwald, der faule Feistbock vom Juni, der rastlos suchende und toll dahersprengende Blattbock um die Monatswende Juli/August sowie der nach wochenlangem Verschwinden wieder auf der herbstenden Äsungsfläche auftauchende Nachlesebock – das ist die Synthese von Jahreszeit und Jagd.

Eine Wildart vor dem Hintergrund wechselnder, jahreszeitlicher Szenarien zu beobachten und zu bejagen – das verschafft dem Jäger tiefe Einblicke und große Einsichten und krönt die Jagd, die allemal und überall mehr ist als nur die Abgabe eines Beuteschusses. Wer sein Wild offenen Auges und offenen Herzens bejagt, der wird selbst Teil dieses magischen Zyklus aus Kalender und Jagd. Er taucht ein in die unsichtbar vorhandene Poesie, die sich um das Wild in den verschiedenen Jahreszeiten rankt. -

So werden die Jahreszeiten mehr als nur temporär begrenzte Perioden des Wachsens und Welkens. Sie werden eigenständige Zeitelemente ureigenster Prägung: Frühling – fettes, üppiges, helles, saftiges Wachstum von Kraut und Laub; Sommer: hitzeflirrendes, trockenes Reifen an Baum und Strauch, über und unter der Erde; Herbst – mild durchwärmte, klare und kühle Ernte in Feld und Wald; Winter – frostkalte, weiße, erstarrte Ruhe unter der Decke! All dies, als globale Klimaveränderungen gigantischer Dimensionen noch unbekannt waren und die Natur noch nicht durch den Menschen von den Füßen auf den Kopf gestellt wurde: „Tempora mutantur et homines venatoresque in illis!" (Die Zeiten ändern sich und die Menschen/Jäger mit ihnen). Dankbar erinnere ich mich der Zeiten, als dieses System noch einigermaßen funktionierte: die streichende Frühjahrsschnepfe; der schweißtreibende Sommeransitz auf den Blattbock; die herbstliche Hühnersuche; die Jagd im Schnee auf gekreiste Wintersauen!

Ein Gastjägerleben

Als Gast, da habe ich gejagt
Ein Jägerleben unverzagt.
War Gast in Hütte, Haus und Schloss,
Pirschte allein und fuhr im Tross.

Im Laufe meines bisherigen Jägerlebens konnte und durfte ich in mehr als vierzig unterschiedlichen Revieren unseres schönen Hessenlandes jagen, weshalb ich diese Zeilen an den Anfang meines Berichtes stellen möchte, der eigentlich gar kein Bericht im Wortsinne sein soll. Vieles von dem, was ich nachfolgend nachzuzeichnen versuche, ist eben nur aus der Perspektive eines Gastjägers richtig und umfassend zu verstehen und zu begreifen.

Viele der in meinem Schussbuch aufgeführten Wald-, Feld-, Pacht- und Eigenreviere sind mir so zu vertrauten Heimatrevieren geworden, in denen ich noch heute jage; andere wiederum sanken in die Konturlosigkeit zurück, da unsere Beziehung sich auf – wie ich es nennen möchte – Einmalaktionen beschränkte.

Demgegenüber entwickelten sich aus dem ersten Kennenlernen oft genug tiefe, beständige und nachhaltige Bindungen, die Jahrzehnte überdauerten.

Wenn sich auch im Laufe unserer ungeheuer dynamischen Gesellschafts- und Umweltentwicklung Landschaft, Land und Leute rapide verändern, genügt oft nur eine kurze Kontakneuaufnahme, um alles schnell wieder plastisch erstehen zu lassen.

Und dann die mit dieser Wanderung durch Jagd, Geschichte und Geographie verbundenen Menschen, unter denen ich viele Freunde fand, mit denen mich noch immer eine tiefe Beziehung verbindet: Menschen, die mich beeinflussten, prägten; die mir zu denken gaben und mich beschenkten; die mich zur Ordnung riefen, zurechtstutzten und aufbauten, die einfach da waren; mit denen man gemeinsame Freude und gemeinsamen Schmerz teilte; mit denen sich Willkommen und Abschied verband! So war – aus meiner jetzigen Sicht betrachtet, denn damals begriff ich vieles noch nicht – die Jagd oftmals Einstieg in eine menschliche Beziehung, die das reine Jagen überhöhte und ergänzte.

So trug ich als Gastjäger neben der Trophäe und dem Eintrag in das Schussbuch oft einen ganzen Koffer liebgewordener und geschätzter Erinnerungen zurück in meine Wohnwelt. So habe ich es bis auf den heutigen Tag niemals bereut, niemals Pächter eines Revieres geworden zu sein, was ich mir ganz zu Beginn in bunten Blütenträumen detailgenau ausgemalt und vorgestellt habe. Bald jedoch wurde mir klar, dass ich sie dann alle niemals kennengelernt hätte, die mich so durch mein Jägerleben begleiteten und noch immer begleiten.

Im Sinne dieses Kapitels hieß und heißt „Gast sein" nichts anderes als: willkommen sein; offenen Armen entgegengehen; akzeptiert zu werden, wie man eben ist; im umfassenden Wortsinn „empfangen" zu werden.

Andererseits erzieht und bildet das Dasein als Gastjäger insoweit, als man immer wieder Neues lernt. Neues aus sämtlichen Bereichen der Jagd; Neues auf regionaler Basis; Neues durch andere Landschaften und Wildarten; Neues durch jagdliches Expertentum und Neues durch neue Bekanntschaften.

Wer Jagdgast ist, der muss zuvörderst korrekt, verlässlich, verantwortungsbewusst, ehrlich – kurz: „waidgerecht" in des Wortes umfassendster Bedeutung sein. Schließlich vertraut einem der Gastgeber Revier, Wild, seinen Ruf und sein Refugium an, wofür er erwarten kann und muss, dass der Jagdgast bzw. Gastjäger genau weiß, was er zu tun und was er unbedingt zu unterlassen hat. Viele solche Beziehungen sind schon daran zerbrochen, dass diese ungeschriebenen Gesetze nicht respektiert und eingehalten wurden, wodurch manche möglicherweise perspektivische Zusammenarbeit endete, bevor sie recht begann.

Welchem Gastjäger z. B. fällt ein Stein aus seiner Krone, wenn er unaufgefordert da anpackt, wo zwei Hände vonnöten sind? Wenn er sich, seinen PKW, sein Werkzeug, seine Zeit und seine Fähigkeiten bzw. Fertigkeiten mit einbringt? Wenn er sich dort engagiert, wo es gerade klemmt oder erforderlich ist? Wenn er mal auf der Hütte zupackt, abwäscht, die Bude reinigt oder den Kochlöffel schwingt? Wer will, der kann; wer sieht, der weiß! -

Überdies ist es immer wieder interessant und förderlich, neue Menschen kennenzulernen und ihnen auf die Finger zu schauen. Ich jedenfalls bin dadurch nicht dümmer geworden und manches, was in meinen jagdlichen Erfahrungsschatz Eingang fand, stammt aus Beobachtetem, Erlerntem, Angeeignetem und Übernommenem aus den langen Gastjägerjahren, die mir immer auch „Lehr- und Wanderjahre" gewesen sind.

Und wenn es trotz bestem Willen einfach nicht klappen will, dann zwinge man es nicht sondern bleibe künftig diesem Jagdort unter Wahrung des Anstandes einfach fern; das ist allemal besser, als sich der Peinlichkeit eines Abschiedes auf Raten auszusetzen.

Meine Gastjägerjahre führten mich quer durch Hessen: von Süd- über Mittel- und Oberhessen bis hin nach Nordhessen; vom Fasanenrevier bis in das Hochwildrevier; vom kleinen Pachtrevier bis in die große Eigenjagd!

Andere Gastgeber – andere Reviere; andere Reviere – andere Jagd; andere Jagd – andere Praktiken; andere Praktiken – andere Erfahrungen – so schließt sich der Kreis, denn man nimmt ja auch das mit, was man anderswo gelernt hat!

Auch die Jagd ist ein lebenslanger Lern- und Erfahrungsprozess, der einen lehrt, dass man nie alles weiß, wissen kann. Dümmlich und arrogant solche Vertreter unserer Zunft, die unaufgefordert und ohne Fingerspitzengefühl anderen ihre zum Dogma erhobenen „Kenntnisse" aufdrängen und selbst niemals in der Lage sind, sich und ihr Tun selbstkritisch zu hinterfragen!

Wie auch immer: ich habe für lange, inhalts-, erlebnis-, erfahrungs- und beutereiche Gästejahre zu danken, deren keines ich je missen möchte; auch die nicht, die

– final betrachtet – unter dem Strich unerfreulich ausfielen. Erfahrungen kann man überall machen – wenn man will!

So war es die Erlebnisbreite von beutefrohem Vorzeigegang bis zum zerknirschten Gang nach Canossa, die ich miterlebte und manchmal auch durchlitt. So hörte ich die Worte „Donnerwetter, der ist ja kapital. Waidmannsheil!" ebenso wie „Na, den hättest Du besser noch zwei bis drei Jahre lang leben lassen sollen! So etwas schießen wir hier nicht!" Da muss man halt durch!

Meine Waffen

> *Gewehren galt schon früh mein Trachten;*
> *Stets musste ich gewaltig achten,*
> *Dass mir die Sinne nicht vernebelt*
> *Und der Verstand mir ausgehebelt!*

„Jagdgewehre" übten – so lange ich denken kann – schon immer eine ganz besondere Faszination auf mich aus und der Geruch nach Ballistol, Schaftöl und Schmauch erregte schon die Phantasien des Kindes, als an ein Jägerdasein noch überhaupt nicht zu denken war.

Während Friedrich Schiller sich vom Geruch faulender Äpfel inspirieren ließ, war es bei mir diese Duftnote. Auch der taktile Reiz eines eingeölten Schaftes faszinierte mich sehr. Das Ergreifen, Anschlagen und Schwingen einer Jagdwaffe – natürlich unter strengster Aufsicht – waren erste Begegnungen mit diesem „Medium", die sich irreversibel in meinem Sensorium festgesetzt haben.

Meine erste Waffe – ein Geschenk meiner Patentante – war ein Drilling aus dem Hause Heym/Münnerstadt im Kaliber 7x65 R 16/70 mit aufgesetztem Zielfernrohr 6x42, Abs. 1, in den ich mir später einen Einstecklauf mit dem Kaliber 22 Mag. einpassen ließ. Nachdem ich diesen Drilling zu meiner bestanden Jägerprüfung erhalten hatte, stand dieser wochenlang am Kopfende meines Bettes und musste zahllose Anschlagübungen sowie Betastungen über sich ergehen lassen.

Von „unten nach oben" aufgelistet verschoss ich in meinem bisherigen Jägerleben die unterschiedlichsten Kaliber in den unterschiedlichsten Ausführungen und Laborierungen zu den unterschiedlichsten Zwecken und zwar: 22 Win.Mag., 5, 6x52 R; 6,5x57; 308; 7x64; 7x65R; 30 06 8x57; 8x68 und 9,3x62.

Immer wieder für neue „Einflüsterungen" empfänglich, erwarb ich manche „Wunderwaffe", die ich dann wieder re-investierte, wenn es galt, eine neue Geliebte zu erwerben. Das ist sicherlich irrational, unökonomisch, unsinnig und hirnrissig, aber es war so! Nunmehr sind mir ein Stutzen im Kal. 6,5x57-8,2g KS; ein Bergstutzen im Kal. 30 06 11,7g TUG plus Einstecklauf 5,6x52 R; ein Repetierer im Kal. 30 06 11,7 TUG sowie zwei Schrotflinten Kal. 12/70 – Bockdoppel die eine, Gasdrucklader der andere, verblieben. Ich kenne, beherrsche und führe sie, denn jedes Mal eine andere mitzunehmen bringt nur „verrissene Hosen" und „schiefe Absätze".

An dem Glaubenskrieg um Kaliber, Auftreffwucht, Rasanz, Ballistik und Laborierung habe ich mich mangels erforderlichen Fachwissens nie zu beteiligen vermocht und weil ich weiß, dass mit eigener Waffe und Munition gemachte Erfahrungen in den seltensten Fällen übertragbar oder gar verallgemeinerbar sein dürften. Auch ging und geht mir das oberlehrerhafte, besserwisserischer Gezänk solcher Waffenapostel gewaltig auf den Senkel!

Man sollte seine Waffen ebenso exakt kennen – und pflegen – wie die jeweilige Angetraute, denn so wird man – hier wie dort – Schiffbruch vermeiden. Einen Glasschrank voller edelster Erzeugnisse der internationalen Büchsenmacherkunst mit Intarsien, Verschneidungen, Einlagen und Goldüberzug mag sich von Herzen gern der leisten, der dazu die notwendigen pekuniären Voraussetzungen mitbringt; es sei ihm gegönnt!

Mir dagegen kommt es, da ich Jagdwaffen bei aller Faszination immer für Gebrauchsgegenstände gehalten habe und halte, auf Funktionalität, Passform, Zuverlässigkeit und solide Verarbeitung an – auf nichts anderes. Denn diese Kriterien zählen letzten Endes in der Alltagspraxis vor Ort, nichts anderes. Noch heute träume ich alp, wenn ich daran denke, wie ich den Keiler meines Lebens auf nächtlichem Kartoffelvollmondacker vorbeisäbelte, weil ich eine Ausprobierwaffe dabei hatte, die ich anderntags wortlos geknickt zurückgab.

Nichtsdestotrotz bekomme ich glänzende Augen und nasse Handflächen, wenn ich die neuesten Exemplare aus renommiertem Hause auf den Tisch bekomme, aber ich weiß, dass ich gut beraten bin, wenn ich sie nach genauem Studium wieder weglege. Ähnlich geht es mir, wenn ich bei meinem Büchsenmacher mal wieder etwas besonders Attraktives aus dem Regal lange und damit Trockenübungen mache. Danach kommt „die Neue" wieder dorthin zurück – und das war's dann!

Es fällt uns „modernen High-Tech-Jägern" zunehmend schwer, uns vor Augen zu rufen, wie unsere Altvorderen ein ganzes Jägerleben mit einem Drilling auskamen und damit vom Huhn bis zum Hirsch ihre jeweilige Beutepalette sauber in Küche oder Wildkammer schossen. Jagdwaffen als Statussymbole? Eine fragwürdige Motivation, die Reinfälle geradezu vorprogrammiert.

Meine Ersten

Erste Liebe! Erstes Wild!
Vor Augen habe ich das Bild:
Der Zauber währt ein Leben lang
Vom ersten Pirsch- und Werbegang

    Erste Liebe, erste Trennung; erstes Examen, erstes Auto; erste Waffe, erste Jagdbeute – um den/die/das Erste rankt sich in jedem Menschenleben ein Mythos, ein Erinnerungskranz, weil sich diese Ereignisse ganz tief eingraben, so dass sie noch nach Jahrzehnten vor uns auferstehen, als sei das alles erst gestern gewesen.

Warum wohl greifen wir so gerne und so häufig in diese Lebensabschnitte zurück? Weil sie Einstiege in neue Abschnitte markieren, über die wir erst dann richtig urteilen können, wenn -

wir sie hinter uns gebracht haben! Wer am Anfang von etwas steht, was schön, bunt, lockend und verheißungsvoll ist, der wird sicherlich nicht daran denken, dass, ob und wie es enden wird, enden könnte. Das wäre auch unnatürlich. Wie auch immer: meine Ersten, das sind die ersten Beutegaben Dianens an ihren Jünger, mit denen sie ihn Zug um Zug immer tiefer und fester in ihren Bann zog!

Ausweislich meines „Schussbuches" – so steht es wirklich in Goldprägedruck auf dem verblassten, fleckig-grünen Leineneinband des ersten, das ich seit seiner Inbesitznahme 1963 kontinuierlich geführt habe – der Nachfolgeband ist nun auch schon fast voll – stehen Erpel und Auslaufhase im Revier Hemmen am 13.11.1965 als erste Eintragungen auf der ersten Seite. -

Es lag dicker, nasser Schnee, das Wetter schlug um und Tauwetter kündigte sich an. Oberhalb des Dorfes auf der breit und ruhig ziehenden Fulda lag ein kleines Schoof, aus dem ich den Grünköpfigen mit dem rechten Drillingslauf herauspickte. und wo er klatschend im Wasser aufschlug. Abends dann auf der anderen Flussseite hinter einem Fichtenwurfteller auf dem Rucksack sitzend dann den ersten Auslaufhasen mit dem gleichen Lauf, während ich den zweiten – ruhig, junger Mann! – gekonnt vorbeihaute!

Damit war mein am 29.9.1965 erworbener Drilling nach bestandener Jägerprüfung dann comme il faut eingeweiht und ich in den magischen Kreis der Jünger vom Grünen Rock aufgenommen. Die Zeit der unzähligen Anschlagübungen, das Einölen, Polieren, Durchziehen, Auf- und Zuklappen und Abziehen auf die Pufferpatronen in der Junggesellenbude war damit ein für allemal zu Ende! -

Im September 1966 folgte dann – getreu dem Motto: „Von unten nach oben; vom Kleinen zum Großen" – der erste Bock aus einer strohballengetürmten Ansitzburg im Revier Hemmen am Rande eines Haferstoppelackers, wo sich junger Auflaufklee dem näschigen Äser präsentierte. Im Herbstabendsonnenschein kam er – ein Zweijähriger (14,5 kg schwer; Gabelspießer von Lauscherhöhe; unterdurchschnittlicher Abschussbock) – auf den Schlag gezogen und begann zu äsen. Sofort schnellten Puls und Blutdruck steil nach oben, die Stirn und die Handinnenflächen überzogen sich mit Schweiß und der Atem keuchte. Da er zwar auf mich zuzog, jedoch hinter der tiefbeasteten Randkiefer verdeckt blieb, musste ich die Initiative ergreifen: leise vom Sitzstock hoch, die Knöchelhohen aus, Drilling gepackt und katzenfüßig auf Strümpfen über zundertrockene Kiefernzapfen, Dürrästchen und Knistergras „ran an den Bock!"

An der Kiefer angekommen machte ich mich an deren krummem Stamm hoch und versuchte, an diesem anzustreichen. Nach mehrmaligem – gottlob unbemerktem – Abrutschen und haltfindender Justierung krachte es dann fürchterlich und der Bock lag auf 40 Meter Entfernung, wobei er die Hinterläufe noch einmal kurz anzog, in der Haferstoppel: der Schuss saß da, wo er hingehörte und auch das erste Aufbrechen ohne Hilfestellung ging erstaunlich glatt über die Bühne. Verrichteter Dinge und mit schweißigen Händen kroch ich zurück in die Strohburg, wo nach einer halben Stunde dann auch noch ein Rickenkitz folgte. Mein Gott, was war ich stolz an diesem ersten Großbeuteabend, an dem ich mit niemandem getauscht haben würde – um keinen Preis!

Es dauerte bis zum 9.8.1971, an dem ich meine erste Sau in das Schussbuch eintragen konnte. Im Revier Üllershausen hatte mich Lullo zwecks Nachtansitzes auf Sauen am Haferschadacker in einen Birnbaum gesetzt, in dessen Wipfel sich ein Leiterhochsitz befand, der über eine Zwischenetage zu erreichen war. Solche Sitze – den Kopf im Wipfelgeäst mit Ausguck auf die Umgebung – mag ich besonders, denn da ist man hautnah dran – an der Natur, am Wetter, am Wind, am Wild!

In dem halb abgeernteten Haferschlag war allnächtlich eine kopfstarke Rotte zugange und auf der vorgelagerten Stoppelfläche vor dem Waldrand, von woher die Schwarzen einwechselten, sollte es doch möglich sein, eine für die wachsenden Schäden in Regress zu nehmen!

Das Ohr im Wald, die Stoppel vor den Linsen des Nachtglases hatte ich schon fast zwei Stunden in meinem Baumwipfelsitz verbracht, als sich gegen 22:45 Uhr geräuschstark und polternd herannahende Sauen – und das nicht zu wenige – ankündigten. Hier erhielt ich meine erste Lektion in Sachen Strategie und Taktik des Anwechsels einer Rotte unter Führung einer erfahrenen Leitbache: hatten sich die Rottenmitglieder im Waldesschatten noch rüpelhaft, krawallig und fraßfixiert „schweinemäßig" benommen, änderte sich das Hörbild mit Erreichen des Waldrandes schlagartig in sein Gegenteil, denn ich hörte – nichts, aber auch rein gar nichts mehr; so als hätte sich die Rotte in Luft aufgelöst.

Und es dauerte geschlagene zwanzig Minuten! Der mondbeschienenen hellen Stoppel misstrauend hatte die Bache „Das Ganze Halt und Ruhe im Beritt!" befohlen, was prompt und ausnahmslos von allen befolgt wurde. -

Erst als sie sicher war, dass da draußen alles sauber war, musste das Kommando „Attacke" erfolgt sein, denn nun überfiel die Rotte im Klumpen mit hochgestellten Pürzeln die Fläche im Schweinsgalopp, dass der Ackerstaub aufwirbelte und sich nach wenigen Sekunden die Halme hinter den Pürzeln der Invasoren geschlossen hatten, bevor ich auch nur die Waffe hochnehmen konnte. Im Inneren des Fraßackers ging es dann – gedeckt und vor angerichteter Tafel – sofort zur Sache, nur diesmal lauter, zänkischer und futterneidischer als zuvor. Es war ein Riesenspektakel und eine Klangkulisse aus Quieken, Knatschen, Krachen, Rauschen, Blasen und Rülpsen. Da hieß es „Warten und Harren!", denn irgendwann ist man ja satt und dann geht es – vielleicht – wieder zurück dorthin, wo Suhle, Nachtisch und Wechsel warteten.

Und es geschah also! Gegen Mitternacht kam Ordnung in das Chaos im Hafer und „man" rückte ab in Richtung Einwechsel. Diesmal war ich schnell und hatte die Waffe am Kopf, als sich die erst Sau – wieder die Leitbache – auf der Stoppel zeigte. Ihr folgten – jetzt wie Perlen an der berühmten Schnur – und langsamer (!) die Rottenmitglieder in der Fährte. Als die Bache in Waldrandnähe nochmals verhoffte, tat es ihr die Folgerotte gleich und ermöglichte mir den Schuss auf einen Überläufer, woraufhin in Sekunden die Platte geputzt war und sich im Wald das Getöse astkrachend verlor.

Abgebaumt und wie ein schusshitziger Dackel hin- und hersuchend fand ich an der Stelle, wo ich die Sau beschossen zu haben vermeinte – aber auch rein gar nichts: keinen Kugelriss, keinen Schweiß und abgeschossene Borsten oder Eingriffe bzw. Ausrisse, wie ich es so schön gelernt hatte! Ich war verzweifelt und enttäuscht.

Der herbeigeeilte Freund richtete mich auf, indem er darauf hinwies, dass das alles gar nichts zu bedeuten habe: „Wir gucken uns das morgen früh bei Licht genauer an – im Mondlicht ist das so eine Sache". Also ab nach Hause in's Bett, wo kein Schlaf über mich kam, denn ich spielte alles immer wieder durch – zwischen „Todsicher!" und „Vielleicht doch nicht!" hin- und herschwankend. Ich war froh, als die Nachsuchenmannschaft mit PP-Hündin und Führer vorfuhr, um es nochmals anzugehen.

Anka suchte quer über den Schlag in Höhe des angenommenen Anschusses und verwies – allerdings zwanzig Meter dahinter! – Lungenschweiß. Mir polterten ganze Wagenladungen Steinschotter von der geschundenen Erstsauenjägerseele, denn was das hieß, wusste ich – „die liegt".

Auf der Fährte festgesogen – jetzt sah man auch Schweiß an den Stoppeln – zog sie über den Schlag, den Waldweg, hinein in das buchenrauschenunterstandene Altholz, um nach insgesamt ca. 100 Metern vor der ersten Sau meines Lebens – einer 40 Kilo Überläuferbache anzuhalten, die den Schuss Blatt hatte. Da die Nacht kühl war und der Schuss in der Kammer saß, war kein Verhitzen eingetreten und ich konnte sie stolz und korrekt wie erlernt aufbrechen. Ja, nun war ich also auch Saujäger geworden; wie vorher schon gesagt: „Von unten nach oben – Leitersprosse um Leitersprosse!"

Was nun noch „fehlte", war der klassischen Denkweise der damaligen Zeit und der Logik der damals bejagten Reviere entsprechend – ein Hirsch! Den erlegte ich am 30.12.1977 im Engelröder Oberwald, dem Revier meines Freundes Jockel unter Führung des zuständigen Revierbeamten.

Von diesem gegen 15:00 Uhr auf der sog. „Regenkanzel" angesetzt mit der Weisung „Also, bitte, Kahlwild und IIc-Hirsche. Du weißt Bescheid! Waidmannsheil!" Nachdem er meinen Blicken entschwunden war, stapfte ich schwerbepackt – des Schnees und der niedrigen Temperaturen wegen – der Kanzel entgegen, die in einem Buchenaltholz vor einem Fichtenstangenholz stand, in dem das Rotwild um diese Jahreszeit gerne einstand, weil es in den oberen Lagen hohen Schnee hatte.

Oben angekommen richtete ich mich für einen entsprechend langen Kaltansitz ein, legte die benötigten Utensilien parat und wickelte mich in Ansitzsack und Lodenkotzen ein. Leiter und Bodenbretter waren eisglatt und entsprechend schwer zu begehen, weshalb Vorsicht und leises Vorgehen angesagt waren. Nach zehn Minuten war ich fertig und hatte mich bequem zurechtgerückt, die Hände in den heizofenbestückten Schubtaschen des Parkas, den Mannlicher auf weicher Unterlage auf dem Kanzelrand – und wäre um ein Haar eingenickt, hätte ich nicht im letzten Moment im Fichtenstangenholz eine Bewegung gesehen zu haben geglaubt. Sofort hellwach und bis in die Haarspitzen hinein adrenalindurchpulst ließ ich das Glas nicht mehr von meinen Augen.

Schemenhaft auftauchend und verschwindend schoben sich dort zwei diffuse Wildkörper durch die Fichtenstangen auf mich zu, bis nach ca. 20 Minuten zwei geringe Spießer in das hohe Holz traten und nach einer Sicherungspause zu äsen begannen, indem sie Bucheln aus dem Schnee schlugen und frische Graspolster abästen.

Niemals zuvor hatte ich bisher derartigen Anblick gehabt, so dass mir die beiden geringen Hirsche riesig zu sein schienen. Sie zogen langsam äsend und bummelnd auf mich zu – aber immer spitz von vorn und somit nicht zu beschießen. Aber ich konnte sie ansprechen und mir den geringeren – sowohl im Wildpret als auch in der Trophäe – ausgucken für den Fall des Falles. Schon waren sie in den Feuerbereich hineingezogen – immer noch spitz – als sie an eine Quermulde kamen, an der sie sich breitstellten und mir die rechte Körperseite zeigend nach rechts zogen. Alles passte nun, da ich genug Vorbereitungszeit hatte, es knallte und in einer Schneewolke sich herumwerfend rauschten sie in die Fichtenstangen, aus denen sie gekommen waren und verschwanden, mir ihre Spiegel zeigend, darin.

Meine Anspannung löste sich – wohl auch kältebedingt – in einem Anfall von Schüttelfrost und ich begann meine Siebensachen herunterwerfend mit dem Abstieg aus acht Metern Höhe. Bald darauf war auch mein Begleiter zur Stelle, dem ich auf seine Frage entsprechend Meldung machte. Wir gingen in Richtung Anschuss, wo wir außer Ausrissen und Eingriffen im weichen Boden sonst nichts fanden, was uns weiteren Aufschluss hätte geben können. Die Fährten führten parallel durch Buchenunterwuchs, suhlige Niederungen und Calamacrostishorste direkt in die Fichtenstangen – ohne Schweiß! Nach etwa 150 Metern fanden wir dann in der Fährte den Beschossenen auf der Einschussseite liegend mit einem Schuss „mittendrauf".

Am Schweißriemen zogen wir ihn durch den Schnee an die nächste Waldstraße, wobei er uns mit seinen 72 kg aufgebrochen diese Arbeit nicht gerade sonderlich leicht machte. Das war ein Jahresabschluss – dieser 30.12.1977 – wie ich mir ihn niemals hatte vorstellen können und auch niemals wieder erlebt habe – trotz der Tatsache, dass es sich wahrlich um keine sinnesbetörende Trophäe handelte. Im Buch und im Herzen ist sie festgehalten und jetzt auch hier.

Dass die Vogelsberger Jahre in der Kapitelüberschrift mit einem ausgeschütteten Füllhorn verglichen wurden, soll abschließend anhand einer Streckenaufschlüsselung aus dem Jahre 1977 begründet werden, denn sie steht für das, was zu dieser Zeit „bei uns da oben auf dem Basalt" möglich war, wenn es denn sein sollte: das

Jahr brachte mir ein Kalb und einen Spießer; zwei Keiler und eine Bache; fünf Böcke; drei Ricken; vier Schmalrehe; eine Fuchsfähe; sieben Hasen; neun Enten sowie einen Eichelhäher. Und das in zehn verschiedenen Revieren im Vogelsberg! Niemals mehr war mir dergleichen wieder vergönnt, aber auch für die damalige Zeit schon war es als eine Ausnahmestrecke zu bezeichnen. Glücklich, aber auch mit Wehmut, denke ich an diese Zeit zurück, denn ich weiß: das war und bleibt mit Sicherheit einmalig – nicht nur der Jagd wegen sondern privat, menschlich, gesundheitlich – und überhaupt!

Unvergessene Weggefährten

Viele Freunde lernt' ich kennen;
Viele Namen muss ich nennen,
Die meinen Jägerpfad flankierten
Und meinen Filz mit Brüchen zierten.

Wo fange ich an, wo höre ich auf? Wen hebe ich heraus und wen lasse ich unerwähnt? Soll ich sie erwähnen oder wäre Diskretion besser? Lässt es sich überhaupt in Worte fassen, was mir wer bedeutete und bedeutet? Was, bitte ist denn ein „Weggefährte" auf der Jagd? Wenn ich es richtig verstehe, sind jagdliche Weggefährten solche Glückserscheinungen, die einen bestimmte Wegstrecken auf dem grünen Pfad begleiten, am jagdlichen Werdegang prägend und Einfluss nehmend Anteil haben, steuernd und helfend zur Seite stehen, Orientierungsmarken setzen und Anteil nehmen.

Wohl dem, der solche hat, denn er erlebt die Jagd tiefer, intensiver, umfassender und eindrucksvoller. Ich war und bin in der glücklichen, beneidenswerten Lage, solche Weggefährten zu kennen und mit ihnen zu jagen. Sie begleiteten meine ersten Schritte und Tritte auf Jägerpfad und Leiter; manche sind schon eingewechselt in das große Revier, wo es keinen Zank und keinen Hader mehr gibt; aber viele sind noch da – und das macht mich glücklich!

Für meine Schlitzer Zeit nenne ich meine verehrten Lehrprinzen Paul T. und Dr. med. Walter Z., in deren Revieren und durch deren Vorbild ich geprägt und gespurt wurde. Sie und mein Prüfungskollege Roman B. waren Menschen, denen ich die entscheidenden ersten Impulse verdanke. Die wesentlichen Grundlagen auf allen relevanten Feldern der Jagd verdanke ich ihnen – verbunden mit einer engen und nachhaltigen menschlichen Beziehung.

Ein langjähriger, enger, ergötzlicher Kamerad, Freund und Jäger war Ludwig L., mit dem ich im Pachtrevier seines Vaters viele Jagderlebnisse teilte und von dem ich später noch mehrfach in anderen Zusammenhängen Laut geben werde.

Kurt St. und Karl G. – beide Revier Pfordt – waren ältere Förderer und Stammtischbrüder, die sich durch Großzügigkeit ebenso auszeichneten wie jagdliche Reife, die ich damals als Heißsporn dringend benötigte.

Meine Vogelsberger Jahre im Anschluß standen – was die menschliche Seite anlangt – ebenfalls unter einem guten Stern, denn wieder waren es Persönlichkeiten und Menschen, denen ich sowohl persönlich als auch jagdlich sehr viel Wichtiges und Entscheidendes verdanke. Hier muss ich eine ganze Reihe von Namen nennen, die für Reviere, Erlebnisse, Begegnungen, Einsichten und Wendepunkte stehen, von denen sich erst später herausstellte, wie wichtig sie eigentlich waren.

Es sind dies Heini D. und Herbert H. aus Lauterbach für das Revier Rudlos; Kurt Joachim R., F.z.E. für die Reviere Engelrod und Stockhausen; Gerhard S., Engelrod; Hans Albrecht B., Maar; Gerhard B., Lauterbach; Johannes Graf W., Herbstein,

Frischborn und Rixfeld sowie Willi H., Altenschlirf. Mittlerweile schon etwas erfahrener und aufnahmefähiger geworden, konnte ich vieles von dem aufnehmen, was mir durch diese durchweg erfahrenen, kompetenten und waidgerechten Jägerpersönlichkeiten vorgelebt und nahegelegt wurde.

In meiner „Ludwigsecker Periode" schließlich habe ich die Familien von G. mit ihren Söhnen; Hans Hubertus R., F.z.E. sowie die Herren Hartmut Z., Bernd S. und Michael F. anzufügen, die mich in einen völlig neuen, bis dato unbekannten Lebens- und Jagdkreis einführten, der mich nahezu täglich vor neue Herausforderungen stellte und meinen grünen Horizont entsprechend erweiterte. Hier lernte ich, vorbereitet und grundgelegt durch meine Schlitzer und Vogelsberger Epoche in Vollendung, was Jagd bedeutet und sein kann.

Jagdliche Weggefährten wurden diese Persönlichkeiten dadurch, dass ich sie an Schaltstellen meiner jagdlichen Entwicklung kennenlernte und von ihnen Anstöße und Impulse erhielt, die bis in mein unmittelbares Leben hineinwirken und über das rein Jagdliche hinausreichen. Insoweit sind für mich „jagdliche Weggefährten" etwas grundsätzlich und völlig verschiedenes als „Mitjäger", denen eine mehr lokale und temporale Bedeutung zukommt. Jeder dieser Weggefährten hatte, konnte, verfügte über und stellte etwas dar, das mich in seinem Zusammenwirken „nach vorn" brachte und Anteil an meiner jagdlichen – und menschlichen – Weiterentwicklung hatte.

Wies ich bereits schon vorher darauf hin, dass mir Jagd stets in Verbindung mit Menschlichem erst zum erfüllenden Erlebnis wurde und wird, so trifft das für die Vorgenannten in ganz besonderen Maße zu. Denen, die nicht mehr sind, an dieser Stelle einen Bruch auf ihre Gräber; den lebenden Weggefährten „Waidmannsdank und vergelt's Gott!"

Gaststuben und Jägerklausen

Tabakrauch und volle Gläser,
Bratendüfte um den Äser,
Grüner Plausch und Pulverrauch –
„Sag' mein Freund, kennst Du das auch?"

Heute, wo ich Begriffe wie „Cholesterin, Hypertonie und Übergewicht" in der existentiellen Bedeutung kennen- und fürchten gelernt habe, denke ich an diese Zeiten teils wehmütig, teils suchtlos zurück und beschäftige mich ohne Groll mit dieser Zeit. Aus fast keinem Jägerleben sind diese Stätten hinwegzudenken, denn sie machen einen wesentlichen Teil der lokalen wie regionalen deutschen Jagdkultur aus.

Gaststuben und Jägerklausen sind weit über ihre funktionelle Bedeutung hinaus Kult- und Begegnungsstätten, Weiheorte und sakrale Einrichtungen, die von jagenden Menschen zu bestimmten Zeiten in bestimmten Gruppierungen aufgesucht werden, um sich dort dann gastrischen Handlungen ebenso hinzugeben wie gruppenspezifischem Palaver vorwiegend jagdlichen Inhalts.

Noch gibt es sie – die nostalgisch-spartanischen Refugien für Jäger, vor allem auf dem Lande. Diese Gaststuben kann man noch mit Dreckstiefeln und Hunden betreten, ohne dabei von der Schwelle gewiesen zu werden. Und sie haben eine Atmosphäre, die kein Innenarchitekt und kein Gasto-Ausrüster liefern kann. Dort summen sommers die Fliegen gegen die Fensterscheiben und dort knackt winters im Ofen Buchenholz aus heimischem Wald. Dort sitzen abends kurz vor oder nach dem Füttern die Bauern auf einen oder zwei Schoppen und dort erfährt der Jäger, was seit seinem letzten „Ansitz" im Dorf so alles passierte.

Ich habe sie in Üllershausen, Hartershausen und Hemmen; in Ützhausen, Sandlofs und Rimbach; in Rudlos, in Altenschlirf, in Rixfeld und in Schlechtenwegen kennen-, schätzen- und liebengelernt, der Menschen, die dort waren, der Atmosphäre, die dort herrschte und der Deftigkeiten, die dort aufgetischt wurden wegen.

In solchen Institutionen war es durchaus üblich, dass das Haupt eines Bockes oder Hirsches auf den Jägertisch kam – so hergerichtet, wie es alte Tradition fordert. Dort geschah es, dass ein Bauer plötzlich – Sack über dem Kopf – hereinschwankte, über den Schultern einen Hundert-Kilo-Keiler – den Hubert geschossen hatte und der nach den geltenden Regeln und Traditionen geziemend totgetrunken wurde. Oder ein Leiterwagen stand vor der Wirtschaft mit dem gestreckten Achter vom vierten Kopf darauf!

Wurde solche Beute vorgeliefert, sprach sich das in Windeseile im Dorf herum, und alsbald füllte sich die Gaststube mit Bewohnern, die im doppelten Wortsinne – Anteil an der Erlegung nehmen wollten. Wurde es spät – was nicht eben selten war – dann kam es schon vor, dass unsere Wirtin oder der Wirt nach des Tages Mühen sanft auf dem Stuhl hinter der Theke oder an sie angelehnt „eingedusselt" war und eines rundenbestellenden Weckrufes bedurfte.

Hunger, Durst, Mitteilungsbedürfnis, Stalldrang, Neuigkeiten oder Planungen waren es, die uns an diese Stätten der Begegnung trieben, wo die Sitzflächen der Stühle oftmals mit dickem Pech eingestrichen zu sein schienen. Auch die Unbilden der Heimwege nach intensiver Sitzung bildeten immer wieder einmal Gesprächsstoff, der nicht ganz frei von Schadenfreude war – bis es einen selbst traf!

Ich selbst erinnere mich noch eines Auftrittes, den ich als Gast im Revier Hemmen anlässlich der alljährlichen Jagdgenossenschaftsversammlung hatte, als ich nächtens in ein Bettlaken gewandet hinter der zu einem Altar umfunktionierten Theke im Kerzenlicht die Mitternachtsmesse zelebrierte, was mir zwar keine Gage, dafür aber einen kapitalen Rausch und einen entsprechenden Nachruf einbrachte.

Auch imitatorische Improvisationen aus dem aktuellen tagespolitischen oder nachbarschaftlichen Umfeld gehörten damals zu meinem immer wieder nachgefragten Repertoire. Eine Idee, ein paar alte Klamotten, einige Requisiten – und los ging der improvisierte Sketch, das improvisierte Kurzhörspiel!

So erinnere ich mich, dass ich einstmals in Üllershausen einen mir sehr nahestehenden Jagdfreund ob seiner mich faszinierenden Stimme wegen imitierend zum Besten gab, als ein Dorfbewohner gerade auf den letzten Stufen vor der Gaststubentür anlangte. Den von mir Imitierten mochte er damals aus unerfindlichen Gründen nicht sehen und drehte sich – als er meiner „anhörig" wurde – auf dem Absatz um und wendete sich trockenkehlig den heimischen Gefilden zu. Diese dokumentierte Bestätigung tat mir damals sehr wohl und festigte meinen komödiantischen Ruf nicht unwesentlich.

Ja, das waren sie, die ländlichen Gastwirtschaften und Jägerklausen: Zentren einer lokalen Szene, Begegnungsstätten, Nachrichtenumschlagplätze, Kommunikationszentren und Stätten der Sammlung. In engstem Zusammenhang, in inniger Verbindung mit der heimatlichen Jagd gehörten sie dazu wie Rucksack und Büchse. Sie machten einen erheblichen Teil der jagdlichen Lebensqualität aus und führten Menschen aller Schattierungen zusammen. Genau darin lag der unwiederbringliche, unverwechselbare und unersetzliche Reiz von „mehreren Stühlen um einen Tisch herum!"

Könnern auf die Finger geschaut

Hohe Ente; schnelle Sau;
Enge Schneise; Röhrenbau -
Schrot und Kugel – gut platziert.
Das ist es, was den Könner ziert!

Aus den bekannten Gründen hat die Schwarzwildpopulation in den Revieren unseres Bundeslandes gegenüber früheren Jahren deutlich und signifikant zugenommen – mit allen bekannten Begleit- und Folgeerscheinungen landwirtschaftlicher und veterinärmedizinischer Art.

Neue Jagdkonzeptionen mussten entwickelt werden, denn der gesetzliche Auftrag an die Jägerschaft zur Minderung von nicht hinnehmbaren Schäden und zur Verhinderung der Seuchenausbreitung durch Überpopulation machte konsequentes Handeln erforderlich.

„Bewegungsjagd", „Ansitz-Drückjagd" und „Drückjagd" sind die sich rasant entwickelnden und immer wieder modifizierten Antworten der Jägerschaft auf diese Entwicklung.

Hinzu kommt die Tatsache, dass infolge verheerender Windwurf- und Windbruchkalamitäten vielerorts aus Kulturen Dickungskomplexe heranwuchsen, aus denen z. B. das Schwarzwild anders nicht mehr heraus und vor die Rohre zu bekommen ist.

Auf solchen Jagden hatte ich wiederholt die Gelegenheit, wahren Könnern und Meistern ihres Faches auf die Schießfinger zu schauen, was mich ebenso mit Bewunderung wie mit Neid erfüllte.

Meine eigene „Schießkarriere" war umstände- und bequemlichkeitshalber eher mäßig als berauschend, was mich indes nie daran hinderte, guten Schützen mit einer Mischung aus Bewunderung, Selbstärger und – ich gestehe dies – Neid zuzuschauen. „Kunst kommt von Können und Können resultiert aus Übungsfleiß!" – diesen Satz eines alten Professors führe ich mir immer wieder vor Augen, wenn ich merke, welcher Abstand zwischen mir und begnadeten Mitjägern besteht.

„Den X. stellen wir an die Schluppe vor dem Sauwechsel!" „Herrn Y. bitte auf die Kanzel am Fernwechsel!" „Kurt, geh' doch zwischen die engstehenden Weiden. Du weißt ja, wie es geht, wenn die Enten aufstehen!" Wer so postiert wird, von dem weiß man, dass er sein Handwerk versteht und dies schon mehrfach eindrucksvoll unter Beweis gestellt haben muss. Die in solchen Anweisungen unausgesprochen mitschwingende Anerkennung spürt jeder, der um die Kunst des sauberen Schießens weiß und der sie entsprechend goutiert.

Oft sind gerade die schweigsamen, bescheidenen und unauffälligen Jäger die, die „es in sich haben".

Ein alter Herr, dessen in diesem Buch mehrfach Erwähnung getan wird, wurde einmal von einem bekannten Mitjäger an den Rhein zu einer entsprechenden Niederwildjagd eingeladen. Als er dort mit seiner blankgescheuerten alten Zwölfer Querflinte, im abgeschabten und leibriemengehaltenen Lodenmantel mit seiner Baschlikmütze auftauchte, haben ihn die anwesenden Merkel- und Franchiträger mit Patronengurten im Safarilook leicht amüsiert über die Schulter angesehen. Das soll sich dann aber schlagartig geändert haben, als er die ersten Doubletten auf Haar- und Federwild „unten wie oben" schoss, ohne dabei eine Miene zu verziehen.

Auf Vogelsberger Drückjagden kam es vor zwei bis drei Jahren vor, dass zwei Schützen auf je einem Stand sechs (!) bzw. sieben (!) Sauen strecken konnten und im hohen Vogelsberg wurden von einem Schützen auf einem Stand in einem Treiben zwei Stück Kahlwild, zwei Sauen, zwei Rehe und drei Füchse erlegt – in allen Fällen entsprach die Anzahl der versendeten Kugeln der Stückzahl des erlegten Wildes, was im Klartext ein Verhältnis 1 : 1 ist. Hier erübrigt sich jedes weitere Wort!

Generell ist festzustellen, dass sich das Schießleistungsniveau erheblich angehoben hat. Wenn man die eingangs erwähnten Rahmenbedingungen, unter denen

Drückjagden stattfinden, ins Kalkül zieht, dann wird klar, dass bei minimaler Beunruhigung pro Jahr in schwer bejagbarem Gelände Strecke gemacht werden muss. Da braucht es dann solche Könner, über die noch gesagt werden muss, dass sie ebenso sicher anzusprechen und auszuwählen vermögen wie sichere und gute Schüsse anzutragen in der Lage sind. In einem der o.a. Fälle waren es sechs Frischlinge aus einer Rotte!

In der Hand solcher Könner ist eine Drückjagdbüchse allemal besser und sicherer untergebracht als bei einem Kirrungsknaller, der sich hinter den Plexiglasscheiben einer Komfortkanzel verbirgt, um von dort aus auf jeden sich zeigenden „dunklen Klumpen" zu feuern. Strecke ist eben noch lange nicht Strecke, und welcher der Erleger wirklich Grund hat, stolz zu sein, das möge sich jeder bitte selbst beantworten.

Ich selbst habe es auf den vielen Drückjagden, an denen ich teilnahm, zu eher bescheidenen Erfolgen gebracht und werde auch mit Sicherheit keine solchen Traumstrecken erwaidwerken. So waren es zwei Hirsche, zwei Sauen, zwei Stück Kahlwild und drei Rehe, niemals aber echte Doubletten. Was soll's – meine Freude war in allen Fällen riesengroß und ich hätte mit keinem anderen tauschen mögen: es waren richtige, saubere und korrekte Abschüsse ohne Mängel und Nachsuchen!

Erstes Niederwild: Hasen und Enten

*Hasenauslauf, Entenstrich -
Dieses Waidwerk war für mich
Stets und oftmals großes Glück:
Gern denke ich daran zurück!*

Offenkundig ist die Stockente mit den sich rapide verändernden Rahmenbedingungen der Jagd im Vergleich zu „Has' und Huhn" viel besser fertiggeworden, wovon steigende Besätze und Strecken künden – in unserem Hessenland wie republikweit. Wir wissen, woran das liegt, was getan werden muss, was getan wird und wie es in naher Zukunft aussehen wird, wenn nicht ...

Noch während meiner Schlitzer Jahre konnte ich – welch ein Gedanke heute – mit auf Enten-Hasen- und Hühnerjagden gehen, was zwar nur zu bescheidenen Einzelstrecken führte, dafür aber um so spannender und abwechslungsreicher war, denn ausgesprochene Niederwildreviere mit entsprechenden Naturvoraussetzungen und Strecken gab und gibt es dort nicht.

Wie ich denn überhaupt sagen kann, dass ich in den tarnanzuggewandeten und pumpgunbestückten „Jägern" niemals erstrebenswerte Vorbilder oder beneidenswerte Mitjäger sah. Mein Werdegang und die in frühen Jahren erhaltenen Wegweisungen verhinderten nachhaltig, dass ich mich später an falschen Beispielen oder nach suspekten Vorbildern orientierte. „Erst gehen wir an die Enten, danach nehmen wir uns die Hecken unter der Chaussee vor und abends wollen wir uns noch auf Rehwild ansetzen! Wenn Du Lust hast, dann hole ich Dich ab. Waidmannsheil!" – Wer je das Glück hatte, unter der Woche nachmittags auf diese Art angerufen und eingeladen zu werden, der weiß, welche Jagdmöglichkeiten ich als Jungjäger im herrlichen Schlitzerland im Kreis vertrauter Freunde hatte. Es fällt schwer, hier nicht rückschauend sentimental zu werden; aber im Herzen habe ich alles notiert und keiner kann mir das wegnehmen!

Von allem Anfang an war mir der Auslaufphase das liebste Niederwild. Schon vor Jagdaufgang hieß es sich eine geeignete Ansitzmöglichkeit auf den zu Felde rückenden Mümmelmann aussuchen, der ab dem 16. Oktober um seinen Balg fürchten musste. Stoppelkleeäcker, kleebewachsene Waldrandwege, Seitentälchen und belaufene Hasenpässe waren die Stellen, die es zu präparieren galt, wenn keine Ansitzmöglichkeit in der Nähe war. Hier half dann der Sitzstock mit vorgesteckter Verblendung und das am besten so, dass man gegen den Waldrand schauen und schießen konnte, denn von dort musste er kommen! -

Voller Spannung – im Anfang meiner Jägerkarriere meist viel zu früh – wurde der Ansitzplatz bezogen: Aufbaumen; Patronen griffbereit legen; Drilling laden und sichern; eine weiche Unterlage auf die Vorderseite legen; geräuschverursachende Nadelstreu oder Knickästchen beiseite schieben; Drilling auf die Unterlage schieben, Kragen hoch und – Warten! -

Verblasste dann das Tageslicht allmählich, gingen im unten liegenden Dorf die ersten Lichter an und waren die Geräusche der Stallarbeit ebenso zu vernehmen wie letztes Ackerwagenrollen – dann begann es spannend zu werden. Nicht selten war um diese Jahreszeit Boden und Bodenbewuchs schon angefroren, was dem auf Hasenvorpass Ansitzenden in zweierlei Hinsicht von Vorteil war: einmal schaute es sich auf dem reifhellen Untergrund besser und zum anderen hörte man den herannahenden Hasen durch Knistern und Rascheln besser und konnte sich fertig machen.

„Der erste ist immer die Häsin! Die bleibt lange am Waldrand sitzen und äst, bevor sie in das Feld rückt. Du musst auf den Rammler warten, der kommt später, hält sich kaum auf und legt schnell viel Entfernung zwischen sich und den Waldrand. Ihn sollst Du schießen!" So hatte ich es von meinem Lehrprinzen gelernt und so befolgte ich es – wenn mir auch das eine oder das andere Mal „der Gaul durchging" und eine Häsin auf der Strecke lag. Bei der Begutachtung mittels Daumen und Zeigefinger der rechten Hand setzte es dann entsprechend einen Anschiss, den ich rotköpfig entgegennahm.

Ausrückende Hasen sind extrem hellhörig; da heißt es zur Salzsäule erstarren, wenn es in Ansitznähe tappt oder knistert. Wer dann erst umständlich in Feuerstellung geht, der hat bereits verspielt. Gleiches gilt auch dann, wenn der Schatten des Begehrten in Schussentfernung auftaucht. Am besten fährt man, wenn man zur passenden Zeit die Waffe einrichtet und dann wartet, denn ein Anstreifen mit dem Ärmel am Ansitzholz und – zack, weg ist er!

Viele Mümmelmänner gingen mir anfangs durch die Lappen, weil ich es einfach nicht über mich brachte, geduldig zuzuwarten, und ich habe viel Lehrgeld bezahlt. Mit der Zeit jedoch hatte ich den Bogen raus und brachte manch ansehnliche Abendansitzstrecke nach Hause. Sehr gut bin ich stets gefahren, wenn ich den Einstecklauf und den linken Schrotlauf „beheizte", denn den weiter entfernt kegelnden Löffel – hier wirkt Mäuseln oder ein Pfiff Wunder – schießt man mit der kleinen Kugel auf Kopf oder Blatt, den schrotschussnahen mit 3,5 mm auf die Kopf-Blatt-Region. Aus naheliegenden Gründen sollte man es unterlassen, auch noch die große Kugel zu laden, denn das kann schiefe Absätze geben und einen Hasen in Ragout im Balg verwandeln. -

Liegt der Hase unter Zeigen der weißen Bauchseite, heißt es nachladen, denn der zweite (oder dritte) kommt oft bald nach. An zwei Abendstrecken von jeweils vier Hasen denke ich noch immer gern zurück, denn das waren die Höhepunkte dieses kleinen aber feinen Waidwerkes auf den Langohrigen.

Es ist ein erhebendes Gefühl, wenn man nach Einbruch der Dunkelheit abbaumt, die Beute aufnimmt, glattstreicht, ausdrückt und dann rechts und links mit über den Rücken geschlagener Waffe dem weiter abgestellten Auto oder dem wartenden Begleiter zuträgt – oft unter Sternenhimmel und über frostknisterndes Altgras hinweg. Je weiter das Jahr fortschreitet, desto später rückt der Begehrte aus; bei Schnee und Mond ist es eine nächtliche Angelegenheit – besonders in der Nähe von Kraut- oder Kohlgärten.

Nach dem Auslaufhasen kommt für mich sofort die Ente auf dem abendlichen Strich. An Fluss oder Bach zwischen Erlen oder Weiden; im Uferschilf; hinter einer Randhecke oder im Schatten des Astwerks: abendlicher Wassergeruch, Gluckern des vorbeilaufenden Wassers, der Platsch eines beuteschnellenden Fisches oder der Silberkeil des schwimmenden Bisams und das Sirren der Mücken! In der Hand die geladene und entsicherte Flinte, den Nacken nach 10 Minuten steif vom dauernden Drehen des Kopfes und ausgefahrene Lauscher, um das Pfeifen und Klingeln der anstreichenden Breitschnäbel nur ja rechtzeitig zu vernehmen – Spannung pur! Taucht dann der Dunkelschatten heranpfeilend vor einem auf: hochfahren, mitschwingen, durchziehen und Schuss! Kündet platschender Wasseroberflächenaufschlag oder dumpfer Aufschlag auf dem weichen Wiesenboden vom Erfolg des Strichjägers, sind das unvergessliche Momente. Was es braucht sind gute Reflexe, ein feines Gehör, ein klares Auge und ein sicherer Ortungssinn.

Zweckmäßigerweise übt man den Entenstrich zu mehreren aus, denn abgesehen von erhöhter Spannung ist es gut, wenn ein helfender Nachbar im Bedarfsfalle zur Hand ist.

Ein besonders „g'fangiger" Abend an den Ufern der Lauter im Bereich der Angersbacher Helmesmühle ist mir noch in bester Erinnerung, denn dergleichen hatte ich seitdem nie wieder zu vermelden.

Ich war mit FAM Erich L. aus Angersbach und „Graf" seinem kapitalen Langhaarrüden ausgezogen, um an einer besonders beflogenen Fließstecke auf Breitschnäbel zu passen. Wir hatten in guter Rufentfernung voneinander Posten bezogen und harrten der Dinge, die da kommen würden.

Ich führte eine Leihquerflinte im Kal. 16, deren Läufe erbarmungswürdig ausgeleiert waren und die im Verschluss hör- und fühlbar schlackerte, dass es mir himmelangst war. An diesem Abend im September „flogen die Enten wie die Maikäfer", so dass ich mit sechs Schuss sechs herunterholte, die meisten davon mit dem coup de roi, was mich maßlos stolz machte. Heute weiß ich, dass diese Strecke wohl eher auf die ausgeschossenen und daher unberechenbar streuenden Läufe zurückzuführen war als auf meine noch heute relativ mäßigen Schrotschusskünste.

In insgesamt 10 Wasserrevieren des Schlitzerlandes, des Vogelsberges und in Nordhessen hatte ich Gelegenheit, die Jagd auf die streichende oder angegangene Ente auszuüben, wobei ich hervorragende Kurzhaar- und Langhaarhunde kennen- und schätzen lernte.

„So ein Lamento um ein paar Enten!" – wer so denkt, der kennt sie nicht – die Faszination der Wasserjagd an heimischen Bächen, Flüssen und Teichen. Nicht die Wildart ist entscheidend, sondern die Freude am Waidmannsheil macht die Jagd erst zu dem, was sie ist.

So habe ich Jäger erlebt, die freudig-erregt einen Hasen oder eine Ente von der Erde aufhoben und solche, die snobistisch cool am gestreckten Hirsch standen, als gehe sie das alles gar nichts an. Ich weiß nicht, wer der Glücklichere war!

Demjenigen, der mit wachen Sinnen und unverdorbenen Gemütes jagt, kann und wird sie Freude machen und Befriedigung bescheren – die Jagd auf Hasen und Enten in heimischen Revieren im Kreis von Gleichgesinnten!

Reineke und Ringellunte

Roter Balg und Ringellunte.
Episoden – stille, bunte
Haben sich auch mir verbunden
Zu beutefrohen Jägerstunden.

Auch diese beiden hochinteressanten Raubwildarten konnte ich zu meiner jagdlichen Beute zählen, wenn auch den Waschbären anteilig nicht so häufig, was mit Sicherheit an seiner Bejagbarkeit infolge seiner nachtaktiven Lebensweise liegt.

Meister Reineke ist mir aus allen bejagten Feld- und Waldrevieren während sämtlicher Jahreszeiten vertraut, wobei der Schneefuchs eindeutig das non plus ultra war und ist. Obwohl anfangs mit angezogener Bremse beugte ich mich der Einsicht in die Notwendigkeit und erwaidwerkte mir eine ansehnliche Jungfuchsstrecke, wobei ich mir immer wieder die Notwendigkeit der Besatzdezimierung bewusst machten musste, um den Finger zu krümmen.

Ganz anders erging es mir, wenn ich herbstens und winters des vollgrannigen Altfuchses ansichtig wurde und die Kombinierte mit mir führte, was ich zu dieser Jahreszeit für grundsätzlich angezeigt halte. Schnürte Reineke außer Schussweite vorbei, dann bemühte ich – oft ohne jegliche Reaktion des Angeschmachteten – Lippen, Daumenpagel oder Mauspfiff, um ihn zur erwünschten Kursänderung in meinen Feuerbereich zu veranlassen. Wie muss ihn das manchmal geradezu im Gehör geschmerzt haben, denn gerade der Fuchs ist nur sehr schwer zu betören, es sei denn er ist hungrig, der Ton ist optimal getroffen oder Reineke mag halt gerade mal!

Riss es ihn herum und er stand schnurstracks zu, dann waren dies immer nervenanspannende Minuten, denn man hat Reineke immer erst dann, wenn er sich lange Zeit nach dem Schuss nicht mehr rührt. Der sauber geschossene Altfuchs im vollen, weißledrigen Balg auf Schnee oder gefrorenem Gras ist ein ästhetisches Erlebnis, denn das Exterieur eines Fuchses – vom spitzen Fang bis hin zur weißen Luntenspitze und rundum in den langhaarigen Balg gehüllt – macht was her!

Andererseits ist der hochgemachte und gut anlaufende Drückjagdfuchs geeignet, in einem zwiespältige Gefühle auszulösen, weiß man doch zu gut, wie er nach Kontakt mit soundsoviel E 100 aussieht.

Von meinem erfahrenen Raubwildmentor lernte ich noch das schulbuchmäßige Abbalgen des Fuchses wie auch die anschließende Balgbehandlung mit Spannbrett und Hautseite nach außen. Bei beiden – Fuchs wie Waschbär – ist allerdings der Geruch durchaus gewöhnungsbedürftig, aber wer schießen kann, der sollte auch versorgen können.

Wenig angetan bin ich von dem um sich greifenden Brauch, gestreckte Füchse nicht mehr zur Strecke zu legen sondern sie davor diskret unter Wurftellern oder sonstwie „zu entsorgen". Der Fuchs gehört nun einmal auf eine winterliche oder herbstliche Strecke, was sich auch in Zeiten des grassierenden Fuchsbandwurmes hygienisch unbedenklich bewerkstelligen lässt.

Aber auch im Bereich der Jagd erweisen wir Deutschen uns immer wieder als hochanfällig für jedwede Form des Extremismus und Perfektionismus. Manchmal kann ich mich des Eindruckes nicht erwehren, mancher Mitjäger sei ein grün verkleideter Oberlehrer, Jurist, Veterinär oder Polizist statt einfach nur Jäger aus Leidenschaft und Passion. „Ich musste halt schießen, auch wenn ich es nicht wollte" – so etwas habe ich nie gelten lassen, denn niemand zwingt mich dazu, den Finger krumm zu machen. Alles andere ist pharisäerhaftes Geschwätz, das niemand glauben kann.

Mit dem „Maskierten mit der Ringellunte" ist eine Problemwildart in unseren Jagden heimisch geworden, die aufgrund ihrer Lebensweise sowie ihres Nahrungsspektrums durchaus nicht nur eine possierliche faunistische Bereicherung ist sondern sich infolge fehlender natürlicher Feinde dementsprechend sprunghaft vermehrt und immer mehr und weitere Biotope erobert – der Waschbär!

Ihm kommt man am besten mit der Falle bei, da es nach deutschem Recht verboten ist, ihn bei Nacht unter Zuhilfenahme künstlicher Lichtquellen zu bejagen, wie es in Amerika üblich ist.

Ich selbst wurde für mehrere Jahre durch ihn zum Trapper und Fallensteller und machte in dieser Zeit entsprechend Beute, die nun in Capeform zarte Schultern wärmt und schmückt. Die Fallenjagd auf „das Händchen", wie die Indianer den Waschbären nennen, ist ebenso spannend und faszinierend wie chancenreich, erfordert aber viel Zeit und Passion, die man investieren muss, will man Erfolge vorweisen.

In den Revieren Altenschlirf und rund um den Herbsteiner Schalksbachteich stellte ich meine Wippbrettfallen oder Drahtfallen an entsprechenden Stellen (Geröllhalden, Bachläufe, hohle Bäume, Ein- bzw. Ausläufe von Teichanlagen).

Geködert wurden sie entweder mit angebundenen Salzheringen und fallenzuleitender Tropfspur mit Heringslake oder Aufbruchteilen. Gern verblendete ich diese Fallen mit trockenem, leichtem Fichtenreisig oder entsprechendem langhalmigem Altgras oder Schilfgras. Allerdings bedürfen fängisch gestellte Fallen der täglichen Revision, will man nicht gegen den Tierschutz verstoßen oder Beuteverlust riskieren.

„Wer zu spät die Falle revidiert, den bestraft der ausgebrochene Waschbär!" Diese Erfahrung musste ich zweimal machen, und sie war nachhaltig! Der erste, der mir entkam, saß in einer Kastenfalle auf einem Pass und hatte sich durch eine Klappe geradezu „hindurchgefressen": an der Stelle, wo er eintretendes Licht sah, hatte er halbmondförmig das Fichtenbrett „ausgefräst" und mit seinen Klavierspielerbranten das Stellholz, welches die Klappe von außen arretierte, schlicht ausgehebelt, wodurch er in die Freiheit gelangte, die ich ihm herzlich gönnte. Ihn habe ich im Nachhinein den „Handwerker" genannt.

Anders, mit wesentlich mehr Kraft und Anstrengung, musste sich sein Kollege aus der zwischen zwei Teichen am Verbindungslauf gestellten Drahtfalle befreit haben. Anhand des Brantenabdruckes im anmoorigen Boden und aus Froschteilen bestehenden Fraßresten schloss ich, dass hier ein Schwergewicht um die Wege sein musste, weshalb ich die Falle längs an den Graben stellte, mit einem besonderen Heringsfilet beköderte und sorgfältig mit Altgras verblendete. Aus unerfindlichen Gründen hatte ich die Alltagskontrolle verabsäumt und war deshalb einen Tag später, was sich indes als zu spät erwies: die Falle lag verbogen auf dem Rücken, die Klappe war verdreht und „Goliath", wie ich ihn deshalb benamste, hatte es geschafft, denn die Falle stand so weit abseits und versteckt, das nur er es gewesen sein konnte, der sich die Freiheit selbst verschaffte.

Es waren dies zwei denkwürdige Waschbärenepisoden, die ich auch nach über dreißig Jahren nicht vergessen habe.

Rehe – eine Jagd mit vielen Überraschungen

Viele habe ich erjagt;
Oftmals hab' ich mich geplagt,
Bis der Bock zur Strecke kam,
Den ich auf das Korn mir nahm!

Aufgrund seiner Verbreitung, artspezifischen Verhaltensweisen, seines Lebensraumes sowie seiner Stellung im Märchen- und Sagenschatz ist das Rehwild das bekannteste Jagdwild des deutschen Jägers in allen Regionen gewesen und geblieben.

Wen wundert es da, dass auch ich „hauptberuflich" Rehjäger war und bin. Keine andere Wildart hat mir ebenso viel Beglückung wie Enttäuschung, Jubel und Frust beschert wie das Rehwild. Noch heute erinnere ich mich meiner ersten Rehwildfährte im feuchten, roten Sand eines Feldweges und vermeine, noch die Erregung nachzuempfinden, die mir dieser Anblick bescherte. So muss es einem passionierten Jagdhund ergehen, der erstmalig Fährtenwitterung aufnimmt.

In Feld- und Waldrevieren, auf Kultur- und Brachflächen, auf Schneisen und auf Ackerflächen bejagte ich diese Wildart; meine „Bockpalette" reicht vom Knopfkümmerer bis hin zum stattlichen Kapitalbock. Zahlen werde ich in diesem Zusammenhang nicht nennen, denn in dieses Buch passen keine Statistiken.

Jedes erbeutete Gehörn hängt auch an meinen Wänden, über jeden Schuss auf Rehwild wurde akribisch Buch geführt. Achtlos in Schuhkartons verpackte und zwischen Gerümpel auf dem Dachboden deponierte Gehörne kenne ich nicht. Ich habe jedes Gehörn selbst abgeschlagen, abgekocht und aufgehängt. Wer Böcke schießen kann, sollte sie auch versorgen können, denn Wild ist keine Zielscheibe. Auf jedem Gehörn ist festgehalten, wann und wo sein Träger gestreckt wurde.

Als ich begann, auf Rehwild zu jagen, war es üblich, dass die Jagdherren („Beständer" genannt) genau festlegten, wie hoch ein Knopfbock aufzuhaben hatte, was ein mickriger, interessanter oder guter Abschussbock war, wie alt „ein Guter" zu sein hatte, denn der heute so oft propagierte Grundsatz „Zahl vor Wahl" galt damals – gottlob – noch nicht. Auch beim weiblichen Rehwild war das Gewicht, die körperliche Verfassung und der Allgemeinzustand allein abschussentscheidend und sonst nichts. Es galt abgekommenen, überalterten, unterdurchschnittlich entwickelten und sichtbar kranken Stücken; ein gesundes, gut entwickeltes oder junges Stück zu erlegen, wäre Grund für eine Gardinenpredikt mittlerer Länge gewesen.

So macht mir die Jagd auf Böcke und weibliches Rehwild immer wieder abwägende, zweifelnde „Kopfarbeit", wie es Kramer-Klett so treffend sagt.

Nicht auszudenken, wenn ich einem meiner damaligen Gastgeber, Jagdherren oder Beständer mit einem Jährlingsgabler von 16 kg aufgebrochen vor das Haus oder die Hütte gefahren wäre! Auch ein Knopfbock durfte nicht mehr wie 2 cm aufhaben!

Auch heute noch sitzt – für andere unsichtbar – bei meinen Bockansitzen ein grauer, faltiger, spitznasiger Nörgler neben mir auf dem Ansitzbrett und schaut mit mir durch das Glas auf den ausgetretenen Bock – so tief ist das Erlernte Teil meines jagdlichen Denkens und Handelns geworden.

Andererseits war es oftmals eine noch schlimmere Qual, wenn ich nach gutem Anblick den Finger dennoch gerade ließ und dann die inhaltsschweren Worte vernehmen musste: „Na, warum hast Du den denn nicht geschossen?" Mir, der ich sehr schusshitzig und beutegierig war, glich das einem Schlag mitten auf den solar plexus. Versuchte ich dann, diese Scharte wieder auszuwetzen, indem ich verstärkt auf „ihn" ansaß, war und blieb er – natürlich – verschwunden, bis ich ihn andernjahres auf einer Trophäenschau wiedersah. Nicht einmal – oft ist mir solches „Herzeleid" widerfahren! -

Noch immer weiß ich nicht, ob mir der Bock auf fettgrüner Frühjahrswiese oder im gelbgrünen Maienwald; der bummelnde Bock zur nachmittäglichen Hochsommerwaberstunde; der hitzig heranstürmende Blattbock oder der Herbstfeistbock der Liebere ist, denn jeder hat seine spezifischen, unverwechselbaren, atemberaubenden Reize. Eines aber habe ich nie recht zu verinnerlichen vermocht: die Notwendigkeit des frühen Kitzabschusses, denn Sieben-Kilo-Kitze mit Flecken ins Zielfernrohr zu nehmen, fiel und fällt mir schwer, obgleich ich weiß, das auch der reife Blattbock keinerlei Lust verspürt, seinen Lebenskreis unter meiner Kugel zu beenden.

Auch habe ich es nie gelernt, „auf 180 m hoch anzuhalten und den Bock im Knall von den Läufen zu holen"; derartige Berichte hörte und höre ich immer mit einer Mischung aus wacher Skepsis und leichter bis mittlerer Irritation.

Obwohl ich bereits ausführte, dass hier keine Rekordberichte gegeben werden sollen, gedenke ich des 4. August 1994, als ich im Vogelsberg in den Revieren Altenschlirf und EJ Westerholt morgens und abends zwei Sechser von sieben und fünf Jahren, die mir bzw. uns auf das Blatt sprangen, sauber erlegen konnte. An traditionsreicher Stätte in altem Gemäuer auf Fichtenreis drapiert und vom Schein einer dicken Bienenwachskerze flackrig beschienen, prägten sich die beiden Häupter nebeneinander liegend unauslöschlich in meine – „Seele" – ein!

Demgegenüber bildete folgendes Erlebnis den absoluten Tiefpunkt meines Rehjägerlebens: einen „Knopfbock" auf Strümpfen unter Gegenwind anspürend entpuppte sich der in einem Brennesselhorst Verendete bei genauerem Hinsehen – es war Ende August – als schwache, führende Ricke!! Der Beichtgang nach Canossa zum Jagdfreund Karl, der gerade eben in seinen Kessel eingeschlief und nachthemdenmüde aus dem Fenster die Beichte abnahm, fiel mir ebenso schwer wie es der Stein war, der mir nach erteilter Absolution vom Herzen rollte.

Auch eine noch rote, untergewichtige, eineinhalb Stunden auf einer Kultur allein äsende Ricke stellte sich nach der Erlegung als führend heraus! Hier nun konnte ich mir keinen Vorwurf machen, denn hatte ich im obengenannten Fall zu schnell geschossen, so war dies im nachberichteten mit Sicherheit nicht der Fall.

Wie auch immer: es gibt zwar viele richtige Regeln und Handlungsanweisungen, wie man was richtig machen bzw. falsch nicht machen soll, aber in der Alltagspraxis sieht vieles dann vor Ort ganz anders aus und will dementsprechend auch anders beurteilt werden.

„Das Jagen auf Rehe" – es war und ist Hauptteil meiner jagdlichen Bemühungen und – vor allem – es ist eine unendliche, unendlich spannende und unendlich abwechslungsreiche Geschichte, die Herz und Hirn eines Waidmannes voll auszufüllen in der Lage ist. So treibt es mich Jahr für Jahr, Jahreszeit für Jahreszeit hinaus, wenn es den Rehen gilt – voller Hoffnung, Spannung und Vorfreude!

Hochwildjagd: Rotwild, Sauen, Muffel

Auch Hochwild durfte ich erlegen
Auf meinen weiten Jägerwegen:
Den Hirsch, den Muffel und die Sau
An meiner Wand ich dankbar schau'.

Auf diese Hochwildarten jagen zu können bzw. zu dürfen, erachte ich als eine Auszeichnung insoweit, als ich dies in allen Fällen als Gastjäger tat. Wer ein Hochwildrevier in Pacht hat oder Abschussnehmer ist, in dessen Fall ist die Lage anders; für mich indes waren es stets Freunde und Gönner, durch die ich in die glückliche Situation versetzt wurde.

Voraussetzung hier wie in anderen Fällen des „Mitjagens" ist allerdings ein guter jagdlicher Ruf und eine sichere und saubere Handhabung des Handwerkszeuges wie des Handwerks selbst. Ansonsten ist die Möglichkeit, heutzutage auf Hochwild jagen zu können, an bestimmte pekuniäre Voraussetzungen geknüpft, die durchaus nicht zwangsläufig auch deckungsgleich mit entsprechenden moralischen Qualifikationen sein müssen, wie häufige eklatante und durch die Presse gehende Skandalfälle belegen.

Das Schlimme dabei ist, dass solchermaßen bekannt gewordene Fälle auf die gesamte „grüne Zunft" hochgerechnet werden und somit unserem Ansehen als Jäger in der – meist uniformierten – Öffentlichkeit großen Schaden zufügen. Von solchen Leuten gilt es sich hart aber konsequent zu trennen, will man nicht riskieren, mit ihnen in einen Topf geworfen zu werden. Auf dem Jahrmarkt jagdlicher Eitelkeiten haben – wen wundert das – Hochwildreviere einen besonderen Stellenwert, was sich immer wieder anhand von Ausschreibungen, dem Echo darauf, den involvierten Summen und den entsprechenden Pachtangeboten ablesen lässt.

Ein Hochwildrevier in Pacht zu haben, bedeutet halt immer irgendwie ein entsprechendes Sozialprestige, dem mancher hohe Summen zu opfern bereit ist. Auch gibt es Hinweise darauf, dass längst nicht mehr in jedem als Hochwildrevier apostrophierten Gejaid auch unbedingt Hochwild regelmäßig seine Fährte zieht. Hier tut sich eine breite Palette suspekter Verpachtungs- und Bietertaktiken auf, was allerdings nicht verwundert, denn in dieser unserer Gesellschaft spielen Geld und Prestige eine bedeutende wenn nicht die bedeutende Rolle. Das ist eben „der Markt" mit seinen Gesetzen, dem auch Jagd unterworfen ist.

Rotwild

Mein erstes Stück Rotwild war ein Wildkalb von 37 kg, das ich im Taunus als Gastjäger in einem Staatsrevier durch den Revierbeamten zugedrückt aus einem fünfköpfigen Kahlwildrudel herausschoss.

70 Meter, Kimme und Korn, Trägerschuss! Das Ganze hatte allerdings einen starken Haken: gezielt war der Schuss auf's Blatt! Das erstmalige Aufbrechen erfolgte nach den erlernten Regeln und wider Erwarten ohne Eigenblutverlust und Selbstverstümmelung. Der meiner Hemdmanschette noch tagelang entströmende Wildgeruch wurde sorgfältig konserviert, bis das Hemd von gefühlloser Hand in die Waschmaschine verbracht wurde.

Seit dieser Zeit war ich Rotwildjäger und dem ersten Kalb folgte eine für einen Gastjäger respektable Rotwildstrecke vom guten Abschusshirsch über sämtliches Kahlwild.

Meine erste Station auf meinem Pfad als Rotwildjäger war der sog. „Oberwald" meines Freundes Kurt Joachim R. in den Revieren Engelrod und Lanzenhain unter den Revierbeamten Gerhard S. und Walter L. Von diesen beiden erfahrenen und absolut hirschgerechten Jägern lernte ich in den Folgejahren unendlich viel Neues und Wichtiges über das Rotwild, und nahezu täglich machte ich neue Erfahrungen, von denen ich noch gar nichts wusste, als ich eines Spätherbstnachmittages vor dem Forsthaus in Engelrod stand, wohin mich mein oben erwähnter Freund einweisungshalber beordert hatte. Obenerwähnter Gerhard S. wurde mir im Laufe der Oberwälder Jahre ein nahestehender Jäger, der – obzwar hart, schwer herzkrank und dementsprechend diffizil – in Absprache mit dem Jagdherrn einen Kreis von

Hornbläsern, grünen und grauen Jägern um sich geschart hatte, die ihm beim Reh- und Rotwildabschuss in diesem von häufigen Wetterumschlägen und seiner Höhenlage geprägten Revier zur Hand gingen.

Mit der Bejagung des Kahlwildes begannen wir in aller Regel nach Brunft, die gegen Ende September allmählich auslief. Auch kam es vor, dass es bereits noch vor Ende der Bockjagd den ersten Schnee setzte, und ein letzter Abschussbock im Schnee war so eine typische Oberwälder Spezialität. Um möglichst effektiv zu jagen und dabei die Beunruhigung des sensiblen Rotwildes auf ein absolutes Minimum zu reduzieren, wurde der Gemeinschaftsansitz bevorzugt, der pro Aktion – je nach Wetterlage, Einstand und Wildbewegung – zwischen fünf bis acht Schützen umfasste. Es galt dann den – damals so genannten Hirschen der Klasse IIc (=Spießer bis Sechser) und Kahlwild, wobei sehr strenge Maßstäbe und Auswahlkriterien angelegt wurden, von denen Kondition, Körperverfassung und Gewicht in Relation zum Populationsdurchschnitt ausschlaggebend waren. Die Maxime „Zahl vor Wahl" war damals noch unbekannt, so dass es gelegentlich sehr schwer war, vor Wintereinbruch selektierend das angepeilte Abschlusssoll zu erfüllen.

Wer jemals ein ausgewachsenes Stück Kahlwild aus unwegsamem Bruch am Schweißriemen durch bis zu 40 cm hohen Schnee herausziehen half, der weiß, was dort von uns erwartet und verlangt wurde. Mit Sicherheit also nichts für jagdliche Weicheier! Wer dort die Ansitzjagd auf den Schlägen, Kulturen und Schneisen sowie in den moorigen Erlenbeständen oder eingesprengten Waldwiesen im November oder Dezember ausübte, der kam selten ohne Ansitzsack, Stiefel, Schlauchkappe und Fellhandschuhe aus, die gleichwohl ein Durchbeißen der Kälte nicht auf Dauer zu verhindern vermochten, denn es hieß: „Wenn Du Rotwild vorhast und aus irgendwelchen Gründen nicht mehr zu Schuss kommst, dann bleibe sitzen, bis das Wild ohne Beunruhigung fortgezogen ist!" Wenn man friert, dauert das geruhsame Äsen vor dem Sitz des Kältejägers viel länger, als es die Uhr anzeigt und man klettert nach einer solchen Kaltansitztortur wieder erdwärts – schlotternd, taubfüßig und gelenksteif -, dann quillt nicht die berühmte Träne sondern der Nasensaft.

Und noch ein meteorologisches Kuriosum: fährt man bei dickem Nebel von Lauterbach „nach oben" in den Oberwald, präsentiert sich dieser oft in strahlendem Sonnenschein und umgekehrt. Bestätigungsanrufe vor dem Aufbruch zur Jagd sind also immer angezeigt.

Es blieb daher auch nicht aus, dass sich zwischen den gemeinsam ansitzenden Jägern im Laufe der Zeit eine enge Beziehung ausbildete, denn gemeinsames Jagen impliziert natürlicherweise auch gegenseitige Hilfe unterschiedlichster Art, aus der dann durchaus mehr werden konnte. Wie in grünen Kreisen nicht gerade unüblich, traf man sich nachansitzig noch im Haus des Revierbeamten oder an anderer gastlicher Stätte, um einmal den entstandenen Hunger und Durst zu befriedigen und andererseits die rituellen Gespräche eines Jägers zu führen. Hochsitzbau, Wildbergung, Nachsuchen – ein Kaleidoskop der Erinnerungen an Menschen, Hunde, Szenen, Erlebnisse und Trophäen erscheint vor meinen inneren Augen und macht mir bewusst, dass auch diese Reihen sich schon erheblich gelichtet haben: „Sic transit gloria mundi!"

„Oberwaldjäger" zu sein, den vom Jagdherrn gestifteten „Hochwildorden aus Silber" an der Hutschnur zu tragen und in diesen Revieren die Büchse zu führen – das waren, sind und bleiben jagdliche Sternstunden. Haben mich meine Vogelsberger Jahre schon in engen Kontakt zu und mit unserer größten heimischen Wildart gebracht, so wurde das Rotwildkerngebiet im Forstamtsbereich „Ludwigseck" zu meinem „Revier vor der Haustür", nachdem ich dorthin verzogen war. Das Rotwild, seine Bejagung, seine Hege, sein Biotop – das sind jetzt die jagdlichen Gebiete, die mir vertraute Jagd- und Erlebniswirklichkeit geworden sind. Das Forstpersonal sowie die Jagdausübungsberechtigten der Reviere, in denen ich „mitgehen" kann, sind ebenso passionierte wie der Wildart eng verbundene und kenntnisreiche Jäger, in deren Wäldern und unter deren Obhut diese Wildart eine zentrale Stellung einnimmt, weil sie seit Jahrhunderten integraler Bestandteil von Landschaft, Lebensraum und Jagdkultur ist. Ein Indiz dafür mag auch die Tatsache sein, dass allfrühjährlich in bestimmten Häusern bestimmter Dörfer vorwiegend männliche Besucher vom Stangensuchfieber heimgesucht werden. „Na, schon was gefunden?" „Geh' mal zum X.; der hat Passstangen von einem alten Zwölfer gefunden!" – Sätze, die man zu dieser Jahreszeit hier bei uns nicht selten hört. Der glückliche Finder schleppt diese Beute genauso stolz nach Hause und verwahrt sie entsprechend wie einer von uns seine erbeutete Trophäe. Mensch und Rotwild stehen in einer komplexen, wechselseitigen Beziehung zueinander.

Das Vogelsberger und Ludwigsecker Rotwild sind – bedingt durch den dortigen Basalt und den hiesigen Buntsandstein – im Körper- und Trophäengewicht unterschiedlich stark, wenngleich auch der Knüll in der Lage ist, kapitale Trophäen hervorzubringen; ein Sechzehnender aus dem Knüll macht halt auch schon etwas her, aber der Hohe Vogelsberg kann durch ihn nicht getoppt werden.

Hier wie dort sind es zunehmend Zerschneidung der Einstandsgebiete durch Straßen, der zunehmende Verkehr, die wachsende Beunruhigung durch sämtliche Formen der Waldnutzung, die Mondscheinjagd in der Feldmark, die bekannte Waldschadenssituation, das Experimentieren und Jonglieren mit Klassifizierungs- und Bonitätsrichtlinien sowie die waldbaulichen Erfordernisse, die spezielle Rahmenbedingungen schaffen, die dem Rotwild insgesamt wenig förderlich sind. Wie ich denn generell der Meinung bin, dass in diesem unserem Deutschland gerade auf dem jagdlichen Sektor eine allzu ausgeprägte Expertengläubigkeit der Jägerschaft die Hauptursache dafür ist, dass „alle Nase lang" nach irgendwelchen neuen Vorgaben und Erkenntnissen gejagt wird. Da es mittlerweile so zu sein scheint, dass nahezu jede Jäger- und Förstergeneration nach neuen Richtlinien „arbeitet", diese aber durchaus extrem voneinander abweichen und so zu einer totalen Diskontinuität führen können, kann das nicht ohne gravierende Auswirkungen bleiben; die

Folgen haben dann in aller Regel das Wild und der Jäger zu tragen, woher auch der Glaubensstreit zwischen „antiquierten" und „progressiven" Lagern rührt, der hierzulande ebenso verbissen wie radikal ausgetragen wird. Wenn sich ökonomische und ökologische Zwänge nicht mehr ausbalancieren lassen, läuft die Natur und der von ihr abhängige Jäger Gefahr, in die Spalte zwischen Naturerhaltung und Naturnutzung zu geraten. Weil wir aber in Deutschland leben, tun wir uns immer wieder so schwer mit dem Finden beiderseitig tragbarer Kompromisse. Dies schreibe ich ausdrücklich als konservativer Mensch, der weder Ökofuzzi noch weltferner Traumtänzer ist; nur: ich kann das, was ich täglich sehe und was ich vor vierzig Jahren sah, kaum noch zur Deckung bringen. Diese menschengemachte Diskrepanz ist manchmal angetan, einem die Freude am Jagen zu vergällen. Doch nun zurück zum Rotwild bei mir vor der Tür!

Wie auch im Oberwald des Vogelsberges wird bei uns das Rotwild nach den gleichen Regeln und Kriterien bejagt: möglichst wenig Beunruhigung, Kahlwild nach der Brunft in Verbindung mit geringen Hirschen sowie auf Bewegungs- oder Ansitzdrückjagden.

Auf solchen sorgfältigst vorbereiteten und effizient durchgeführten Jagden ist es mir gelungen, zwei Achter und einen Spießer zu erlegen, einen Achter und den Spießer an einem Tag in zwei Treiben. Wahrlich kein alltägliches Waidmannsheil, aber ich habe lernen müssen, dass Diana nur dann die Hand darreicht, wenn sie geneigt ist, dies zu tun. Oft ging ich blanken Laufes heim, oft hatte ich Anblick, blieb aber Schneider, und dann zwei Hirsche an einem Tag! Werden solche Jagde korrekt, sauber und unter Wahrung waidgerechter Grundsätze konzipiert und durchgeführt, dann sind das große Erlebnisse.

Bisher ist im Laufe meines bisherigen Jägerdaseins eine Strecke von acht Hirschen und einem Mehrfachen davon an Kahlwild zusammengekommen – sauber zur Strecke gebracht, genau erinnert, exakt dokumentiert und von großem Erlebniswert. Nicht zu Unrecht gilt Rotwild als faszinierendste heimische Wildart, weshalb es von den Altvorderen auch als „Edelwild" bezeichnet wird, worin noch die Wurzel „Adel" mitschwingt, was auf die entsprechenden historischen Jagdprivilegien verweist. Eine Rotwildimpression aus der obersten Lage des Engelröder Oberwaldes ist mir noch immer so plastisch in Erinnerung, als sei es erst gestern gewesen: zu Ende der Brunft saß ich am Rand einer großflächigen, noch schütter bewachsenen Kulturfläche auf hoher Kanzel mitten im Nebel an und schaute missgelaunt in die graue Brodelsuppe um mich herum. Nur ganz kurz öffnete sich wie von Geisterhand gezogen der sichtversperrende Vorhang und gab meinen Blick frei auf ein dort stehendes Brunftrudel mit einem älteren Kronenzwölfer, der es flehmend bewachte. Um mich nicht begehrlich zu machen, schloss der graue Nebelneidling mit einer fließenden Bewegung den Vorhang wieder, aber dieser Bühnenausschnitt ist bis auf den Tag in meiner Erinnerung geblieben.

Sauen

Gerade um diese Wildart rankt sich wie um keine andere ein dichter Kranz von Berichten, Schilderungen, Episoden und Mythen, was mit Sicherheit sowohl im Äußeren dieser faszinierenden Wildart begründet liegt wie in seiner Lebensweise, seinen Aktivitäten und der Geschichte der menschlichen sprich bäuerlichen Begegnung mit ihr. So reicht die Bandbreite von der Verfehmung und Ausrottung als Akkervernichter bis hin zur Vergötzung als hochwillkommenes und attraktives Streckenwild. Was doch der Mensch mit seinen auf reinen Nützlichkeitserwägungen basierenden Einteilungsschemata wie „gut und böse" bzw. „nützlich und schädlich" schon alles an Unheil angerichtet hat! Gerade das Schwarzwild entfacht immer wieder heiße Diskussionen zwischen den Lagern derer, denen es nutzt und denen es schadet. „Hege oder Ausrottung" – in dieser Polarisierungsebene verlaufen die oft unversöhnlichen Frontlinien.

Dabei ist das Schwarzwild – wenn es einem vergönnt ist, es bei Tageslicht ohne schießerische Gelüste einstandsnah beobachten zu können – eine wirklich „sympathische" Wildart, die einem eine Fülle unterschiedlicher Beobachtungsmöglichkeiten bietet: vom herumtollenden Frischling im gestreiften Schlafanzug bis hin „zum Dicken", der selbstvergessen nach Fraß im Altholz bricht.

Eine Sau, eine starke zumal, in Anblick zu bekommen – das hat schon etwas! Faszinierend auch die Feststellung, wie „leichtfüßig-elegant" sich so ein grober Klotz zu bewegen vermag. Es ist eben doch wohl ein gravierender Unterschied, ob man eine Sau nächtens als Schemen auf dem Acker oder untertags in vollem Wichs auf sonnenbeschienener Fläche sieht – hier wie so oft im Leben kommt es darauf an, aus welchem Blickwinkel man etwas sieht. Es ist eben dieser Winkel, der unsere Meinung, unser Urteil, unsere Einstellung nachhaltig prägt. -

Jagdlich kenne ich Sauen vom Nachtansitz am Schadacker ebenso wie als Phantom bei hellem Licht im Bestand. Ich kenne sie in Rottenformation aus der Dikkung hervorprasselnd oder sich hasengleich aus dem Treiben hinaussalvierend. Auch habe ich sie lauthals schmatzend und prassend auf Strümpfen mit der Büchse am Kopf ackerauf-ackerab flankiert, ohne dabei auch nur einer einzigen Borste ansichtig geworden zu sein. A propos Rotte: wer jemals erlebte, wie eine gemischte Rotte nach Sondieren der Lage kavallerieattackengleich den Raum zwischen Waldrand und Fraßacker überfiel bzw. einer Rotte auf der Drückjagd ansichtig wurde, die nach dem Muster „schwarze Perlen an der Schnur auf Schneeuntergrund" den ihrer harrenden Schützen anlief – der kann sagen, er habe Sauen gesehen!

Im Laufe der Jahre habe ich mir im Schlitzerland, im Vogelsberg und im Forstamt Ludwigseck eine ganz passable, aus Ansitz- und Drückjagdsauen bestehende Strecke zusammengewaidwerkt, auf der allerdings noch immer die Krönung in Gestalt „des Dicken" fehlt, der mir deshalb immer wieder durch grüngoldene Träume wechselt. Mehrere Male hatte ich zwar einen vor, aber entweder war es noch nicht die richtige Jagdzeit oder aber ein jagdherrliches Verdikt verbot den Schuss auf grobe Sauen, woran auch die nachträglich verfügte Aufhebung desselben nichts mehr änderte, denn so einer stellt sich kein zweites Mal wie eine Scheibe vor einen!

Wie arm an Erlebnissen ist solch ein Vertreter der Gattung „venator suum" dran, der aus der Schießluke einer Luxuswärmekomfortkanzel heraus an Kirrungen nächtens so Stücker 20 Kirrungssauen pro anno aballert und sich darüber hinaus auch noch deswegen als veritablen Schwarzwildjäger feiert und feiern lässt! -

Ich wies schon darauf hin, dass ich wahrlich nicht zu den begnadeten Meistern mit Flinte und Büchse gehöre und gestehe klammheimlich empfundenen Neid solchen gegenüber; gleichwohl hatte auch ich bescheidene Drückjagderfolge von mehrfach zwei Sauen in einem Treiben, aber nicht immer kommen die gebratenen Tauben breit vor die Mündung gestrichen. Andere wieder säbelte ich erbärmlich vorbei, verpennte oder verpasste sie, weil ich gerade wieder einmal irgendwo in meinen Gedanken war, nicht aber dort, wo es gepasst hätte!

Den Gipfel drückjagdlicher Frustrationen erlebte ich, als mir eine zwölfköpfige Rotte auf einer sage und schreibe abgeschrittene Entfernung von fünf Metern kam und der Abzug blockierte. Da hatte ich keine Chance, denn hätte ich geschossen, wäre ich genauso erfolglos geblieben wie schusslos; solche Entfernungen sind – ob über die offene Visierung oder über das aufgesetzte Variable – einfach nicht passend! -

Eine andere Episode einer Schneedrückjagd im Forsthaus Eisenbach: nachdem ich eine straßenüberquerende Überläuferbache in den Seitengraben gelegt hatte, liefen mich in einem blößendurchsetzten Buchenrauschengegenhang zwei geringe Sauen an und wollten in einer Geländefalte verschwinden, als ich noch auf die letzte fertig wurde, bevor beide in eben dieser untertauchten, ohne dass ich Gewissheit über meinen Schuss gehabt hätte. Nachrepetierend kam Nummer vier, ein strammer Überläufer auf der Fährte der ersterlegten Sau im Troll und verhoffte in bester Entfernung am Straßenrand. „Mensch, Du hast gerade geschossen und weißt nicht, was ist. Nee, nee, das lass' mal lieber!" redete ich meinen Adrenalinspiegel herunter und ließ sie davonziehen. Aus dem Augenwinkel sah ich, wie rechts von mir nur noch eine der beiden geringen Sauen aus der Mulde herauswechselte, also eine der beiden wohl dort unten liegen musste. Da ich aber nur den Pürzel sah, unterblieb auch dieser Schuss. „Mensch, drei hätten sicher gelegen, Du Depp!" Ja, genau das: hätten! Zielenden Auges fahrlässig eine Nachsuche provozieren – mein Lehrprinz hätte mich in den Hintersten getreten. So aber: nicht vier, nicht drei – aber zwei!

Ähnlich erging es mir, als das von mir beschossene Kalb in einen abwärts sich neigenden Buchenrauschenhang hinein verschwand und fünf Minuten später ein Achter mir auf fünfzig Meter sein linkes Blatt bot. Ich schoss – siehe oben – nicht, der Hirsch trollte davon und mein Kalb lag nach dem Abblasen vier Fluchten weit im Hang, ohne dass ich dessen gewahr geworden wäre. Auch hier der entsprechende innere Dialog mit dem Konjunktiv „hättest; könntest" und dem Fragewort „warum?". ...

Auf einer Leiter am verschneiten Wildacker im Revier Altenschlirf war ich – vierer Hirschfährten wegen dort ansitzend – fest eingeschlafen, als sich in meine wildwirren Flachträume hinein Knirschtritte von anwechselndem Wild mischten. Ich brauchte einige Sekunden, bis ich zu mir kam und realisierte, dass es sich um keine akustischen Wahnvorstellungen sondern Realtrittgeräusche anwechselnden stärkeren Wildes handelte. Auf vierzig Meter trollte ein strammer Frischling in den dort stehenden Resthafer und begann mit seinem Nachtmahl. Im Schuss aus der 8x68S klappte er um, wurde von mir versorgt, entsprechend zum Ausschweißen hingelegt und ich enterte wieder die Leiter, weil es noch zu früh war, um heimzufahren.

Wieder nickte ich ein und setzte meine unterbrochenen Träume fort, als sich meinen Lauschern das gleiche Hörbild bot wie zuvor. Diesmal aber war es kein Frischling sondern ein Überläufer, der sich in der Fährte seines „Vortrollers" Richtung Haferacker befand. Hier sollte nun wirklich nichts mehr anbrennen und im Schuss lag er neben dem Frosch, den er gerade zu bewinden begann. Es waren – wie sich beim Versorgen und Bergen herausstellte – eine Überläuferbache mit ihrem Erstling, die ich da erlegt hatte, denn sie hatte nur einen angezogenen Strich. Alles so geschehen wie berichtet, nichts erfunden, nichts dazugegeben – auch wenn das klingen muss wie „typisch Jägerlatein!" Aber wem ist es nicht schon widerfahren, dass es auf der Jagd Vorkommnisse und Begebenheiten gibt, die wie klischierte Versatzstücke aus Trivialjagdbüchern wirken müssen.

Muffel

„Musimon musimon" lernte ich erst vor dreizehn Jahren im von Gilsaschen Revier in Bischhausen bei Zwesten kennen und ich verliebte mich sofort in diese vieldiskutierte Wildart, die von vielen als „dumme Schafsböcke" abgetan oder von Jagdfundamentalisten als Faunenverfälscher diskreditiert werden.

Man kann ja durchaus darüber streiten, ob es in den frühen Fünfzigern des vorigen Jahrhunderts sinnvoll war, punktuelle Muffelpopulationen durch Aussetzen zu begründen, denn an der Moderhinke infolge biotopgeförderter und genetisch bedingter Schalenprobleme kann man einfach nicht vorbeisehen. Auch die Diskussion um Totalabschüsse, Heidschnuckeneinkreuzungen und Schälverhalten des ursprünglich reinblütigen Bewohners korsischer Gebirgsregionen will nicht verstummen, denn sie ist ernst zu nehmen.

Ein Gleiches gilt auch für das Damwild, wobei sich dort ähnliche Fragen stellen, obwohl von derartigen Degenerationserscheinungen bei „dama dama" nichts bekannt ist. Vergleichbar sind beide Hochwildarten aber in der Hinsicht, dass sie von Menschenhand aus Mesopotamien und Korsika stammend hier ausgesetzt wurden, um den Jagdbestimmenden voriger Jahrhunderte interessante Alternativwildarten zum heimischen Hochwild als Steckenbereicherung zu bieten.

Wie auch immer: meine erste – erfolgreiche – Begegnung war ein zweijähriger Einwachser, den ich unter Führung meines Freundes Thilo dort erlegte. Der bei schon hereinbrechender Dunkelheit an einem buschbewachsenen Graben auf siebzig Meter breit an uns vorbeiziehende Widder erhielt, nachdem mein Führer mir das „Schieß" zugezischt hatte, die 9,3 mitten auf den linken Schneefleck – und war im Knall verschwunden!

Wir erhoben uns vom nassen Novemberrasen und verteilten uns rechts wie links von der Stelle, an der wir ihn zuletzt gesehen hatten und pirschten auf den Graben zu. Ich war sehr erleichtert, als ich aus der Grabensohle den weißen Schneefleck zu mir empor blinken sah und wusste, dass er da unten lag. Zuvor jedoch hatte ich meinen Führer dadurch genervt, dass ich trotz seiner mehrfachen Aufforderung, nun doch endlich zu schießen, weil „sonst der Widder ...!", das Balkenabsehen des 8x56 Zielfernrohres einfach nicht dahin brachte, wohin es gehörte. Jagdfieber, ungewohnter Anschlag im Schneidersitz und fortschreitende Dämmerung in Verbindung mit den völlig neuen Jagdgepflogenheiten ließen mich vom venator zum cunctator werden, obwohl mich das Muffelfieber bis in die letzten Gelenkknöchelchen durchrüttelte.

Nunmehr konnte ich diese Wildart bei verschiedenen Ansitzen und Jahreszeiten bei Tageslicht kennen lernen, denn als tagaktive Wildart bietet das Muffelwild eine Fülle interessanter und von den anderen heimischen Hochwildarten verschiedener Beobachtungen. Das Muffelwild suchte in dem o. a. Revier die Äsungsflächen in der Feldmark (Weizen-, Zuckerrüben- und Kohlanbau) bei gutem Tageslicht im Rudelverband auf – Schafe, Schmalschafe sowie Lämmer und Widder getrennt, was sich bekanntlich während der Brunft ändert. Ausgesprochen interessant dabei waren die Beobachtungen des Fluchtverhaltens. Wurde das Rudel stark beunruhigt, stürmte die Corona davon, um sich nach einer nicht allzu langen Fluchtstrecke zu rudeln, indem das Wild sich auf einem Klumpen zusammenballt, was eine Angriffsabwehrstrategie gegen Bedrohungen von außen her darstellt. In einem solchen Rudel mit Lämmern herrscht eine „kommunikative Atmosphäre", denn Muttertiere und Lämmer stehen in einem mehrfachen Kontakt zueinander: optisch wie akustisch. Das macht die Beobachtung interessant und abwechslungsreich.

Zu Beginn der Brunft stehen dann die Herren der Schöpfung dabei, und es ist schon interessant, wenn man einen suchenden Widder unter der Pracht seiner Schnecken im Schneefleckgewand suchend über die Fläche ziehen sieht, was immer sehr schnell erfolgt. Einen Widder sah ich, der meine Jägersinne in erheblichen Aufruhr versetzte: bis auf einen engbegrenzten Fleck rund um Muffel und Äser war der Bursche rabenschwarz, was seinem Haupt einen diabolischen Ausdruck verlieh. Ihm, den ich daraufhin „Satan" nannte, konnte ich beim ersten Anblick nichts antun, da ich ihn lediglich von der linken Seite sah und er überdies direkt am Grenzweg zur Nachbarjagd stand. Wie so oft im Jägerleben: das war es dann auch schon, denn ihn, den Brunftbesuchsgast sah ich niemals wieder! – Da ich bei meinen muffeljägerischen Vorbereitungen schon oft von der außerordentlichen Schusshärte dieser Wildart gehört hatte, führe ich „die dicke Wumme" bei meinen Muffelgängen mit, denn von der 9,3x62 mit dem 18,5g TMR-Geschoss erwartete ich, dass es mich nicht im Stich lassen würde.

Gleichwohl belehrten mich zwei Schafabschüsse darüber, dass die Berichte über die Schusshärte keineswegs übertrieben waren. Beide Schafe erhielten die o. a. Kugel direkt auf die Blattschaufel der rechten Körperseite auf eine Distanz von ca. 80 Metern. Das erste Schaf quittierte den Erhalt der Kugel überhaupt nicht, ging wie gesund mit dem Rudel über 100 Meter ab, um sich plötzlich nach vorn zu überschlagen wie ein rollierender Hase. Das nächste stürmte – ebenfalls ohne jedes sichtbare Zeichen – davon und in den angrenzenden Wald, wo ich es nach einem Todeskreis nach rechts (also einschussseitig) nach ca. 100 Metern verendet und auf der Einschussseite liegend vorfand.

Beim letzten Widder – einem 5-jährigen Abschusswidder – wiederum gab es keinerlei „Probleme", denn er erhielt die Kugel spitz von vorn direkt auf den Stich und sackte, die Läufe unterklappend, in sich zusammen, wobei er das schwerschneckige Haupt einfach auf die Seite legte. Beim Aufbrechen stellte ich fest, dass die Kugel den gesamten Wildkörper längs durchfahren und knapp über dem Waidloch wieder verlassen hatte. Ob man aus der Schilderung der vier Erlegungen nun aber folgern kann, dass Schafe schusshärter seien als Widder, vermag ich nicht zu entscheiden, denn dazu fehlt mir ganz einfach die Erfahrung, die es braucht.

Ich hoffe sehr, dass ich dort noch einmal werde jagen können, denn Muffelwild ist – allen beckmesserischen und puristischen Schmähungen zum Trotz – eine Wildart, die zu beobachten und zu bejagen ebenso abwechslungsreich und spannend wie lehrreich und informativ ist.

Auf Erdsitzen, Leitern und Kanzeln

Auf ihnen habe ich in Hessen
Mir den Spiegel breit gesessen;
Den Rücken krumm, die Füße kalt;
In Hecke, Obstbaum und im Wald!

„Tief unten, in der Mitte und hoch da droben" – so habe ich meine Lebensansitze in heimischen Revieren erlebt und teilweise auch erlitten; im Klartext: auf Erdsitzen, Leitern und Kanzeln! Jede dieser Ansitzmöglichkeiten war auf ihre Weise „ein Original", indem sie von Region zu Region, von Erbauer zu Erbauer, von Revier zu Revier anderen Konstruktionsgesetzen unterworfen waren, was auf die jeweilige Jagdart ebenso zurückzuführen war wie auf Revierbeschaffenheit und Komfortauflagen des Erbauers bzw. Auftraggebers. Dass so etwas nicht ohne durchschlagende Rückwirkungen auf meinen Stützapparat in den Bereichen HWS, BWS und LWS (sprich „Wirbelsäule") bleiben konnte, dürfte jedermann einleuchten. Immer dann, wenn der Eigner solcher „jagdbetrieblichen Einrichtungen" kleiner oder größer war als der Gelegenheitsbenutzer, gab es Probleme, die man jedoch passioniert zumindest auf Zeit kompensieren bzw. „aussitzen" konnte. Zwischen der Primitivstform des Ansitzes – mehreren vor der Steißunterlage senkrecht in den Erdboden gesteckte Blendzweige – und der Luxusversion – überdachte, plexiglasbefensterte Wärmekomfortkanzel – habe ich eine breite Palette aller möglichen Aberrationen architektonischer Baukunst in des Wortes doppelter Bedeutung „besessen", die en detail hier zu beschreiben unmöglich ist. Ein Gleiches gilt auch für die Schilderung der unterschiedlichen Schmerzregionen und Schmerzstufen, die ich auf zu niedrigen, zu engen, zu hohen, zu steilen, zu zugigen und zu nassen – ja, was denn eigentlich? – „Ansitzmöglich- und -unmöglichkeiten" durchsaß, durchlebte und durchlitt. Aber: wenn dem Ansitzjäger der zugewiesene Ansitz nicht passt, dann kann er ja zu Hause auf dem warmen Sofa hocken bleiben und die Büchse im Schrank lassen. Niemand wird schließlich gezwungen, als willkommener Gast vom zugewiesenen Ansitz aus das freigegebene Wild zu bejagen! Persönlich bevorzuge ich die einfachen, sicheren und ergonomisch normal konstruierten Ansitze, die es mir erlauben, „mit Auge, Nase und Ohr am Wild dran" zu sein, denn dies verheißt eine lebendige, hautnahe „Jagd auf Du und Du!", zu der es für mich keine erstrebenswerte Alternative gibt. Ich kann, mag und will nicht auf das leise Knistern, Tappen und Knacken verzichten, wenn das Wild anwechselt; ich brauche den Jahreszeiten- und Witterungsgeruch des Revieres um meinen Windfang; Schrecken, Schmälen, Blasen will ich ebenso hören können wie Amselstrophe, Hähergekreisch oder Schnepfenquorren! So, wie ein guter Wildbraten des entsprechenden Gewürzkrautes bedarf, so gehört die Sprache der Natur zur Jagd. Beide veredeln, bereichern, runden den Genuss ab. Gottlob bin ich noch nicht so zivilisations- und soundverblödet, dass ich die feinen Nuancen nicht mehr vernehme! Mit Grausen erinnere ich mich eines von meinem verstorbenen Freund Bernd und mir gemeinsam im Revier Hemmen „erstellten" überdachten Hochsitzes, der so ausfiel, wie er ausfallen musste, wenn zwei Akademiker – er stud.rer.oec. und ich stud.phil. – drei Wochen hehren Schweißes, pfundweise Hirnschmalz und zahllose Nägel bzw. Schrauben „verarbeiteten", um dann bei Inbetriebnahme festzustellen, dass das Dach gleichwohl undicht, die Schießluken je verschieden hoch und die Leitersprossen verschieden aufgenagelt waren. Gemessen an den verzehrten Würsten und geleerten Bierflaschen ein mehr als blamables Resultat. Der Name „Studentenkanzel" kündete noch jahrelang von der Schmach ihrer Erbauer.

Da die jagdbetrieblichen Anforderungen grundsätzlich davon abhängen, wo, wie, was und wann von einer Ansitzmöglichkeit aus gejagt werden soll, verwundert es nicht, wenn es diesbezüglich eine ebenso große wie variantenreiche Produktpalette gibt, die zusätzlich noch durch Sondererfordernisse und bauliche Versiertheit der Ersteller diversifiziert wird. Manches dieser solchermaßen entstandenen Bauwerke führt die Gesetze der Statik und der Geometrie bis an die Grenze ihres Gültigkeitsbereiches ebenso wie an ästhetische Limits oder Standards heran. Was da alles auf Stelzen im Waldesdom unserer Reviere „herumsteht", ist mit den Adjektiven „monströs, pittoresk, kreativ, alternativ" kaum noch hinreichend exakt zu beschreiben. Gottlob legen immer mehr Jäger immer größeren Wert auf ebenso solide wie optisch präsentable und funktionelle Systeme, so dass etwas „künstlerische Ruhe" in das Ansitzbauwesen Einzug gehalten hat.

Am bänglichsten wurde es mir immer dann um mein Jägerherz, wenn ich schwerbepackt und nassgeschwitzt am Fuße der 30-Sprossen-Leiter einer sog. „Näher-mein-Gott-zu-Dir-Kanzel" angelangt war und den Aufstieg angehen musste, was besonders im Falle der Rutschigkeit infolge von Nässe und Frost ein wahrhaft alpinistischer Vorstoß ins Unbekannte war. Der nachtdunkle Rückweg ins scheinbar Bodelose nach Erlöschen des Büchsenlichtes war nur möglich, wenn ich vorher den Ballast (Rucksack, Wolldecken, überflüssige Klamotten) abwarf und dann beidseitig holmnah auffußte. Je näher ich dabei Mutter Erde kam, desto ruhiger wurde ich dann.

Immer, wenn mich die Weisung eines Gastgebers auf eine alte, übermooste, rostnagelige und ausgebleichte Leiter oder Ansitzmöglichkeit beordert, dann frage ich mich, wer sie denn wohl erbaut haben mag, was von ihr aus erlegt wurde, was sie erzählen und berichten könnte und wer dort vorwiegend zu Gange gewesen sein mag.

Insoweit sind Ansitze für mich zeitjägerlebens alles andere als bloße Zweckkonstruktionen sondern geschichtsträchtige und traditionsumwitterte jagdliche Kultstätten mit spezifischer Aura, die im Kulturraum deutscher Jagd einen festen, unverwechselbaren Platz einnehmen. So gesehen ist lokale und regionale Jagdgeschichte immer auch die Geschichte ihrer Ansitze – im mehrfachen Wortsinne. Sie waren – und sind – dementsprechend auch Stationen meines jagdlichen Lebensweges. An ihnen hängt, um sie webt viel vertraute Erinnerung, ja, sie sind Teil meines Jägerlebens geworden.

Schlumpschüsse und Patzer

Wem nie ein Schlumpschuss unterlaufen;
Wer nie sein Haupthaar musste raufen;
Wen nie ein Selbstvorwurf geplagt -
Der hat – bei Gott – auch nie gejagt!

Kaum ein Jagdautor gibt zu, jemals Schlumpschüsse fabriziert zu haben; immer gelangten alle Schüsse perfekt dahin, wohin sie die ruhige Hand punktgenau zirkelte; der gute Kunstschuss ist bei den meisten offenkundig selbstverständlich. Lediglich mein Lieblingsautor Ludwig Benedikt Freiherr von Kramer-Klett – ein in jeder Hinsicht faszinierender Schreiber der grünen Zunft – gibt ausführlich Laut über solche Vorkommnisse und gerade diese Schilderungen sind es, die seinem Schreiben Tiefgang wie Authentizität verleihen.

Warum aber dieser falsche Stolz so vieler zum jagdlichen Schreiben Berufener? Ist es etwa ehrenrührig, wenn einem die Nerven durchgehen und man jämmerlich vorbeisäbelt? Was ist schlimm daran, dass man anders angesprochen als erlegt hat? Wer wird ob solch menschlich verständlicher Fehlleistungen denn schon an den Pranger gestellt? Nein – falsche Eitelkeit oder Selbstlüge sind keine Tugenden sondern zeugen von jagdlichem Pharisäertum ebenso wie von negativem Stolz! Ich persönlich glaube keinem, bei dem es – angeblich – immer fadengerade gelaufen ist, denn das gibt es einfach nicht!

Wenn ich also im Folgenden von „Schlumpschüssen und Patzern" berichte, dann erstens deswegen, weil sie mir so wie geschildert unterlaufen sind und weil ich meine, dass uns Selbstehrlichkeit eigentlich gut zu Gesicht steht. Allerdings gebe ich freimütig zu, dass es mir nicht leicht fällt, aber der Waidmannswahrheit die Ehre!

Aus meinen Frühjahren im Revier Pfordt erinnere ich mich eines Krüppelknopfers von gerade mal eben 9,5 kg, den ich – bevor ich ihn in meinen Rucksack stecken konnte, in einer Woche bei zwei Ansitzen zweimal vorbeischoss, bevor dann alle guten Dinge drei waren – und ich auch dieses Gehörn an meine Wand hängen konnte.

Nicht besser erging es einem Braven aus dem Revier Pfaffenhausen im Nordhessischen, dem ich acht Ansitze, zwei Vorbeischüsse und viele Mückenstunden widmete, bevor ich ihn mit nicht gerade bravourösem Punktschuss zu meiner Beute machen konnte. Lagen auch zwischen beiden Ereignissen fast zwanzig Jahre, so war die Versagensursache in beiden Fällen nichts anderes als das hundsgemeine, simple Jagdfieber, von dem ich niemals verschont war und noch immer bedroht bin. Warum also hier „den Coolen" mimen?

Auch die erste Schwarzwildbegegnung meines damals noch blutjungen Jägerlebens ging infolge derselben „Krankheit" zugunsten des vorbeigeflammten Watzes aus, und das kam so: mein Lehrprinz hatte mich – mit seinem Drilling ausgerüstet, zwei Flintenlaufgeschossen und zwei Kugeln (8x57 IRS,12,7) sowie zwei warmen

Wolldecken – in die oberste Etage eines senkrecht zu erklimmenden Doppelstokkrandfichtenhochsitzes beordert, weil auf einem Saatacker allnächtlich eine einzelne Sau den im Acker verbliebenen Altkartoffeln einen Besuch abstattete, der sich zu einem satten Schaden auszuwachsen begann.

Seit 21:00 Uhr saß ich nun an und wartete auf den aufgehenden Vollmond, der gegen Mitternacht über mir erscheinen sollte und war tief und fest entschlafen. Nachdem sich die Frühjahrskälte (damals waren auch Keiler noch über das Jahr hin auf!) durch die Wolldecke hindurchgefressen hatte und weißer Reif auf meiner Brust angefroren war, wurde ich wach, um sofort einer einzelnen Sau auf ca. hundert Schritte ansichtig zu werden, die dort im Gebräch stand und sich die angematschten Kartoffeln wohlschmecken ließ.

Wer jemals von Null auf Zweihundert beschleunigte, der weiß, wie es mir erging: das Absehen tanzte rund um die Sau herum; das Glas beschlug, ich zitterte wie Espenlaub vor Kälte und Jagdfieber und war außerstande, in der richtigen Reihenfolge das Richtige zu tun. Als dann auch noch der Stecher der gesicherten Waffe hörbar einrastete, dampfte die Sau ab in den Wald – um nach etwa zehn Minuten wieder zurückzukehren! Nun war es mit meiner Beherrschung vollends vorbei und weit hinter ihr spritzte der Dreck aus dem Acker, mir einen „Hochdrübervorbeischuss" anzeigend. Das bestätigte sich auch anderntags, denn an dem weißen Handtuch, mit dem wir den Einschuss abzogen, zeigte sich auch nicht andeutungsweise der ersehnte rote Schimmer – ein Befund, den auch der zur Kontrollsuche nachgezogene Teckel bestätigte. Es wäre ja auch zu schön gewesen, wenn!

Jahre später saß ich an einem Wiesenschlauch im Revier Altenschlirf an und erspähte einen Knopfbock auf einer quellhöfigen Stelle, der mich langsam anwechselte. Im Kugellauf die 7x65 R TMR, im Einstecklauf die 22 Magnum und im linken Schrotlauf die 16/70 mit 4 mm packte ich meinen Drilling auf den zusammengeknüllten Lodenmantel, schraubte ihn fest ein und wartete, bis der Bock sich breitstellte, wozu er sich sehr viel Zeit nahm, denn die frische Äsung mundete ihm offenkundig sehr. Das Jagdfieber stieg und die entsprechende Symptomatik ergriff von meinem vegetativen Nervensystem Besitz. Anders lässt es sich auch nicht erklären, dass dann die Magnum den Lauf verließ und nicht die große Kugel, weil ich umzustellen vergessen hatte. Der Bock zeichnete und wollte auf 70 Meter an mir vorbei in die Dickung zurück, aus der er gekommen war – mit schlenkerndem rechtem Vorderlauf! Wie es mir gelang, weiß ich bis heute nicht: jedenfalls erwischte ich ihn mit der richtigen Kugel, bevor er in den Dickungsrand eintauchte.

Zwei Jahre später: auf einer Kulturfläche im Oberwald an einem schönen Juniabend mit eben dem gleichen Drilling in der gleichen Bestückung ansitzend sehe ich einen Jungfuchs, den ich erlegen möchte, und zwar mit dem Einstecklauf. Doch Reineke scheint das geahnt zu haben, denn er verschwindet in den ausgerollten Farnwedeln auf der Freifläche. Also: sichern, Waffe abstellen und weiter warten, bis

– plötzlich in 40 Meter Entfernung vor mir ein ungerader Gabler hochwird und sich in der Abendsonne streckt und der Körperpflege hingibt. Leise das Glas hoch, angesprochen, Waffe auf den Lodenmantel gelegt, Ziel gefasst und – „Pätsch!" – Im Schuss mit dem Einstecklauf (!) – der Drilling war auch hier nicht umgestellt – kippte der Vierjährige in das Bett zurück, aus dem er eben gerade hochgeworden war. Ein bombiger – aber unfreiwilliger – Küchenschuss mit minimalster Wildpretentwertung.

Und ein nochmaliger Drillingsschlumpschuss: zwei Hasen hatte ich schon vor mir in einem Seitental des Revieres Bernshausen auf den Novemberrasen einer Weide gelegt, als ein dritter ausrückt, den ich sofort anpfeife. Er kegelt und erhält – die große Kugel! – auf das Blatt, was erstaunlicherweise ohne nennenswerte Wildpretzerstörung abgeht, ihn aber in den hinter ihm ausgeworfenen Erdtrichter wirft.

Viel später ein Abendansitz auf Rehwild im Revier Pfordt, wo ein Stück für eine Familienfeier geschossen werden soll. Der vor meinem Sitz liegende, stark beäste Rapsacker ist reifüberzuckert und von Rehwild und Hasen sehr gut angenommen. In der Dämmerung zieht ein Schmalreh auf mittlere Schussentfernung vorbei und verhofft auf meinen „Anpfiff". Im Schuss zeichnet das Stück, wendet sich rechtwinklig und mir den Spiegel zeigend ab und zieht von mir weg in Richtung auf einen Mittelrain, vor dessen Erreichen es über einen Stein oder dergleichen stolpert, um dann im Randbewuchs des nahen Bauernwaldes einzutauchen. Am Anschuss ergibt sich gar nichts, weshalb ich die Fluchtrichtung ausgehe, an den rechten Winkel komme, weiter gehe und – nicht vor einem Stein sondern dem gesamten, herausgefallenen Pansen des Stückes stehe, das ich dann nach weiteren 30 Metern verendet auffinde. Zu steil von oben und damit hangab zu tief mit entsprechendem Kugelsitz – das ist die Erklärung dieses Schlumpschusses.

Drückjagd im Wehrberg der Gräflich-Westerholtschen Eigenjagd auf Sauen, Rotwild, Rehwild und Füchse an einem neblig-diesigen Novembervormittag. Ich stehe in einem vor mir ansteigenden Buchen-Eschen-Jungwald, als mich auf 50 m von links kommend eine Rotte von sechs Sauen unter der Führung einer kapitalen Leitbache anwechselt und immer wieder verhofft, wobei sie beunruhigt die Lage sondiert. Es dauert lange, bis ich einen geringen Überläufer in der auseinandergezogen stehenden Rotte freibekomme und schießen kann. Die Rotte – mit ihr die beschossene Sau – geht ab und entschwindet meinen Blicken hangauf in eine Fichtendickung. Auftauchende Treiber berichten mir von einer breiten Schweißfährte mit Beginn am Anschuss. Ich bin erleichtert, aber im Verlauf der von mir und einem Hundeführer angenommenen Wundfährte finden wir, bevor wir an die verendete Sau herankommen, vier Frischlingsföten, die uns anzeigen, dass diese geringste Sau aus einer Rotte zwei Wochen später (= Anfang Dezember!) gefrischt hätte. Ein Beweis, wie es um das Frischen unseres Schwarzwildes heute bestellt sein kann, wenn bestimmte Faktoren, die jeder eingeweihte und sachkundige Jäger kennt, zusammenkommen.

Ansitz auf Kahlwild im Oberwald im Revier Lanzenhain auf einer weiträumigen Abtriebsfläche im goldenen Oktober: ein Kleinrudel äst vor mir spitz auf mich zuhaltend in passabler Schussentfernung, in dem sich auch ein geringes Schmaltier befindet. Als ich es halbspitz von vorn vor mir habe, komme ich mit der 8x68 KS, 12,1g zwischen Träger und Blatt schräg von oben nach unten schießend ab und erlebe folgendes: das Stück zeichnet, bleibt wie ein Sägebock in dieser Position stehen, rührt sich nicht vom Fleck und bietet mir keine Gelegenheit zu einem erlösenden Fangschuss! – Nach 10 Minuten dreht es sich plötzlich um 180 Grad herum und tut sich in dieser Position unvermittelt nieder, wobei es das Haupt zur Seite dreht und ich endlich (!!!) den Fangschuss antragen kann. Dies ist in all meinen Jägerjahren das erschütterndste Erlebnis geblieben, wobei der Blick „Auge in Auge" mit einem kranken Stück Wild durch eigene Hand mich nachhaltig zutiefst bewegte. Nur zu, Besserwisser und Pharisäer und über mich hergefallen, denn Euch wäre „so etwas niemals passiert!" -

Ja, die rauhe Jagdpraxis, der Revieralltag halten immer wieder Erlebnisse und Begebenheiten bereit, auf die man sich weder durch die Jägerprüfung noch durch mentales Training vorbereiten kann. Immer wieder sind es eigenes Verschulden, Witterungsumstände, Fehler, Fehleinschätzungen, Jagdfieber – und auch unerklärliche, nicht rekonstruierbare, sich der Logik entziehende Faktoren! – die in der Konsequenz des Zusammenwirkens den „Schlumpschuss" zur Folge haben. Ich jedenfalls habe nie einen grobfahrlässig oder leichtfertig herbeigeführt, es sei denn, dass Jagdfieber als zureichender Grund angeführt werden muss. Mit dem Konjunktiv „hätte, könnte, sollte, dürfte, müsste" ist man zwar immer schnell bei der Hand, aber das nützt weder dem Stück noch dem Jäger. Nur der, der zwar raus geht, aber nie schießt, wird dementsprechend auch niemals einen solchen Schuss „fabrizieren". Ich habe mich danach immer furchtbar geschämt und geärgert, es hat mir lange Zeit das Jagen vergällt und heftig an meinem Jägerego genagt, aber so war es eben und nicht anders! Ich schreibe gerade diese Zeilen im Hinblick auf junge Jäger, um ihnen zu zeigen, dass noch nie ein Meister vom grünen Himmel fiel und Jäger auch nur fehlerhafte Menschen sind!

Gejagt werden muss – auch und gerade heute; gejagt aber wird durch den Menschen, nicht durch Automaten. Menschen jedoch sind – anthropologisch gesehen – Mängelwesen, die Anfälligkeiten und Einflüssen ausgesetzt sind, die auf ihr Verhalten direkt einwirken. Perfekte Sicherheit kann es daher auf der Jagd nicht geben – ebenso wenig wie im Straßenverkehr, beim Bedienen von Maschinen, bei der Handhabung eines Werkzeuges, in Politik und Management – wann immer und wo immer etwas Spektakuläres passiert, das man sich technisch nicht erklären kann, ist es der Faktor Mensch, der hier versagend die Ursache war.

Nein, dies soll keine wohlfeile oder billige Entschuldigung oder Generalabsolution sein, denn ich gestatte es mir nicht mehr, mich irgendwie herausreden zu wollen, wenn ich einen folgenschweren Fehler begangen habe – unabsichtlich und nicht vorsätzlich, wohlgemerkt. Was passierte, ist nicht mehr rückgängig zu machen, und dazu muss man stehen, auch dann, wenn es peinlich ist oder wehtut.

Passion und Jagdneid

> *Wen nie Passion und Jagdneid plagte,*
> *Der sage nicht, dass er je jagte;*
> *Denn Jagen ohne Leidenschaft -*
> *Das ist und bleibt ein fader Saft!*

„Passion" ist eine besonders dem jagenden Menschen eigene Disposition, die sich in einer Reihe typischer Reaktions- und Verhaltensweisen äußert und zu atavistischen Reaktionen des Betroffenen führt, die nicht in das kulturelle Menschenbild des christlichen Abendlandes passen wollen. Jäger sind besondere Menschen insoweit, als sie alles andere als pflegeleicht sind und in ihren Handlungsweisen nicht in zivilisatorische Ordnungssysteme passen.

Passion ist dem von ihr Befallenen angeboren, weshalb alle Versuche, sie sozialverträglich zu handhaben, zum Scheitern verurteilt sind. Sie durchbricht den aus Konventionen, Erziehung, Bildung und Kultur über den Menschen gestrichenen Firnis abrupt und elementar, wenn sie durch bestimmte Schlüsselreize ausgelöst wird und veranlasst den Betroffenen zu Reaktionsweisen, die diesem normalerweise und im Alltag selbst nicht bekannt sind („das Tier im Menschen"!). Kynologisch gesehen gleicht ein „rabiat Passionierter" einer Mischung aus Teckel, Terrier und Wachtel, in der sich alle Jagdeigenschaften multiplizieren.

Für „normale und konventionelle" gesellschaftliche und soziale Einrichtungen ist der/die Passionierte weitgehend verloren und stellt an die Toleranz und Leidensfähigkeit seiner unmittelbaren Umgebung größte Anforderungen. Auf Grund intensiven Selbststudiums bin ich zu der Erkenntnis gekommen, dass es drei Intensitätsstufen der Passion gibt, die sich wie folgt bezeichnen und deuten lassen: „passioniert, hochpassioniert, rabiat passioniert". Der biologischen Entwicklungskurve entsprechend und angepasst besteht normalerweise Anlass zu der Hoffnung, dass sich mit ihr auch die Intensitätskurve mit den Jahren abflachen kann, nicht aber muss!

Gerade Passionierte neigen häufig zu Anfällen von Jagdneid, der sich oft nur mit äußerster Kraftanstrengung – wenn überhaupt – niederringen lässt. Die Erklärung ist relativ einfach: wie die Passion kommen Besitztrieb und Jagdneid aus den elementarsten Wesensschichten des Menschen. Immer geht es dem Menschen um drei Dinge: Territorium, Nahrung und den Geschlechtspartner, woran sich heftige und heftig ausgefochtene Erwerbskämpfe knüpfen. Hat da nun jemand Beute gemacht, die man auch gern erjagt hätte – dann ist er da und bricht sich Bahn: der Jagdneid! Durchaus nicht an die Stärke oder Bonität einer Beute gebunden flammt er jäh auf und lodert hoch, wenn der Befallene eines anderen Beutegreifers mit Beute ansichtig wird. Schon der Schuss aus der Richtung, wo der Befallene einen Mitjäger ansitzen weiß, kann in ihm einen Anfall unkontrollierbaren Jagdneides auslösen, ohne selbst irgendetwas gesehen zu haben. Scheele Seitenblicke, gemurmeltes „Waidmannsheil", der verweigerte Beglückwünschungshandschlag an den Erleger und eine deutlich spürbare Vereisung des Minenspieles sind untrügliche Kennzeichen des Befalls. Nur wer nicht passioniert ist, wird auch keinen Jagdneid kennen – das weiß ich aus eigener leidvoller Erfahrung als stark Betroffener.

Das verflixte Jagdfieber

Ein Mensch, der draußen sitzt zur Jagd,
Ward oftmals schon davon geplagt:
Der Puls – er rast; der Atem stockt;
Der Ärmste ist total geblockt!

Seiner Symptomatik nach ist Jagdfieber eine Mischung aus heftigem Schüttelfrost und Zähneklappern, Schnappatem, Hitzewallungen, Schweißausbrüchen, Herzrasen und hoher Pulsfrequenz.

Sie tritt unvermittelt in voller Härte innerhalb Sekundenbruchteilen in voller Bandbreite auf – vorwiegend beim Anblick der begehrten Jagdbeute, wobei die „Kapitalität" derselben keinerlei Ausschlag gibt: der Auslaufhase kann diese adrenalingesteuerten Attacken ebenso auslösen wie die anwechselnde Sau! Auch akustische Reize – Ästeknacken, Anstreifen oder Steineln etwa – vermögen sie auszulösen. Diese Symptomatik bringt es mit sich, dass der Befallene weder Glas noch Büchse ruhig zu halten vermag; dass die Linsen von Glas und Zielfernrohr beschlagen; die Bekleidung innerhalb von Sekunden als zu dünn oder zu dick empfunden wird. -

Er ist für die Dauer des Anfalles, der unterschiedlich lange anhalten kann und in der Regel in Schüben erfolgt, motorisch dergestalt ausgeschaltet, dass ihm sämtliche Glieder den Dienst versagen oder eine bis dato unbekannte Eigendynamik entfalten. Alle empfohlenen und probaten Soforthilfemaßnahmen wie: „ruhig und gleichmäßig durchatmen; an etwas anderes denken; sich ablenken; sich zur Ruhe zwingen" – sie helfen nicht, denn der gesamte Prozess erfolgt in Schüben ebenso wie in Intervallen. -

In solcher Verfassung abgegebene Schüsse gehen grundsätzlich voll daneben, nur nicht dahin, wohin sie das Zielauge zentriert glaubte. Ein in solcher Verfassung „in die Botanik gesetzter Schuss" ist – was seine Spätfolgen anlangt – verheerend: er hängt noch lange Zeit nach und äußert sich in einer totalen mentalen Blockade, weil das als frustrativ empfundene Versagen eine insgesamt totale Systemblockade hervorruft.

Dies in Verbindung mit dem dann unweigerlich hinzukommenden, starken Anfall von Jagdfieber setzt den Jäger vollends außer Gefecht. Zwar geht er dann am anderen, nächsten oder übernächsten Tag wieder hinaus, denn „Bangemachen gilt nicht! Wollen doch mal sehen, wer hier Herr im Hause ist!" – Nur: wenn er den Ansitz erklommen und sich eingerichtet hat, denkt er plötzlich „Hoffentlich kommt nichts, denn dann geht das schon wieder los!" -

So plagt er sich mit seinen inneren Stimmen herum, bis ihn das Licht zum Abbaumen zwingt und tritt gefrustet den Heimweg an, um anderntags wieder den Pirschweg unter die Stiefel zu nehmen. Wer sagt denn, dass Jäger nicht zuvörderst schizophrene Individuen wären?

So ist es mir als in Kombination Befallenem oftmals ergangen, was mir schier die ganze Jagd vergällt hätte, wäre da nicht die übermächtige Passion mit ihrer heilenden Wirkung gewesen. Eindrucksvolle Erfolge, eine lebensaltersbedingte Abkühlung der hitzigen Affekte und vor allem das Bewusstsein, gar nicht unbedingt schießen zu müssen, wenn man nicht kann oder will – das verschaffte mir peu à peu die innere Ruhe und das psychovegetative Gleichgewicht, die nötig waren, um mich wieder auf Normalfrequenz herabzudimmen.

Dieser Kampf gegen sich selbst ist zugegebenermaßen schwer, aber er kann auch auf Dauer gewonnen werden. Nur: da wir Menschen sind und keine Automaten, ist immer wieder mit Rückfällen und Rückschlägen zu rechnen!

Originale im Lodenmantel

Sage mir, mit wem Du jagst!
Und wenn Du mich nach solchen fragst,
Dann sage ich: „Die Prachtgestalten
Soll St. Hubertus uns erhalten!"

Gottlob – es gibt sie noch: die „Originale im Lodenmantel". Sie sind noch nicht ausgestorben, weil die Jagd eine Nische bildet, in der sich solche Subspezies der Gattung Homo sapiens erectus entwickeln können und einen artgerechten Lebensraum dort finden. Sie stellen – wo immer man ihrer ansichtig wird – eine echte Bereicherung der Szene dar – optisch, wesensmäßig, jagdlich und menschlich!

Geilfuß und Liederley dürften – was das Bannen auf Leinwand anlangt – die letzten gewesen sein, die sich ihrer annahmen und mit ihrer Kunst zum Leben erweckten.

Originale im Wortsinn sind Menschen, die sich aufgrund ihrer Persönlichkeit, ihrer Lebensweise, ihrer Art und ihres Seins deutlich von denen der Zeitgenossen unterscheiden und an denen die Öffentlichkeit deswegen so regen Anteil nimmt.

Unter „Originalen" verstehen wir nach allgemeinem Konsens Menschen, die sich aufgrund ihrer Andersartigkeit in Wesen und Lebensgestaltung humorig von der großen Masse der „Normalbürger" unterscheiden, indem sie eine Vielzahl von Andersartigkeiten entwickeln und leben, ohne dass dem ein bewusster Akt der Abgrenzung zugrunde läge. Sie sind so, wie sie sind, weil sie es so wollen und mit dieser ihrer Lebensart vollauf zufrieden sind. Sie werden so, weil die anderen diese ihre Lebensart nicht oder nur bedingt nachzuvollziehen vermögen, wobei sie sich nicht bewusst in ein Abseits begeben haben, das letztlich gar keines ist. Weder drängen sie sich der Masse der anderen auf, noch erwarten sie, dass man ihnen irgendwelche Sonderrechte einräumt. Ihr sympathisches Selbstbewusstsein, das darin besteht, sich selbst so anzunehmen und einzubringen wie sie sind, ist es in Verbindung mit humorigem Eigensinn, die einen Menschen zum Original machen, denn der Gegenbegriff dazu ist ja wohl logerischerweise „Massenprodukt" oder „Massenmensch". Ihnen haftet somit immer eine gewisse Exklusivität an, die aus ihrer relativen Einmaligkeit resultiert, die sich wiederum am Standard einer Gesellschaft definiert. -

Jawohl, ich durfte Menschen im Laufe meines bisherigen Jägerlebens kennenlernen, die gleich mir dem Waidwerk verschrieben durch ihre Vita und ihr Jagen „Originalstatus" erlangten. Beginnen wir mit Originalen aus meiner Schlitzerländer Jungjägerzeit, die in vielerlei Hinsicht so ganz anders und so zentral verschieden von der war, in der heutige Gleichaltrige leben. Ich bin froh, und dankbar, dass ich davon berichten und erzählen darf, denn es ist allemal der Mühe wert, diesen „Blick zurück in freudiger Erinnerung" werfen zu können.

„Kimpel-Joh", wie er in Schlitz allgemein genannt wurde, war ein mehr als Hundert-Kilo-Jäger von imposantem Exterieur, das durch seinen kapitalen DD-Rüden noch eindrucksvoll abgerundet wurde, der auf den profanen Namen „Strupp" hörte. Joh war ein passionierter Niederwildjäger, und was er mit seiner alten Zwölfer Querflinte fertigbrachte, das nötigte selbst den Führern edler Erzeugnisse Respekt ab. Hasen und Enten standen für ihn immer obenan! Galt es den letztgenannten, fuhr er mit einem Leichtmotorrad und einachsigem Hundeanhänger zweispännig mit Strupp nach Queck, wo er einmal pro Woche „an die Enten" ging: er vorn auf dem Motorrädchen, die Flinte quer über den breiten Buckel geschlagen, rotgesichtig vom Fahrtwind ebenso wie von seiner Vorliebe für die Produkte heimischer Braukunst, eine Zigarre dampfend und hinten im Anhänger Strupp mit flatternden Behängen – erwartungsvoll nach vorn in Richtung Ziel schauend und geschickt die Kurven ausbalancierend, denn Ablegen war da nicht!

Bei der abendlichen Rück- und Einkehr in die Gastwirtschaft, die sich im Parterre des von uns bewohnten Hauses befand, nahm er am Stammtisch Platz, hatte die Flinte an die Garderobe gehängt, den Strupp unter dem Tisch abgelegt und die geschossenen Breitschnäbel neben sich auf einem Stuhl liegen. Fast nie war seine Beutefahrt ergebnislos, denn Schießen mit der Flinte – das konnte unser Joh. Und dann die Hasenjagden im Karlshofer Feld, an denen in diesen Jahren um die 40 Schützen teilnahmen und ca. 80 Hasen fielen: immer vorn dabei – „Kimpel-Joh". Er wusste, wo die Löffelmänner lagen und ließ sich entsprechend einteilen. Nachdem sich die Nachbarn zur Rechten wie zur Linken auf aufstehende Hasen versucht hatten und am Nachladen waren, backte er an und ließ sie auf sagenhafte Entfernungen über Kopf gehen, nachdem er respektvoll abgewartet hatte, bis diese ihr Pulver verschossen hatten. Ich habe selbst miterlebt, wie er in einer südhängigen Feldsenke mit drei Schuss drei Hasen schoss – in oben erwähnter Manier! Dicke Schmierstiefel, dicke selbstgestrickte Strümpfe um die dicken Waden, eine zweireihige Lodenjacke und ein ausgeblichener „Gewitterverteiler" auf dem Kopf – das war er, so jagte er, und ist er – unser „Kimpel-Joh" aus Schlitz! -

Mein Freund und Jägerprüfungskollege Roman B. wurde dann auch Jagdaufseher meines zweiten Lehrprinzen Dr. med. Walter Z. im Revier Schlitz. Mit Roman habe ich unendlich viele gemeinsame Jagdstunden bei Revierarbeiten, Ansitzen und Gesellschaftsjagden verbracht, während derer er sich aufgrund seiner Art und seines Auftretens als veritables Original entpuppte.

Eine Episode aus seinem an Episoden reichen aber kurzen Jägerleben sei hier in memoriam berichtet: auf der Nordseite des Revieres Fraurombach, das auch von Dr. Z. angepachtet war, hatten sich die Sauen böse im milchenden Mais ausgelassen, so dass etwas getan werden musste. Man besetzte beide Revierseiten und Roman kam in den sog. „Mastkorb", wo er die Fläche zwischen zwei Maissäckern einsehen und beschießen konnte. Da er tagsüber einen strammen Acht-Stunden-Tag zu absolvieren hatte, dem Waidwerk früh, spät und nachts oblag, war er unter dem Vollmondschein selig entschlummert. Was ihn geweckt hatte – wahrscheinlich war es die bei diesem Naturmenschen punktgenau gestellte innere Uhr – weiß man nicht, aber im Erwachen sah er „Misthaufen zwischen die Äcker", die „vorher nicht da war'n" – also Sauen!

In Sekundenschnelle war Roman hell wach, nahm den nachtglasbestückten und brenneke- wie kugelbeheizten Drilling hoch und es krachte drei Mal in entsprechenden Abständen zeitversetzt durch die mondüberschienene Feldflur oberhalb des in friedlichem Nachtschlaf liegenden Dörfchens.

Diese Schüsse hatten den auf der anderen Revierseite ansitzenden Jagdherrn und seinen Begleiter alarmiert, denn sie wähnten Roman in einer bewaffneten Auseinandersetzung mit Wilderern und brachen auf, um zu sehen, was da los sei bzw. ob und wie man ihm helfen könne.

Dort angekommen fanden sie den mittlerweile abgebauten Roman auf dem Feldstreifen zwischen den Maisschlägen herumsuchend und fragten ihn, was denn losgewesen sei. Romans, stets wortkarg, war – wenn aufgeregt – noch wortkarger als ohnehin üblich und er antwortete: „Sauen" – nicht mehr. Die Nachfragen gestalteten sich zu einer Art Verhör, in dessen Verlauf die Details buchstäblich millimeterweise zu Tage gefördert wurden. Auf die abschließende Frage, warum er denn drei Mal geschossen habe, erfolgte die Telegrammantwort aus dem Munde eines erregten Nachtjägers: „Dort liegt eine, da hinten liegt eine und eine ist in den Mais nein!" – Roman locutus!

Ich freue mich, ihm diese Zeilen in Erinnerung an eine gemeinsame Jagdzeit post mortem widmen zu dürfen. -

Und nun nach Pfordt zu Karl G. aus Schlitz, der Pächter dieses Hochwildrevieres war und ein wahres Unikum als Jagdaufseher beschäftigte. Dieser, Kurt L., war als Bauer ein extrem passionierter und naturverbundener Mensch, dem Jagd über alles ging und bei dem das Revier in bester Obhut war. Auch diesmal ging es um einen – allerdings folgenschweren – Nachtansitz auf zu Schaden gehende Sauen, die allnächtlich aus dem anrainenden Staatsforst zu Felde hielten und erheblichen Schaden machten.

Kurt hatte sich nahe bei einem Weideunterstand in einem Birnbaum eine behelfsmäßige Ansitzmöglichkeit geschaffen, die er gegen zehn Uhr spätabends aufsuchte, denn vor Mitternacht ging da gar nichts, weil die Einstandsdickungen tief im Forst lagen. Auch er wurde Opfer des ihn jäh überfallenden Schlafes, und er erwachte unter dem Mitternachtsglockenschlag. Zu sich gekommen, suchte er die umgebrochene Weide mit dem Glas ab und gewahrte „Drei schwoeze Klombe!" auf dem hinteren Weideteil. Er nahm die Büchse hoch, fasste Ziel und schoss, woraufhin die Platte geputzt schien. Nach Abrauchen einer Beruhigungszigarette baumte er ab und pirschte sich mit frischgeladener Waffe im Sichtschutz des Weideschuppens vor, um das Hinterland, das sich von dort abwärts neigte, besser einsehen zu können. Als er um die Ecke desselben bog, hat es ihn schier zusammengerissen, denn statt einer Sau lag dort ein Rind. Da der Jagdherr nicht zu den Armen zählte, vermochte er die Affäre mittels geeigneten „Verbandmaterials" zu unterdrücken und zu bereinigen, was späteres Durchsickern indes nicht verhinderte. So machte die Geschichte vom nächtlichen Rinderjäger bald die Runde, wurde oft kolportiert und fand so Eingang in die mündlich überlieferte lokale wie regionale Szene. Ich habe sie von ihm selbst erzählt bekommen.

Nun ein Sprung in den Vogelsberg, wo bei Januarkälte, hoher Schneelage und Frost Graf B. aus Herbstein mit Kutscher, Kastenschlitten und Haflingergespann im Wehrberg auf Pirschjagd war, um den nachhinkenden Rehwildabschuss noch zu erfüllen. Jupp, der Gespannführer und Kutscher, hat mir diese Begebenheit am abendlichen Stammtisch im Herbsteiner Lamm erzählt.

Um einen reibungs- und lautlosen Jagd- und Kommunikationsablauf sicherzustellen, war folgendes verabredet worden: der hinten im Schlitten sitzende Jäger sollte den Kutscher mittels Handdruck dirigieren: auf die linke Schulter getippt sollte er das Gespann nach links wenden, auf die rechte nach rechts und beim Druck zwischen die Schulterblätter das Gespann zum Halten bringen. So weit, so klar: so klar, so gut! -

Dahinfahrend erblickte Graf B. im Buchenaltholz eine Ricke und ließ das Gespann anhalten, damit er – ein ebenso excellenter Kugel- wie Schrotschütze – in Ruhe Maß nehmen konnte. Jupp, auf dem Bock, saß da wie Loths Weib und die eingefahrenen Haflinger benahmen sich sehr brav. Jupp wurde es allerdings sehr mulmig, als er neben seinem rechten Ohr die Laufmündung auftauchen sah, aus der dann auch schon der freihändig gezielte Schuss brach – und eine wahre Kettenreaktion in Gang setzte: die Ricke kippte ohne einen Lauf zu rühren, in den Schnee; in Jupps Ohr setzte ein Knalltrauma ein; die Pferde brachen in voller Pace aus und den armen Jupp schleuderte es nach hinten in die Arme des dort sitzenden Schützen. Nachdem es mit vereinten Kräften gelungen war, die Pferde wieder an die Zügel zu bekommen, wurde die Ricke versorgt und geborgen, wonach das Quartett den Heimweg durch den winterlichen Schneenachmittag antrat.

Zurück in das schon mehrfach erwähnte Revier Altenschlirf, wo im Rahmen einer der damals häufigen kleineren Drückjagden im Revierteil Mühlberg auf eingespürte Sauen gedrückt wurde. Auch hier ein herrlicher Schneenachmittag in kleiner aber feiner Runde. Ich stand an einer Waldstraße und hatte hinter mir eine Buchenrauschenhangdickung, durch die einen Parallelweg an einem Bach entlang in meinem Rücken führte. Dort stand Erich L., ein allseits bekannter, geschätzter und ausgezeichneter Reflexschütze, der immer wieder auf eindrucksvolle Art von sich reden machte. Als es aus seiner Richtung viermal in unterschiedlichen Abständen geknallt hatte, ahnte ich schon, dass da heute etwas Besonderes passiert sein musste. Nach dem Abblasen fragte der an der Jagd teilnehmende oberste Kriegsherr der Forsten den Schützen, ob er denn eine Sau geschossen habe, worauf ihm die denkwürdige Antwort zuteil wurde: „Nein, vier! Zwei liegen da, eine ist in den Graben gerutscht und eine hat schwerkrank den Hang zum Bach hin angenommen!" Mit einem umgebauten Zollkarabiner am Kopf repetierend über Kimme und Korn auf einer vier Meter breiten Waldstraße vier hangabrutschende Sauen zu erlegen – das quittierte Erich zigarilloschmauchend mit den Worten „Schüsschen, Leute, Schüsschen!" –

Auf unseren alljährlichen Drückjagden im Forstamt Ludwigseck tauchte lange Jahre ein Freund des Hauses und großer Jäger vor dem Herrn, ein Herr von S. auf, bei dessen Beschreibung es sich einige Zeilen zu verweilen lohnt. Dieser kleine, drahtige und kerzengerade Herr – Typ englischer Kolonialoffizier Ende 19. Jhdt. –

führte einen Repetierer im Kaliber 8x57 IS, dessen Schaft er – je nach Hochwildart – mit unterschiedlichen Stiftnägelchen bestückt hatte wie Winnetou weiland seine Silberbüchse. Aus dieser schoss er ruhig und präzise seine Kugeln. Meist waren seine Ständer über den Schmierstiefeln mit ausgeblichenen Wickelgamaschen bis an den Kniesaum seiner Lederkniebundhose umwickelt. Der ihn offenkundig schon seit Jahrzehnten auf seinen Jagden begleitende Lodenmantel wies eine entsprechende Patina auf und wurde in Gürtelhöhe von einem schmalen Lederleibriemen gehalten. Sämtliche durchgescheuerten Stellen von Mantel und Hut waren von kundiger Hand mit aufgenähten Lederflicken armiert und stabilisiert worden und den Mantelsaum umgab eine umlaufende Paspelierung aus hellgrünem Stoff. Rechts trug er das Futteral mit dem Zielfernrohr sowie das Horn, links die eingangs erwähnte Silberbüchse. Bewaffnet war er überdies mit einem ledersitzigen Sitzstock.

Herrn von S. nun verdanke ich folgende Beobachtung, die ich mir eingeprägt habe, weil sie in des Wortes eigentlicher Bedeutung einmalig war.

Bei einer Drückjagd stand ich eines spätvormittäglichen Novembertages links von ihm am Rand eines vor uns hangabfallenden Mischbestandes aus Buche und Fichte in Büchsenschussentfernung und beobachtete ihn, der sich mit seiner abgestellten, geladenen und gesicherten Silberbüchse eine Zigarette rauchend hinter dem Wurfteller einer Fichte postiert hatte und gleich mir der Dinge harrte, die da kommen sollten.

Nach geraumer Zeit kam ein Überläufer hangauf gezogen – ihm näher als mir. Er legte die qualmende Zigarette auf eine Wurzel des Wurftellers, nahm die Silberbüchse hoch, entsicherte, fuhr zu Gesicht und schoss. Die Sau lag im Knall, er repetierte die Büchse, sicherte, stellte sie ab, nahm die Zigarette aus der Wurzel und setzte sein unterbrochenes Rauchopfer genussvoll fort, als sei gar nichts gewesen. Ein harmonischer, glatter, sicherer und flüssiger Bewegungsablauf, wie man ihn wohl nur bei absolut souveränen Meistern ihres Faches sehen und beobachten kann. Für mich, der ich sehr stark von Anblicken und Szenarien lebe, aus denen ich auch meine Schreibimpulse beziehe, eine ebenso denkwürdige wie unvergessliche Lektion in Sachen Schießen in Vollendung! –

Ja, es waren schon echte, unverwechselbare, bodenständige und aristokratische Originale, die ich im Laufe meiner Jagdjahre kennen lernen und erleben durfte. Durfte deswegen, weil Beobachtungen an Menschen für mich zum Faszinierendsten gehören, was ich mir vorstellen kann. Beobachten und aus Beobachtetem etwas herausdestillieren – das ist so recht der Stoff, aus dem Gemaltes und Geschriebenes erwachsen. Dort wird es Farbe und Proportion, hier wird es Wort. Immer aber ist es erlebtes Leben in seiner mosaikartigen Vielfalt, das uns auch nach Jahrzehnten rückentführt in erlebenswerte Zeiten!

Heimatliche Klepperjagden

Sechs Flinten und zwei brave Hunde
Zu herbstlich-bunter Mittagsstunde
Vereint zum Waidwerk – sage eben:
„Was kann es Schöneres denn geben?"

Eine Handvoll Schützen, zwei Hunde unterschiedlicher Rassen und – so vorhanden – ein bis zwei Treiber – fertig ist die Personalausstattung einer sog. „Klepperjagd", worunter man eine kleine, improvisierte, unvorbereitete nachmittägliche Unternehmung in Herbstrevieren von Schlitzerland und Vogelsberg versteht, zu der sich Freunde, Jagdnachbarn oder Stammtischbrüder treffen.

Diese Kleinjagden haben den Charme des Improvisierten ebenso wie den der Zusammengehörigkeit und Verbundenheit der Akteure. Man kennt sich, man weiß umeinander, man gehört zusammen – verbunden durch Jagd und Nachbarschaftlichkeit!

Strecken hat es bei derartigen Aktionen nie groß gegeben – zwei bis vier Hasen, ein bis drei Hühner oder Enten oder – so Diana und Hubertus es gut mit ihren Jüngern meinten – einen Schwarzdornheckenherbstfuchs. Von „klappern" abgeleitet versteht man darunter das Abklappern von Hecken oder kleinen Feldgehölzen bei Vorstehen bzw. Umstellen durch Flintenschützen und Durchgehen von Treibern und Hunden.

Fegt dabei ein strammer Herbstwind über das Feld, sind die unterwindigen Lagen bevorzugte Objekte jägerischer Begierde.

So waren es in Schlitzerland und Vogelsberg immer die gleichen Jäger, die sich unter der Woche oder an Wochenenden während der Niederwildsaison trafen, um gemeinsam „zu kleppern". Danach ging es noch auf den Abendansitz auf Rehwild – jedoch nur dann, wenn es zeitlich machbar war, denn Herbstnachmittage sind kurz. Den Abschluss bildete ein Stammtischvorpass, der der Befriedigung von Hunger und Durst wie auch des Hungers nach Austausch von jagdlichen Informationen diente. Solche Unternehmungen förderten die Bindung innerhalb der Corona erheblich und waren der Grundstock für lange, enge Beziehungen, die sogar in das Familienmilieu hineinwirkten.

Mit meinem Freund Ludwig, Bernd und meinem Cousin waren wir in Üllershausen „an den Enten" und hatten auch zwei Breitschnäbel geschossen. Ich weiß nicht mehr, wer auf die kluge Idee kam, diese zuzubereiten und zu braten, aber wir bezogen die Jagdhütte in Hemmen, um dort absprachegemäß zur Sache zu gehen.

Wer jemals eine ungebrühte, frische Ente oder Gans zu rupfen versuchte, der weiß, was dort abging: wir hatten am Ende zwei hautlose, stoppelkielige und schroteinschlagverzierte Körper übrig, die wir auf zugeschnittene Haselstöcke gespießt in die hohen Flammen eines offenen Holzfeuers hielten und durch Drehen in einen verzehrgerechten Zustand zu versetzen suchten. „Außen Kohle – innen Rohfleisch" – das war das Endergebnis: zäh, blutig, roh und geschmacklich mies! Aber: heruntergewürgt haben wir es doch nach dem Motto:

> *Ein Jäger- und Studentenmagen*
> *Kann mancherlei noch gut vertragen,*
> *Was niemand sonst herunterkriegt,*
> *Weil bleischwer es im Magen liegt!*

Auch einem Hasen, der am frühen Nachmittag im Üllershäuser Feld Bernd in die Garbe lief, ging es nicht besser, obzwar er „erst" abends in der Gastwirtschaft zubereitet seines Verzehrs harrte: die Sauce war köstlich, die handgeriebenen Kartoffelklöße delikat, das Wildpret geschmacklos, gummiartig und kauresistent.

In den Revieren Pfordt, Üllershausen und Hemmen jagte die Corona herbstens und winters öfters, wobei es sowohl auf Has' und Huhn wie Ente ging. Auch hier keine berauschenden, aber immer interessante und bunte Strecken. Drilling und Querflinte – keine edelmaserschaftgestylten Rasseflinten – kamen bei solch rustikalen Einsätzen zum Tragen, nicht teuer aber effizient, vor allem dann, wenn es alte Streuschrotbüchsen waren. Der Reiz dieser Jagden bestand eben darin, dass es von den Enten über die Hecken zu den Feldgehölzen ging, denn die Landschaft war entsprechend: im Tal der mäandrierende Fluss, am Hang die langgezogenen und dichten Schwarzdorn-Hagebutten-Haselhecken und oben das kleine Feldgehölz – Herbstjäger, was willst Du mehr! Im Feld selbst noch Stoppelkleeäcker und Grabenböschungen, die nicht bis auf die Graswurzel abrasiert waren sowie Brachstreifen – tempi passati!

Eine ganz andere Jagd des nachbarschaftlichen Miteinanders lernte ich in meiner neuen Heimat kennen, wo in den Revieren Baumbach und Niederellenbach alle 14 Tage zur großangelegten Entenjagd am Lauf der dort breiten und tiefen Fulda durch „Rodenhenner und Gundelheinz" – zwei veritable Originale – gebeten wurde. Hier lernte ich nun ein fast professionelles „Entenmanagement" kennen, das excellent und arbeitsaufwendig vorbereitet sowie militärisch exakt durchgeführt oft ansehnliche Vormittagsstrecken ergab. Zehn und mehr Schützen an langer Fliessstrecke zu postieren und zu dirigieren war für den Leiter des Unternehmens ebenso schweißtreibend wie aufreibend, denn immer prellte einer der Angeschützen vor oder hing hinterher, was nicht gerade streckenfördernd war. Entsprechend heftig entluden sich dann die verbalen Ungewitter über den gesenkten Häuptern der Schuldigen und Delinquenten. Stand der in den Fuldaauen großflächig angebaute Mais noch, wurden diese Schläge nach den Entenattacken auf Füchse durchgedrückt, denn in ihnen befanden sich Baue ebenso wie sie als Tageseinstand dienten. Der nahe Flusslauf wurde – wie das Spurenbild zeigte – regelmäßig von Reineke abreviert, wobei mancher verlorengegangene Breitschnabel im Magen des roten Schelmes eine würdige

Bestattung fand. Hier hatte ich ausgiebig Gelegenheit, die verschiedenen Hunderassen im Einsatz zu sehen, wobei besonders wasser- und bringfreudige Hunde durch hervorragende Arbeit brillierten.

Mit ihrer Ufergestaltung, ihrem Uferbewuchs, der Abwechslung von Fließ- und Kolkabschnitten sowie renaturierten alten Baggerlöchern ist die Fulda eine gute Wasserjagd, die zu nutzen allerdings durch Radfahrwege, Auenbeweidung, Angelverkehr, Kanubefahrung und Spaziergänger erheblich und zunehmend erschwert wird, weshalb es strategischer Konzepte bedarf, um die vorhandenen Möglichkeiten auch effektiv zu nutzen. Frühjahrshochwässer führen nicht selten zum Verlust ganzer Gelege, was sich natürlich an der Gesamtjahresstrecke im Jahresvergleich deutlich ablesen lässt.

Unvergesslich diese Fuldaauenherbstentenjagden im großen Stil – von der Begrüßung durch Henner angefangen über das funkgesteuerte Vorrücken der auseinandergezogenen Schützenfront und das Schützenfeuer bis hin zum Einsatz der vorerwähnten vierbeinigen Kameraden, denen Ausdauer, Fleiß, Bringtreue und eine bärige Konstitution abverlangt wird. Gerade die Mischung dieser Sonntagsfrühentencorona war und ist ein besonderes Erlebnis: optisch, akustisch, jagdlich, kynologisch und anekdotisch. Wer einmal daran teilnehmen durfte und wieder eingeladen wird, der gehört dann zu einer Mannschaft, die es in dieser Form und Zusammensetzung „in sich hat" und manchem eine abwechslungsreiche und spannende Wasserjagd bot bzw. bietet! -

Schlitzer Saujagden

Zur Saujagd bin ich früh gegangen;
Mit Saujagd hab' ich angefangen;
In Schlitz, da hat – wer weiß das schon -
Die Saujagd lange Traditon.

Um dem Leser vor Augen zu führen, was es mit den Schlitzer Saujagden für eine Bewandtnis hat, wie sie abliefen, welche Bedeutung ihnen zukam und worin ihr jagdlicher Reiz bestand, möchte ich das sog. „Schlitzer Saulied" an den Anfang stellen, denn hier hat der Gymnasialdirektor Dr. Roloff, der wohl ständiger Teilnehmer an diesen Unternehmungen zu Beginn des 20. Jahrhunderts gewesen ist, in Vierzeilern nach eingängiger Melodie alles das eingefangen, was zu diesem Thema zu sagen ist. Es ist damit durchaus als jagd- und kulturgeschichtliches Dokument aus der Feder eines beteiligten Zeitzeugen zu verstehen und hat darin seine über den rein unterhaltenden Rahmen weit hinausgehende Bedeutung und Funktion, die tiefe Einblicke in Zeit, Umwelt, Mensch und Lokalgeschichte vermittelt. Es sei daher dem Leser besonders an's Herz gelegt.

Den Text kannte jeder Schlitzer Jäger auswendig und er hängt an der Wald der Rimbacher Gaststätte „Lenz", wo die alten Saujäger nach getätigter Jagd einkehrten. Gesungen wurde es stets gemeinsam nach der Melodie: „Wohlauf, die Luft geht frisch und rein!"

Ihr Grünröck', auf, es hat geschneit!
Hinaus in's Morgengrauen!
In Schlitz macht alles sich bereit
Zur Jagd auf wilde Sauen.
Im Geisenrain beim Berngerod,
Da werden sie wohl hocken -
Der Hedrich steckt die Piff in's Mull
Und macht sich auf die Socken.

Refrain:
Falleri, fallera; falleri, fallera
Und macht sich auf die Socken

Bald hat er sieben Sauen fest;
Er zählt schon die Moneten.
Behüt' Dich Gott, 's wär schön gewest:
Die Sauen gingen flöten.
Doch weiter geht's – bergab, bergan
Durch Felder hin und Wälder.
Gar manchen kommt das Keuchen an,
Man merkt, man wird schon älter.
Refr. s.o.

Der Muhl und Reinhardt schossen gut
Auf Keiler und auf Bachen.
Bald haben sie den Bruch am Hut;
Sie können heute lachen.
Dann laden uns die Sieger ein
In Lenze Adams Hallen.
Bei Bier, bei Wurscht und Branntewein,
Da lässt man sich's gefallen.
Refr. s.o.

Und wenn ich alt und klapprig bin,
Kann keinen Hahn mehr spannen,
Dann will ich träumen immerhin
Von Sauen in den Tannen.
Dann tragt noch einmal mich hinaus,
Nach Rimbach hin zum Lenzen
Und lasst den letzten Becher mir
Als „Sautottrunk" kredenzen.
Refr. s.o.

Die im Liedertext genannten Namen sind die gräflich-görtzischer Revierbeamter. Im Gegensatz zu den vorhergehenden Strophen wird die letzte „Piano" gesungen, was mit ihrem elegischen Grundtenor zu tun hat, während die anderen ausnahmslos „Forte" und forsch zu singen sind. – Zum Refrain: jeweils die letzte Strophenzeile wird, nach einem vorgesungenen zweimaligen „Falleri, Fallera" wiederholt.

Nach diesen verständnisnotwendigen Einleitungen nun zu diesen Saujagden selbst.

Sie waren so organisiert, dass bestimmte Mitglieder der Schlitzer Jägerschaft einen Anruf vom gräflichen Forstamt erhielten, der Auskunft darüber gab, wann und wo auf gekreiste Sauen gejagt werden sollte und sie hatten die Aufgabe, dies an zwei oder mehrere andere weiterzuleiten, die sämtlich in einem Telefonschlüssel erfasst waren. Darüber hinaus war abzuklären, wer mit wem zum Rendezvouspunkt fuhr, um so eventuelle Hemmnisse im Ablauf zu vermeiden. Da die gräflich-görtzische Forst- und Burggüterverwaltung über ausgedehnte Waldungen verfügte, in denen zur Schneelage abzuspüren war, waren Anfahrten über eine Entfernung von bis zu 15 km durchaus nichts Ungewöhnliches. Als der Besitz eines Kfzs noch selten und auf wenige beschränkt war, übernahmen Pferdeschlitten diese Transporte, was ich selbst leider nur noch vom Hörensagen weiß. Auch hier waren Bekanntheit, Zuverlässigkeit und ein jagdlich untadeliger Ruf entscheidende Einladungskriterien. Zu meiner Zeit nahmen keine Mitglieder der gräflichen Familie mehr an solchen Jagden teil, obwohl bis nach dem Ersten Weltkrieg große Jagden üblich waren.

In aller Regel war bei entsprechender Schneelage der Zeitpunkt zum Erhalt dieses heißersehnten Anrufs der späte Vormittag zwischen 11:00 und 12:00 Uhr, so dass man gut beraten war, sich nicht allzu weit vom Telefon zu entfernen und die erforderliche Ausrüstung prophylaktisch bereitzulegen, um erforderlichenfalls schnell einsatzbereit zu sein. Für mich war die erste diesbezügliche Einladung eine große Auszeichnung, und ich empfinde noch heute nach fast 40 Jahren das Aufbruchskribbeln, wenn ich zurückdenke.

Entweder wurden die Jagden vom Forstamtsleiter selbst oder aber von einem beauftragten Revierbeamten geleitet, der dann das Erforderliche zu veranlassen hatte. Zu der Zeit, als ich mitjagte, stand dem Forstamt OFM Dr. Heinrich G., ein feinsinniger, seriöser und hochqualifizierter Forstmann der alten Schule, vor.

Am vereinbarten Treffpunkt angekommen, wartete dort eine zahlenmäßig unterschiedlich starke Jägercorona nebst Treibern (meist waren dies aus dem Schlag abgezogene und dementsprechend gewandete „Holzmächer"). Geilfuß hätte an uns seine helle Freude gehabt und sein Stift hätte sicherlich geglüht.

Nach Bekanntgabe der allgemeinen und besonderen Regularien ging es dann in Gruppen unter Führung eines Anstellers an das Abstellen des zu bejagenden Forstortes, der Stand wurde eingenommen, die Waffe geladen, gesichert und los ging das Warten bis zum ersehnten und erwarteten Hornsignal. Jagen nach Uhr kannten wir damals noch nicht, und ich muss sagen: es war schöner und romantischer so! -

Hier die stellvertretende Schilderung einer solchen Saujagd im Revier Rimbach an einem tiefverschneiten und kalten Januartag (das gab es damals auch noch) in der Mitte der sechziger Jahre.

Ich wurde an einem Hang in einem Buche-Kiefer-Altholz etwa 80 Meter von der vor mir liegenden Dickung aus Kiefern, Fichten und Lärchen abgestellt – links Freund Bernd und rechts der o.a. Dr. G. Meinen Drilling hatte ich mit zwei Flintenlaufgeschossen Kal. 16 und der großen Kugel 7x65R TMR geladen. Zu dieser Zeit schoss man üblicherweise noch allgemein über Kimme und Korn, was ich heute schon gar nicht mehr kann.

Immer wieder gingen meine Blicke während des Wartens auf das Anblasen hin und her und ich malte mir die tollsten Anlaufszenen aus, wie ich sie aus „kiloweise gefressenen" Jagdschilderungen abgespeichert hatte. Endlich das Hornsignal, dem ein sofortiger Adrenalinstoß folgte, der Herz- und Kreislaufleistung hochputschte. Dann: Hetzlaut der geschnallten Teckel und Wachtel und verschwommener Treiberruf aus der schneeverhangenen Dickung, aus der sich ein schwarzer Klumpen löste, Bernd anlief, der ihn allerdings mit Kugel und Brenneke aus der Bockbüchsflinte fehlte um nach kurzem Verschwinden in der Dickung dem Forstamtsleiter zu kommen, der ihn erlegte. – Uff, war das aufregend, denn es war – was Ablauf und Dramatik anlangt – allerhand für meine erste Drückjagd im gräflich-görtzischen Forstamt Schlitz!

Auch wenn ich mit blanken Läufen von dieser Unternehmung mit der Corona in „Lenze Adams Hallen" hernach einkehrte – es war der Einstieg in eine ganze Reihe unterschiedlicher spätherbstlich-winterlicher Drückjagden im Schlitzerland, Vogelsberg und Knüllausläufer, die mich nachhaltig prägten und die mir neben viel Anblick, bunten Erlebnisse und zunehmenden Hochwildstrecken insgesamt gesehen unvergessliche Einblicke in das magische Geschehen vermittelten.

Wie schon im vorstehenden Saulied dargelegt, gehörte das „Jagd-Vorbei-Ritual" in sakraler Umgebung bei Speis und Trank sowie gemeinsamem Gesang immer dazu, worin geradezu ein Spezifikum der Schlitzer Saujagden lag. Zu dieser Zeit waren die Verkehrsalkoholkontrollen noch nicht üblich, weshalb in der Handhabung des Wagens nach Atzung und Tränkung noch relative Sorglosigkeit herrschte, obwohl auch niemals irgendetwas passierte.

Haben Sie, verehrte Leser, schon einmal in einem PKW gesessen, gesteuert von einem Kaffee- oder Limonadentrinker – dessen vier-fünfköpfige Besatzung auf nachtwinterlicher Heimfahrt vom Start bis zum Ziel das gesamte bekannte Jagdliedgut feuchtkehlig und stimmgewaltig gegen die Scheiben von innen schmetterte? Nein? Na, dann fehlt Ihnen bestimmt etwas!

Gesellschaftsjagden

Auf alten Mauern Fackelschein;
Auf Fichtenreis die Strecke fein
Geordnet, wie es Tradition
Mit Hundeblaff und Hörnerton!

Den idiotischen Streit um den Begriff „Gesellschaftsjagd", wie wir ihn in unserem Hessenland noch vor kurzem führten, habe ich nie begriffen, denn alle diese Jagden, an denen ich teilnahm und nehme sind – was Waidgerechtigkeit, Ordnung, Sorgfalt, Sicherheit und Freigabe anlangt, in jeder Hinsicht als vorbildlich zu bezeichnen. Organisation, Vorbereitung und Durchführung lagen und liegen in den Händen verantwortungsbewusster Jagdausübungsberechtigter ebenso wie in denen qualifizierter, motivierter und passionierter Beauftragter, die ihr Handwerk von der Pike auf gelernt haben und wissen, worauf es ankommt. Jagd- und Hundewesen, Jagdkultur, Jagdpraxis und substantielle Kenntnisse der Wildbiologie stehen in all den Revieren, von denen ich nachfolgend erzähle, in hoher Blüte. Zusammengefasst sind es Kompetenz und Passion der Einladenden wie deren Beauftragten, die die Teilnahme an solchen Jagden zu unvergleichlichen, unvergesslichen Erlebnissen machen! -

Gerade Gesellschaftsjagden haben auf jagende Teilnehmer eine disziplinierende, erzieherische Wirkung, denn das Tun und Lassen eines jeden Teilnehmers findet nun einmal in und vor breitester Öffentlichkeit statt, unter den Augen von Standnachbarn, Personal und Geladenen. Da gilt es, sich ordentlich zusammenzureißen – eigentlich so, wie man es auch bei Ausübung der Alleinjagd tun sollte. Mit dem einen Unterschied: hier kann nichts vertuscht, weggeschoben oder beiseitegeschafft werden, denn alles findet quasi auf einer Bühne statt, die von überall her einsehbar ist!

Es ist freilich nicht gerade besonders spannend und aufregend, wenn man – was nie zu vermeiden ist – abgestellt drei anblicks- und ereignislose Stunden auf einen Dickungsrand, eine Schluppe oder in eine Kulturfläche stiert und starrt ohne dass sich dort irgendetwas tut! Da muss man aber durch, obgleich sich solche Stunden zu qualvollen Belastungsdauertests auswachsen können.

Besonders gegen Ende der „verordneten Wartezeit" lassen Kondition und Aufmerksamkeit ebenso nach wie Müdigkeit, Hunger, Durst vom brav Anstehenden allmählich Besitz ergreifen.

Anders dagegen – auch ohne Schussabgabe – ist es, wenn man Augenzeuge nachbarlichen Anlaufs oder gar Beuteschusses wird, wenn Wild in Anblick kommt, Treiber durchgehen oder Hunde hechelnd vorbeischauen. Das ist Leben, Abwechslung, Spannung und Zerstreuung. Da vergeht die Zeit schneller, weil man immer wieder andere Eindrücke und Impulse vermittelt bekommt.

Und dann gar der erfolgreiche Anstand mit Schusserfolg, Nachsuchen, Versorgen, Bergen und Vorliefern des erlegten Wildes!

Alle vorstehend beschriebenen Situationen habe ich in vielen Revieren erlebt, in denen ich – teils als langjähriger, teils als zum Inventar gehöriger Gast und Akteur – erlebt und manchmal auch erlitten: auch jubeln durfte ich nicht eben selten, weshalb mir diese Jagden in der eingangs skizzierten Form stets riesige Freude, Erfüllung und Beglückung gewesen sind.

Lauterbacher Drückjagden

„Hallo, Hauptverwaltung Riedesel. Bitte um 14:00 Uhr zur Drückjagd im Burghof treffen. Waidmannsheil!" Wem um die Mittagszeit dieser oder ein ähnlicher Anruf durch den Hörer zugeleitet wurde, dessen Nachmittag war gerettet.

Hieß das doch im Klartext, dass die angetretene Corona irgendwo zwischen Stockhausen, Herbstein, Frischborn, Sickendorf, Maar oder Angersbach in Riedeselschen Waldungen auf gekreistes Schwarz- oder Rotwild würde jagen können. Also: nichts wie hin! Auto abfahrtgerecht abgestellt, zu den Wartenden gesellt, erste Informationen über das „Wo? Was? Wieviel?" ausgetauscht und darauf gewartet, dass der Forstamtsleiter oder ein Beauftragter erscheint und die Spannung durch Klartext lösen würde.

Die Gespräche erstarben, noch ein hastiger Zug aus der Zigarette, dann Blikkwendung, Begrüßung und Bekanntgabe der für diesen Tag geltenden Auflagen. Danach Verteilung der Schützen auf „möglichst wenige geländegängige Wagen" und ab hinter dem Führungsfahrzeug zum angegebenen Treffpunkt. Unterwegs noch ein kleiner „Schwatz", wie es im Vogelsberg heißt, und dann ist es soweit: der zuständige Revierbeamte erwartet den Tross und beginnt nach Abstellen und Verlassen der Wagen mit dem Anmarsch zum Treiben, wobei immer einer der Marschierenden den Zug verlässt, sich einklinkt und dieser immer kleiner wird, bis der letzte dort steht, wo er nach Plan, Erfordernis und Absprache stehen soll.

Zu diesen Jagden wurden in aller Regel ortsansässige Jäger, Betriebsangehörige, Geschäftspartner sowie Freunde des Hauses eingeladen. Als noch mit stabiler Schneelage und Winter innerhalb der Monate November – Januar gerechnet werden konnte, war es üblich, mehrere Male pro Woche solche kleineren Drückjagden durchzuführen, die jeweils in anderen Revieren angesetzt waren – je nach Ergebnis des Kreisens und Spürens.

Im Laufe der Zeit fand ein Wandel in der Konzeption statt, die in Richtung auf weniger, dafür größere und somit seltenere Jagden ging. Auch was die Fläche anlangt, ist die Tendenz zu größeren Einheiten, zur Bewegungsjagd nach Zeit und nach intensiverer und genauerer Vorbereitung zu beobachten, gilt es doch, mit solchen Jagden eine Fülle von Verpflichtungen unterschiedlichster Art abzudecken.

Die kleinen Drücker unter der Woche mit geringeren Strecken und anschließendem gesellgem Beisammensein in den unterschiedlichsten Kneipen des Vogelsberges waren – was die Atmosphäre anlangt – abwechslungsreich, unterhaltsam, spannend und voller Unterschiede, die sich nicht nur in den jeweiligen Speisen niederschlugen.

Der Personenkreis, der zu den Jagden gebeten wurde, bestand aus einem konstanten harten Kern und gelegentlichen „Neugästen", wodurch stets eine unterhaltsame Ausgangsbasis gegeben war, die wir weidlich zu sehr schönen Ausklingabendsitzungen zu nutzen wussten. An ihnen nahmen – wenn möglich – auch „die höheren Chargen" teil und es war immer ein „kleines Großereignis", wenn nach erfolgreicher Nachmittagsjagd eine Strecke von drei bis fünf Sauen oder – wie einmal im Reisberg bei Stockhausen geschehen – drei Geweihte im Schnee lagen.

Wen wundert es daher, dass die Teilnahme an bzw. die Einladung zu solchen Unternehmungen sehr begehrt waren, denn dank sehr großzügiger Einladungen durch das Haus hat mancher Waidgenosse dort sein erstes Stück Schwarz- oder Rotwild erlegen können. Ob es diese Kleinjagden heute noch in der beschriebenen Form gibt, weiß ich nicht, denn mittlerweile sind über fünfzehn Jahre „durch den Wald" gegangen, seitdem ich meine Operationsbasis in den Knüllausläufer verlegt habe. Zu der Zeit, von der diese Zeilen berichten, waren die Reviere Stockhausen, Altenschlirf, Frischborn sowie das damalige Forstamt „Ziegenberg" immer „rotwildträchtig" und somit besonders begehrt und geschätzt. Diese Praxis trug nachhaltig zu einer engen Kooperation zwischen „grauer und grüner" Jägerschaft bei und da weitgehend heimische bzw. ansässige Jäger aus anrainenden Feldrevieren gebeten waren, war sichergestellt, dass auf relativ großer Fläche zuverlässig nach gemeinsamen Kriterien gejagt wurde, was sicherlich auch im Interesse des Wildes und der Jagdmoral gewesen sein dürfte. Irgendwie stimmte dadurch die Richtung – jagdlich, wildbewirtschaftungsmäßig, strategisch und – menschlich!

Ohne Übertreibung darf man sagen, dass es sich hier um richtungs- und zukunftsweisende Ansätze handelte, die es verdient hätten, vom Lokalen in das Regionale übertragen zu werden. Gerade in einer Zeit des Interessenpluralismus sowie der Zersplitterung gewachsener Strukturen ein Pilotprojekt vorausschauender Jagdpolitik!

Gast in der Westerholtschen Forstverwaltung

Seit nunmehr über fünfzehn Jahren bin ich als Gast zu Ansitzjagden und Drückjagden in der Westerholtschen Forstverwaltung Herbstein um die Wege. Als ich das Revier erstmalig auf Einladung des leider allzu früh verstorbenen Haus- und Jagdherren Johannes Graf W. betrat, erschloss sich mir ein idyllisch gelegenes, naturräumlich faszinierendes, wildbestandsmäßig artenreiches und jagdlich bestens betreutes Revier, in dem zu jagen jedes Mal ein Geschenk und ein Erlebnis ist.

Zur gesamten Familie entwickelte sich im Laufe der Jahre ein ebenso tiefes wie beständiges Verhältnis, das auch heute noch fortbesteht und über das Jagdliche hinausgeht. Nachdem der von mir sehr geschätzte Senior nicht mehr war, übernahmen seine Söhne Paul und Stephan forstlich und jagdlich die Regie, die mich bei meinen ersten Reviergängen noch als Knaben von damals vierzehn Jahren begleiteten und schon in diesem Alter jagdlich hochpassioniert und kenntnisreich waren. Stephan beispielsweise musste zu dieser Zeit schon als kleiner Meister in der Handhabung des Blattes bezeichnet werden, und manchem Gast hat er schon zur Blattzeit einen Bock vor das wartende Rohr geholt; mein Bester wurde mir auf eben diese Art zuteil.

Sein unverwechselbares, einmaliges Landschaftsprofil erhält dieses Revier durch die Streulage in einer von Bächen durchronnenen und durch Teicheinlagerungen aufgelockerte Hochebene, die mit ihren anmoorigen Partien, Mischwald- und Reinbeständen von Buche und Eiche sowie Dickungskomplexen ein Eldorado für das Schwarzwild darstellt, gute Böcke hervorbringt und auch Rotwild beherbergt. Von Saujagden in dieser Umgebung will ich im Rahmen dieses Kapitels nun berichten.

In der Regel sind es zwei großangelegte Treiben, eines vormittags, eines nachmittags, zu denen sich die Gäste um neun Uhr am Teichhaus treffen und von wo aus in Gruppen abgefahren wird. Zwischen beiden Treiben erfolgt das Frühstück am Teichhausfeuer. Die Geländebeschaffenheit sowie die Bestockung in Verbindung mit Teichen und Sumpfpartien ziehen – in Mastjahren zumal – das Schwarzwild an, welches aus den Einständen nicht immer leicht herauszubringen ist, zumal zwei vielbefahrene Durchgangsstraßen den Detailplanungen Zwangsgrenzen setzen. Infolge Windwurf in den achtziger Jahren sind Revierkomplexe entstanden, in die neben Linden, Ebereschen und Haseln auch Fichtenhorste eingesprengt sind, in denen das Schwarzwild warme, durchsonnte und ruhige Einstände findet, von wo es rottenstark das umliegende Feld und die Wiesenschläuche aufsucht, in denen es erheblich zu Schaden geht.

Eigenes Forstpersonal und Freunde stehen unter der Leitung ortskundiger und erfahrener Treiberurgestalten zur Verfügung, ohne die das gesamte Unternehmen kaum möglich wäre, denn es kommen forstortweise auch Geröll- und Hangpartien hinzu, die sowohl an Treiber als auch an die angestellten Schützen erhebliche Anforderungen stellen.

Nach Anfahrt in Gruppen werden die einzelnen Schützen von den Anstellern positioniert und haben in der Regel zwei Treiben ‡ zwei Stunden zu gewärtigen. Es ist schon ein einmaliges Bild, wenn – auf herbstfahlem oder schneeweißem Untergrund – eine Rotte Sauen aus einer Dickung durch das Altgras oder über eine Kultur wie Perlen an einer Schnur gezogen kommt – dabei jede noch so geringe Deckung geschickt ausnutzend. Da die beiden Treiben systematisch aber ruhig durchgegangen werden, kommt das Wild in aller Regel nicht wie Raketen aus der Deckung geschossen sondern vertrauter, aber dennoch beunruhigt. Das ist auch nötig, denn – wie gesagt – einfach zu bejagen sind weder Wehrberg noch Geröll, weder Nilgenfeld oder Buchholz. Zwei plastisch in Erinnerung gebliebene Erlebnisse seien hier angefügt, weil sie zeigen, was hier Saujagden sind und womit sie den Schützen konfrontieren können.

Ich sitze auf einer niedrigen überdachten Kanzel an einer Schneise, die zwei Kulturhälften voneinander trennt, deren eine von einem tiefen, trockengefallenen Graben durchzogen wird. Die Kultur selbst ist noch nicht sehr hoch bestanden, obwohl auf Vogelsberger Basaltboden die Forstpflanzen schnell anziehen und wachsen. Im Sommer z. B. sieht man hier nichts, es sei denn auf kleinen Fehlstellen oder hügeligen Erhebungen. Ansonsten ist man nur auf Hörkontakt mit dem Wild angewiesen.

Ein Schuss schreckt mich auf, der am anderen Ende der Kulturfläche fällt, dann wieder Ruhe und nachdenkliches Umheräugen. Plötzlich sehe ich eine stärkere einzelne Sau, die auf mich zuhält, aber ebenso schnell verschwunden ist, wie sie auftauchte. Ich mache meinem auf Büchsenschussentfernung unterhalb von mir stehenden Standnachbarn Sichtzeichen, die dieser auch sofort richtig deutet und von seinem Sitzstock aufsteht. In dem vorerwähnten Graben sehe ich wie hingezaubert – die Sau auf 40 Meter anwechseln – wobei sie auf der Grabensohle zieht, was für mich wieder ein eindrucksvoller Beleg des umsichtigen Verhaltens unseres Schwarzwildes ist. Zu weiteren Überlegungen habe ich aber keine Zeit mehr, denn sie verhofft spitz von vorn und macht Anstalten, aus dem Graben auszusteigen. Obwohl sie die Kugel auf den Stich erhält, ist ein Nachschuss erforderlich und sie ist mit einer Flucht über die Schneise in den Weidenröschen verschwunden. Allerdings betrug die Fluchtstrecke nicht mehr als 20 Gänge. Beim Herausziehen auf nassem Boden auf die Schneise kommt einem das allerdings sehr viel weiter vor; es war eine Überläuferbache von 43 Kilo!

Jahre später, nur 300 Meter Luftlinie vom Ort des o. a. Geschehens entfernt: wieder sitze ich auf einem Halbhohen – diesmal mit dem Rücken zum vorgeschilderten Erlegungsort. Vor mir ein Ausblick auf die Schalksbach mit ihrem Teich, anmoorige Partien in der Ferne, direkt vor mir Kulturfläche, allerdings höher bewachsen und dichter. Ich kann sehen, wie der Teichgrund von einer starken Sau angenommen und durchronnen wird, ohne dass ich ihr auch nur ansatzweise gefährlich werden könnte. Auch drei Rehe queren ihn – zu weit! Plötzlich Trompetentöne aus der Luft und über das spätherbstliche Szenario in seinen Pastelltönen zieht ein verspäteter Keil Kraniche, der sich herabschraubt, um das Terrain zu sondieren. Dann dreht er ab, denn eine „Landung im jagdlich umkämpften Gebiet" scheint dem Leitvogel dann doch wohl zu riskant. Die Kraniche haben mich derartig gefangengenommen, dass ich ein sich schnell von hinten näherndes und stärker werdenden Rauschen zu spät bewusst registriere. Mich umdrehend sehe in einer langen Schlange gleich die Rückenlinien einer schätzungsweise zwölfköpfigen Rotte, die in Kiellinie rechts von mir durch die Calamakrostis angerauscht kommt und in der Dickung verschwindet, als sei ich einem Spuk aufgesessen.

Ja, das ist ein Bild aus dieser Jagd: Anblick unterschiedlicher Wildarten auf einem Ansitz in idyllisch-ruhiger Landschaft unter einem Himmel, der auch grauverhangen ebenso sehr die Sinne berührt wie blaugolden oder sonnendurchstrahlt!

Der Ausklang einer solchen Saujagd mit Streckelegen am nächtlichen Teichhaus zwischen knackenden Buchenscheitfeuern, das rote Reflexe auf Gesichter und Gestalten wirft vor dem schwarztintigen Hintergrund des Hochwaldes – ein Vogelsbergszenario der besonderen Art! -

Im Oberwald

Nach langen Ansitzjahren in den Revieren Lanzenhain und Engelrod nun die Schilderung eines herrlichen und beutereichen Dezembertages, den unsere Jagdgesellschaft bei einer Ansitz-Drückjagd unter der Leitung des Jagdherren und Freundes Kurt Joachim Riedesel verbringen durfte.

Es versteht sich in diesen Revieren von selbst, dass – ob Ansitzjagd, Einzeljagd, Bewegungsjagd oder revierübergreifender Gemeinschaftsansitz – hier eine perfekte Organisation in den Händen ausgewiesener und passionierter Jäger liegt und so für die Teilnehmer wie Gäste zu einem großen Erlebnis wird. Auch hier sind es zwei großangelegte Treiben vor und nach dem mittäglichen Imbiss in vollendeter Manier an herrlich gelegener Stätte zwischen aus Stämmen gefügten Hütten und an grobplankigen Sitzgarnituren um lodernde Frühstücksfeuer.

Neben Hirschen der Klasse III und Kahlwild sind Sauen, Rehwild und Füchse frei, und es wird gebeten, die rigiden Freigaben wie Sicherheitsbestimmungen konsequent einzuhalten, wofür in beiden Fällen gute Gründe sprechen.

Im vormittäglichen Treiben bekomme ich zwischen zwei Wechseln rechts und links von mir einen „bodenständigen" Schirm zugewiesen, der an einem Waldweg steht, so dass ich nach vorne in ein schwachstämmiges Buchenholz und nach hinten in ein mehrfach durchhauenes Fichtenaltholz schaue. Weiter nach vorn habe ich Ausblick und Ausschuss auf eine eingelagerte staunasse Blöße.

Nach einer halben Stunde tut mir der Nacken weh, denn mein weißes Haupt muss sich immer wieder drehen, damit ich beide Wechsel, die ich im feuchten Untergrund eingetreten sehe, nicht aus den Augen verliere. Drei Stück Rehwild bekomme ich nicht frei, ein luntenloser Fuchs überrascht mich und – der Dicke – ein Keiler, dessen Gewaff aber erst zu spät anzusprechen war, entpuppt sich erst als freigegeben und entsprechend abschussbar, als ich ihn in nicht vertretbarer Position vorhabe.

Bei bestem Dezembermorgenwetter und angenehmer Sitztemperatur ein wahrhaft erlebnis- und spannungsreiches erstes Treiben, an dessen ergebnislosem aber erlebnisreichem Ende ich mein Zauberzeug zusammenpacke und zu meinem abgestellten Auto zurückgehe, wo ich alsbald von meinem Ansteller auf den Haken genommen werde.

Nach köstlicher Atzung erfolgt frühnachmittags das zweite Treiben, das für mich ebenso abwechslungs- wie erfolgreich und spannend wird. Jetzt sitze ich auf einer niedrigen Kanzel am Rande eines riesigen Dickungs- und Jungfichtenbestandes inmitten eines Fichtenaltholzes oberhalb eines Laubholzbestandes, der die Waldungen zum Feld hin abschließt und dementsprechend von Rotwildwechseln durchzogen ist. Nach rechts und links blicke ich an der o. a. Dickung entlang, nach vorne in sie hinein und nach hinten in das lockere Fichtenaltholz. Halbkreisförmig vor mir und um mich herum hat es schon tüchtig geknallt, als ein Rudel in flottem Troll links an mir vorbei in die Dickung will. Durch Anschrecken bringe ich das auseinandergezogene Kahlwildrudel zum Verhoffen und beschieße das vorher ausgegukkte Kalb, welches nach wenigen Fluchten verendet zusammenbricht. Uff, das hat nach langer krankheitsbedingter Abstinenz ja wieder einmal geklappt in diesem herrlichen, aus früheren Jahren bestens vertrauten Heimatrevier! Doch Diana – oder war es Hubertus? – hat noch etwas für mich vorgesehen. Immer wieder blicke ich in den Buchenrauschenanflug links vor mir nach meinem Kalb und freue mich dieses herrlichen, anblickreichen Nachmittags.

Nach ca. einer halben Stunde ziehen auf gleichem Wechsel ein junger Kronenhirsch mit einem einzelnen Tier in scharfem Troll auf mich zu und wollen an mir vorbei „zurück nach Hause". Beim ersten Anschrecken verhoffen beide so ungünstig hinter Altfichten, dass ich das Tier beim besten Willen nicht freibekomme. Wieder flott werdend und in entsprechendem Abstand zueinander trollen sie weiter und fallen dann doch auf mein Schrecken herein: dieses Mal steht das Tier frei und spitz auf mich zu, so dass ich einen Schuss auf den Stich setzen kann. Nach 30 Gängen klappt das Stück zusammen und rührt keinen Lauf mehr. Nach langen Jahren der Abwesenheit, Umzug, Neuanfang und zwei bösen Krankheitsjahren erstmalig wieder „daheim" und die Rückkehr des verlorengeglaubten Sohnes mit zwei Stück Kahlwild gefeiert!

Wie schon gesagt – nicht in den Großstrecken, nicht in der Trophäendevisenjagd nicht im jagdlichen Globaltourismus liegen für mich die Reize der Jagd sondern im dankbaren Jagen auf heimatlichen Jägerpfaden mit Freunden, bei Freunden und in vertrauter Umgebung! Auch existieren weder Bildalben noch Videofilme von mir und meinen Jagdunternehmungen; dazu war und bin ich viel zu unbegabt und untalentiert. Aber innen drin habe ich alles abgespeichert und von dort heraus hole ich meine Erinnerungen, die ich dann in Wort und Text umsetze und so aufbewahre, damit sie nicht mit mir im Winde verwehen!

Eisenbacher Jagden

Wenn man in den Revieren, wo man lange Jahre jagte und noch jagt, zur Drückjagd auf Schwarzwild, Rehwild und Füchse gebeten wird und das Ziel Eisenbach und Altenschlirf heißt, dann weiß der Kenner der Szene, dass es in Reviere geht, wo seit Jahren im Ansteigen begriffene Schwarzwildbestände die Lage kennzeichnen, obwohl in den umliegenden Feldjagden jährlich nicht unbeträchtliche Schwarzwildstrecken gemacht werden.

Das Sauenrevier der Westerholtschen Forstverwaltung und das Riedeselsche Forstamt Eisenbach haben sich – bedingt durch Windwurfaufforstungen die mittlerweile zu Dickungen herangewachsen sind – zu veritablen Schwarzwildrevieren entwickelt, in denen alljährlich streckenreiche, excellent vorbereitete und vorbildlich durchorganisierte Schwarzwildjagden stattfinden, die in jeder Hinsicht als einmalig für die regionalen Verhältnisse zu bezeichnen sind.

Zwar fanden hier schon immer Herbst- und Winterjagden größeren Umfangs statt, aber die geschilderte Situation der Biotopverbesserung infolge Kalamitäten ist nicht ohne Auswirkungen geblieben. Entsprechend hat sich auch die Bejagungsstrategie grundlegend gewandelt, denn es gilt, auf großen Einstandsflächen effektiv zu jagen und den zahlreichen Gästen Entsprechendes zu bieten.

Treffpunkt ist dann Schloss Eisenbach, wo Begrüßung, Bekanntgabe der Essentials sowie Gruppeneinteilungen stattfinden und von wo aus entsprechend losgefahren wird. Auch hier gilt: wenige geländetüchtige Fahrzeuge nehmen die Gruppen auf und unter Führung des Anstellers geht es dann in den oftmals schneeigen Morgen zum ersten Treiben. Da ein kopf- und tonstarkes Bläsercorps zur Verfügung steht, in dem sowohl Revierbeamte als auch Gäste blasen, sind die Signale vor historischer Schlosskulisse eine Augen- und Ohrenweide, die in dieser Form ihresgleichen sucht. Gegen 10:00 Uhr vormittags beginnt dann in der Regel das erste große Treiben – entweder im Revier Eisenbach oder Altenschlirf – je nach jagdlichen Bedingungen und Prioritäten. Die großen, zugewachsenen und weitläufigen Treiben stellen erhebliche Anforderungen an das Planungs-, Organisations- und Vorbereitungsteam, denn was so glatt und beutereich abläuft, ist das Produkt langer, sorgfältiger und detaillierter Kopfarbeit und Strategie, in die der Jagdleiter, die Revierbeamten und Helfer integriert und involviert sind.

Bei fast allen Jagden der Waldgesellschaft der Riedesel zu Eisenbach kommen seit Jahren immer wieder die gleichen Meuten und Teams zum Einsatz, denn solche Jagden zu bewerkstelligen, setzt revierkundige, passionierte, mit Jagdverstand ausgestattete und bewährte bzw. vertrauenswürdige Hundeführer voraus, die man „in den Merles (Vater, Söhne, Enkeltochter sowie deren Terrierfreunde)" gefunden hat und die – auch in Ludwigseck, worüber ich im Anschluss berichte – helfend und kompetent zur Stelle sind, wann immer man ihrer bedarf.

Nach dem Treiben fahren Wildwagen die ihnen zugewiesenen Strecken ab, laden das aufgebrochene und an die Wege bzw. Straßen gezogene Wild auf und bringen es zum Sammelplatz an eine der beiden Waldhütten: entweder am „Böckels" oder an der „Bärmauer". Dort warten ein loderndes Feuer, eine heiße deftige Suppe mit Einlage und Getränke auf die Hungrigen und Dürstenden.

Nach gleichem Muster erfolgt dann frühnachmittags nach erfolgreicher Atzung das zweite Treiben, das spätestens bei beginnender Dämmerung abgeschlossen sein muss.

Das Streckenlegen ist – sowohl auf Schloss Eisenbach wie auch Schloss Ludwigseck – jedes Mal ein faszinierendes Ereignis, das einen Jahrhunderte zurückzuversetzen scheint. Im Schlossinnenhof, der mit Fichtenreisig ausgelegt ist, postieren sich auf der einen Längsseite die Corona, rechts die Bläser, links die Hundeführer und an allen vier Ecken die Fackelhalter mit ihren brennenden Fackeln in der Rechten. Auf dem Fichtenreisbett (vgl. Eingangsstrophe zu diesem Kapitel) liegen die Wildarten in der tradierten Reihenfolge auf der rechten Körperseite, in sich wiederum nach Stärke geordnet. Nach einer bilanzierenden Ansprache und einem Rückblick auf den abgelaufenen Jagdtag erhält der Jagdherr vom Jagdleiter einen detaillierten, laut vorgetragenen Streckenbericht. Gemeinsam verblasen danach die Bläser mit frappierender Akustik die Strecke, wobei man – Wild, Silhouetten, Fackelschein, Schützen, Hundeführer und Treiber zusammengeschaut – schon in nostalgische Träumereien verfallen kann. Nach der Ehrung der Erleger mittels eines vom Jagdherren überreichten Bruches und der Bekanntgabe der Individualstrecke erfolgt das Signal „Jagd vorbei und Halali", woraufhin man sich in die nabegelegene, in einem Nebengebäude des Schlosses untergebrachte Gaststätte, wo das gemeinsame Schüsseltreiben stattfindet, begibt und alles auf die jeweilige Königsrede wartet. Die anschließenden Stunden sind dann allen erdenklichen Formen des sog. „Waidmannsheilgeschwätzes" vorbehalten, was sich unweigerlich aus der Tatsache ergibt, dass viele sich gerade eben ein Mal pro Jahr hier wieder treffen und somit Grund genug haben, dies und jenes miteinander zu besprechen. Wer jemals an einer solchen Jagd teilnehmen konnte und durfte, der weiß, welches unvergleichliche Erlebnis sie jeweils darstellt, so dass man wieder ein Jahr davon zu zehren vermag.

Jagden im Forstamt Ludwigseck

Hier – das heißt in den Revieren Heyerode und Niederthalhausen – lernte ich Drückjagden in Vollendung kennen, mit dem Unterschied, dass ich sie von der gestaltenden Seite erlebte, nicht mehr von der Gastseite allein. Seit nunmehr fast 15 Jahren bin ich als Jagdhelfer in beiden Revieren tätig und habe so alles – was ich bis dato nicht kannte, nicht konnte oder nicht wusste – durch Mithilfe bei der Vorbereitung, Organisation und Durchführung von großen Gesellschaftsjagden gelernt und zwar durch ebenso kompetente, wie passionierte und hirschgerechte Förster, die nicht nur ihren Busch bestens in Ordnung und waldbaulich „allerhand drauf" haben, sondern sowohl als Jäger wie als Rüdemänner, Hornbläser und Wildkenner alle Schliche kennen.

Zum von Gilsaschen wie zum Riedeselschen Revier erhielt ich durch den damaligen Forstamtsleiter Walter H. Zugang, bei dessen Bruder Willi ich im Vogelsberg (Revier Altenschlirf) schon viele Jahre jagen konnte. Aus ersten jagdlichen Kontakten haben sich im Laufe der Zeit sehr enge, tiefe und wertvolle Verbindungen zur Familie von G. entwickelt, die ich nicht mehr missen möchte.

Der andere Jagdherr, Baron Hans Hubertus Riedesel F.z.E., in München wohnhaft, ermöglichte mir durch seine generöse Art der Jagdausübung „vor der Haustür" weitere tiefe Einblicke in das komplexe jagdliche Geschehen, die mich weiter voranbrachten und meine Erfahrungen erheblich erweiterten.

Die Forstpartie unter OFM Wilfried M. und seinen drei Revierleitern Hartmut Z., Bernd S. und Michael F. stellt ein kompetentes, effektiv arbeitendes und mit profunden Kenntnissen ausgestattetes Team dar, das in allen Sätteln gerecht ist und die Jagd nachhaltig prägt.

Nun also wurde ich Jagdhelfer und bin es bis auf den heutigen Tag voller Passion und mit wachsender Begeisterung. Die stellvertretende Schilderung der Arbeit eines gesellschaftjagdvorbereitenden und mitgestaltenden Helfers soll dem Leser einen Eindruck davon vermitteln, was dabei alles getan werden muss, wie, wo, warum und wann.

Schon Wochen vorher gilt es, den Zeitpunkt festzulegen und die damit verbundenen Termine (Einladungen verschicken, Hundemeute buchen, Quartiere machen etc.) einzuhalten. Im Revier geht es daran, die Schützenstände auszugucken, einzurichten und zu markieren, was bis zuletzt flexibel gehandhabt werden muss, denn Absagen können ganze Planungen über den Haufen werden, wie auch das Wetter immer eine große und entscheidende Unbekannte ist. Nur der Revierbeamte weiß aus täglicher Konfrontation mit der Situation vor Ort, wie sich in einem Jahr Bestands- und Sichtverhältnisse durch Einschlag, Wegebau, Bestandsbegründung, Bewuchs, Gatterbau und Neuanlage jagdrelevant verändert haben und muss daher alte Stände aufgeben bzw. neue anlegen. Auch das jahreszeitliche Wetter, das Wildverhalten, seine Einstandsnahme und die Wechsel müssen bedacht werden, wenn man Stände anlegt.

Bei aller Gründlichkeit kommt es in hohem Maße auch auf Flexibilität an, denn innerhalb nur kurzer Zeit kann sich eine Ausgangslage gravierend verändern, was zu Umplanen und Neukonzeption führt.

Wie aber sieht ein solch intensiv vorbereiteter und durchgeplanter Jagdtag aus der Sicht eines Anstellers aus? Eine Woche bevor es ernst wird, weist der Revierbeamte nach Besprechung mit seinen Kollegen, dem Jagdleiter und dem Jagdherren, wo die Gesamtkonzeption in allen Details festgelegt wurde, den Ansteller in seine Aufgabe direkt vor Ort ein, indem er ihm die markierten Stände zeigt oder mit ihm Stände markiert.

Hier werden alle standspezifischen Fragen erörtert, denn am Tag X muss alles klappen, weil da Gast und Ansteller allein sind. Wenn möglich erhält er einen Gesamtplan und einen Detailplan, aus dem hervorgeht, wie das Ganze abläuft, nach welcher Zeitvorgabe und unter welchen lokalen Besonderheiten. Bei Schnee am Jagdtag – das habe ich nicht nur einmal erlebt – sieht alles ganz anders aus, weshalb man schon genau hinschauen muss, um erforderlichenfalls richtig zu handeln. Denn wenn der Uhrzeiger auf den Zeitpunkt des Jagdbeginns vorrückt, bleibt keine Zeit mehr für umständliche und zeitraubende Korrekturen. Alles muss dann schnell, leise, umsichtig und gezielt erfolgen.

Nun die „Anatomie eines Jagdtages" aus der Sicht eines Gruppenführers und Anstellers im gebotenen Telegrammstil: nach in aller Regel unruhig verbrachter Nacht, während der einem vielerlei durch den Kopf geht, ist man froh, wenn man alles beisammen hat (Hilfe der Gattin unbedingt und zwingend erforderlich, nach dem Motto „Du, wo sind denn meine ...?") und mindestens eine halbe Stunde vor dem offiziellen Beginn am Sammelplatz vor Ort ist, wo die erste Lagebesprechung mit dem Jagdleiter stattfindet. Anhand des Planes und der Uhr wird noch ein letztes Mal der Ablauf durchgespielt und überprüft, ob sich nichts verändert hat. Nach der offiziellen Begrüßung sowie der Bekanntgabe der Jagdartikel erfolgt die Gruppeneinteilung. Zu diesem Zweck werden die einzelnen Gäste ihrem jeweiligen Gruppenführer und Ansteller zugewiesen, der aus „wenigen, geländetüchtigen Fahrzeugen" einen kleinen Konvoi zusammenstellt, der hinter seinem Führungsfahrzeug her in den Busch folgt. Die Umsetzungen, das Umräumen und das Verstauen von Ausrüstung sollte so rechtzeitig erfolgen, dass die Abfahrt nicht verzögert wird. Ein Auto mit Sommerreifen am Steilplan auf Schnee – und schon ist der Faden einer Kolonne gerissen und der Zeitplan perdu. Es ist gut, wenn man sich nochmals durch den Plan arbeitet, denn der Teufel steckt – gerade hier – bekanntermaßen nun einmal im Detail. Nach dem Signal „Aufbruch" sitzt alles auf und los geht es in der Kolonne an den Ort des Geschehens! -

Am erstzubesetzenden Stand angekommen hält die Kolonne, Ansteller und Gast aus einem der Folgewagen begeben sich an den Stand, wo im Flüsterton die Einweisung erfolgt; nach Übereichen der Markierungsbändchen für Anschüsse und hastigem „Waidmannsheil!" zurück; aufgesessen und weiter zum nächsten Stand. Verlassene PKWs müssen so abgestellt werden, dass die Straße oder der Weg für Hundegruppen oder Wildberger frei bleiben. Steht der letzte Schütze auf seinem Stand, ist es meistens hoch an der Zeit und der Verantwortliche für den jeweiligen Abschnitt oft nassgeschwitzt.

Nach Beendigung des Treibens geht das Ganze in umgekehrter Reihenfolge, indem der Gast vom Stand abgeholt, seine Beobachtungen notiert, Anschüsse begutachtet, markiert und die Fahrzeugkolonne zum Sammelplatz zwischen den Treiben geführt wird; dort Abgabe des Berichtes an den Jagdleiter und Entscheidung darüber, wie im Falle einer anstehenden Nachsuche zu verfahren ist. Erforderlichenfalls kann es zu Umgruppierungen von Gruppe zu Gruppe oder innerhalb der Gruppe von Fahrzeug zu Fahrzeug kommen, was noch zusätzlichen Schwung in das Geschehen bringt. Dann schnell einen Happen heruntergekaut und schon geht es wieder los „auf ein Neues!" -

Nach Beendigung der Jagd ist das die große Stunde der Treiber und Wildwagenfahrer, indem diese das in zwei Treiben gestreckte Wild „zusammenfahren" und nach genauer Beachtung der Regularien zur Strecke legen, von wo es nach Verblasen und „Jagd vorbei!" noch am gleichen Abend entweder in die Wildkammer oder zum Wildhändler verbracht wird. Beim Revierbeamten selbst laufen alle Drähte der einzelnen Gruppen zusammen, die er bündelt und kombiniert.

Da der Ansteller und Gruppenführer selbst auch noch einen Stand „zu verteidigen" hat und selbst in aller Regel hoch passioniert ist, kann es da gelegentlich ganz schön eng werden: das erlebte ich hautnah, als ich – Ansteller und Gruppenführer in Personalunion – im ersten und im zweiten Treiben je einen der freigegebenen geringen Hirsche streckte und in meinen Gruppen sowohl im ersten wie im zweiten Treiben mehrere Sauen erlegt wurden. Wie ich das alles auf die Reihe gekriegt habe, weiß ich nicht mehr, aber „damals war man noch jung und frisch!" -

Eine besonders nette Geste hat sich unsere Jagdherrin einfallen lassen, die neben vielen anderen künstlerischen Fähigkeiten auch die der Porzellanmalerei perfekt beherrscht. Aus ihrer Hand einen handbemalten Aschenbecher, ein Schälchen oder einen Teller zu erhalten, die mit der Wildart bemalt sind, durch die der Gast an diesem Tag reüssierte – das ist eine ebenso auszeichnende wie begehrenswerte Anerkennung für jägerische Fortune.

Nein, lieber Kritikaster, Neidling, politisch korrekter Zeitgenosse und verehrter Beckmesser – dies waren und sind „Gesellschaftsjagden" in des Wortes sauberster, anständigster, korrektester und feinster Form, die nur der final zu beurteilen vermag, der sie auch kennt. Mit ihnen weiß ich mich einig in der Bitte an Hubertus: „Lasse uns noch viele gemeinsame solcher Tage verleben, Dir zum Lobe und uns zum Waidmannsheil bzw. Waidmannsdank!"

Höhepunkte und Sternstunden

Im Laufe eines Jägerlebens
Ist mancher Pirschgang wohl vergebens! -
Jedoch gibt es auch solche Stunden,
Die mit Fortuna sind verbunden!

Höhepunkte und Sternstunden – das sind Einschätzungen bzw. Wertungen, die sehr subjektiv sind, weil sie von Mensch zu Mensch insoweit verschieden sind, als dem einen das Höhepunkt ist, was dem anderen gar nichts bedeutet. So wollen auch die nachstehenden Einlassungen verstanden werden, denn gerade in einem Jägerleben gibt es sie – wenn auch dem einen seine Ente dem anderen sein Bock sein kann, eben deswegen, weil jeder Jäger sein eigenes Koordinatensystem besitzt, in das er eigene Erlebnisse und Ereignisse einordnet.

Gerade auf der Jagd ist es so, dass die Umstände einer Erlegung und das, was im Umfeld eines glücklichen Beuteschusses geschieht, wesentlich darauf einwirken, ob diese Erlebnisse in die Annalen eines Jägers unter der Rubrik „Höhepunkte und Sternstunden" Eingang finden oder aber unter „ferner liefen" abgetan bzw. beiher registriert werden.

Für mich ist es der schon mehrfach angesprochene Dreiklang aus Jagderlebnis, Umgebung und Begleiter, der darüber entscheidet, was mir Höhepunkt und Sternstunde ist. Freilich: Beute muss sein, denn der Sinn des Jagens besteht nun einmal zuvörderst darin, Beute zu machen und sich Beute anzueignen. Dies schon allein deswegen, weil gerade Jäger nach archaischen Mustern handeln, auch wenn sie das selbst gar nicht realisieren.

So sind es in aller Regel Erlebnisse, die aus dem normalen Alltag herausragen und von daher als Höhepunkte und/oder Sternstunden empfunden werden. Ich persönlich durfte deren viele verbuchen, denn gemäß meiner Definition musste es nicht Kapitales, nach Gewicht, Auslage, Endenzahl oder Abschliff zu Quantifizierendes, das in den Rang eines bzw. einer solchen erhoben wurde sondern immer ein Erlebnis sein, in dem Mensch und Natur neben der Beute den Ausschlag geben, denn das Empfinden am Stück ist es letztlich, das den wahren Erlebniswert ausmacht.

Insoweit gedenke ich dankbar der Erlegung zweier Hirsche in einem Treiben ebenso wie der oktobersonnenvormittäglichen Erpeldoublette an der Fulda; ich erinnere mich voller Freude des Anwechselns des klobigen Widders über den abgeernteten Zuckerrübenacker in meinen Feuerbereich eines Spätnovembernachmittages ebenso wie der vier strammen Auslaufhasen im gefrorenen Knistergras; der beiden dicken Taunussauen innerhalb von zehn Dickschneeminuten ebenso wie der drei Jungfüchse am Frühherbstabend. Es ist der Oktoberbrunftsechser ebenso wie der herangeblattete Ridingerbock aus dem Vogelsberg – und es sind immer wieder Menschen, Freunde, grüngewandete Wesen, die um mich waren, die mit mir den

Zauber eines Erlegungsabends mit dem jahreszeitlich dominierenden Geruch des Waldes, des Ackers, des Flusses einsogen, den ich den Atem der Jagd nennen möchte.

Eine Erbeutung, die nicht zum Erlebnis von Mensch und Natur wird, kann niemals zu einem Höhepunkt, einer Sternstunde werden, und sei das Erbeutete auch noch so eindrucksvoll. Wie sagt es doch Goethe so richtig: „Sind nun die Elemente nicht aus dem Komplex zu trennen; was ist dann an der ganzen Jagd Erlebnis noch zu nennen?" Man verzeihe mir, dass ich hier Goethe uminterpretiere, aber er hätte es so gesagt, wenn er dabei gewesen wäre! -

Insoweit sind mir alle meine akribisch gesammelten Trophäen immer und vor allem Weiser von Ort, Mensch, Zeit und Umstand, an, mit und unter dem ich sie erbeutete, wobei mir auch das durchgeschriebene „Schussbuch" in der Retrospektive wichtige Erinnerungshilfe leistet. Gerade in einer von Event zu Event, von Action zu Action sich hangelnden Zeit halte ich es für angezeigt, dieses Tempo durch selbst gesetzte Besinnungs- und Einkehrpausen so zu verlangsamen, dass man sich wieder „erinnern" lernt und nicht das rauschhafte Draufsetzen zum Lebens- und Jagdprinzip wird!

Hüttenleben

Nach Feuerrauch und Ballistol,
Nach Tabaksqualm und Alkohol,
Nach Hunden und nach nassen Socken
Riecht's dort, wo wir des Abends hocken!

Wer Hüttengeruch, Hüttengeräusche, Hüttenatmosphäre und Hüttenmenschen nicht aus eigener, direkter, hautnaher und intensiver Erfahrung kennt, der hat niemals gejagt und dem ist all das entgangen, was Jagd zur Jagd erst macht! -

Von mir darf ich sagen, dass ich sie genossen habe, die Eremitagen, in denen ich während meines bisherigen Wechsels durch heimatliche Jagdgefilde Einstand nahm und die mir zum Refugium aus der Welt der kleinkarierten Betriebsamkeit wurden, welche einem den Blick ebenso einengt wie die Sicht auf das Eigentliche vernebelt; Fluchtort, Ort der Einkehr in des Wortes doppelter Bedeutung und Stätte des In-Sich-Gehens – das sind sie mir stets gewesen, die Hütten, in denen ich meine Jagdurläube in Taunus und Vogelsberg verbrachte. Was dort so geschah, wie man als Hüttenmensch lebt und worin der Reiz gerade dieser Lebensweise auf Zeit besteht – davon nun mehr!

Hoch- und Ansitzen gleich künden auch Hütten von Geist, Imagination und Persönlichkeit ihrer jeweiligen Erbauer – sieht man einmal von den total durchkonfektionierten und schablonisierten Standard- oder Luxustypen ab, die eine marktlükkenbewusste Freizeitausstattungsindustrie in breiter Produktpalette je nach Geldbeutel bereithält und offeriert. Was könnten Jagdhütten alles erzählen und berichten, wären sie mit der Gabe der Sprache ausgestattet! Und doch haben auch Hütten eine Aussage, teilen sie sich uns mit, öffnen sich dem Besucher, Gast und Nutzer, wenn dieser nur in der Lage ist, ihre Sprache zu verstehen. Das aber ist gottlob nicht jedermann/-frau möglich, denn die Hüttensprache ist eben subtile Geheimsprache, deren Verstehen nur dem möglich ist, der neben Sehen auch hören, riechen und fühlen kann, nichts also für oberflächliche, kurzsichtige und unsensible Menschen, die in Hütten nur Kubikmeter umbauten und überdachten Raumes zu gelegentlichen Unterkunftszwecken sehen: „Wenn Ihr's nicht fühlt – Ihr werdt's nie erjagen!"

Meine erklärte Lieblingshütte war und ist die meines Sandkastenfreundes Martin T., dessen Vater mein vorerwähnter Lehrprinz war. Sie liegt am Ufer eines Murmelbaches auf dem Gelände der sog. „Wolfsmühle" zwischen Herbstein und Lanzenhain und bietet mir Unterschlupf, wenn es mich der Böcke halber in die alte Heimat zurückzieht. Sie verbindet die Vorteile wohlig-rustikaler Atmosphäre mit technischen Voraussetzungen (Strom, fließendes warmes und kaltes Wasser sowie einen Kühlschrank), auf die man als zivilisationsgeprägter älterer Herr nicht mehr verzichten mag, denn Hüttenzauber ist das Eine, Hygiene und Minimalkomfort das andere. Nach zehn Hüttentagen wie ein nasser Fuchs duftend wieder daheim einzupassieren – das sollte man seiner Familie nun nicht unbedingt antun! -

Von vorne her über eine Holztreppe und Kleinveranda zu erreichen, weist sie bei Unterkellerung innerlich Toilette und Dusche, „Wohnzimmer", Essecke, Kochnische und zwei Schlafkessel auf und wird nach hinten zum Wald hin von einem Freisitz an einem kleinen Rinnsal begrenzt. Neben ihr befindet sich ein Schuppen für Gerätschaften und Holz.

Hängt dann an einem warmem Sommerabend ein Bock am Verandabalken, und sitzt man – umsummt und umbrummt – mit Freunden um eine Tischleuchte mit Flackerkerze gruppiert fachsimpelnd zusammen – aus dem Bach gelegentliches Plätschern, aus der nächtlichen Feldmark ein hereinwehendes Schrecken eines sauengestörten Rehes und hat über sich einen schwersamtigen, sternenbestickten Vogelsberger Nachthimmel – dann, ja dann ist man dort, wo das kleine Paradies beginnt! –

Hüttengerüche – in aller Regel aus ungelüftetem Inneren, Gewürzdüften, Rauch, Qualm, Ballistol, Hund und Kochbrisen bestehend – haben etwas Ureigenes an sich, das einen schnell in eine andere Welt versetzt, wenn man sie auch nur kurze Zeit einatmet bzw. schnuppert.

Hüttengeräusche – Mäusetrippeln, Astschaben, Wind, Blätterrauschen, Regentrommeln, spätes und frühes Vogellied, Schnarchgeräusche von Mitbewohnern, ferner Zivilisationston und Mückensirren – was sind denn schon die Berliner Philharmoniker dagegen!

Hüttenbetten – Hartlager, durchhängende Drahtrahmen, dicke Pfühle, Wolldekken, Knarz- und Quietschgestelle, ausgelegene Matratzen und prokrustesbettähnliche Installationen – wer nie so schlief, schlafen musste, der weiß nicht, wieviel Wirbel er in seiner Wirbelsäule hat und wo diese überall wehtun kann!

Hüttenküche – sie ist in aller Regel nahrhaft, scharf, ungesund, cholesterinhaltig und aus Standardzutaten wie Zwiebel, Knoblauch, Maggi, Eiern, einer naturnahen Gewürzpalette, Dauerwurst, Konservenfundament, Teebeuteln und Kaffeepulver zusammengesetzt; variiert wird sie gelegentlich durch Reh- oder Sauleber und jahreszeitgerechte Pilze. Von den diversen Flüssigkeiten zu sprechen, hieße in diesem Fall Holz in den Wald tragen, denn jeder hat so seine personengerechten Vorräte angelegt, die anlassspezifisch „vernichtet" werden und beredtes Zeugnis von den Vorlieben des Nutzers der Hütte ablegen.

Es gibt wahre Meiser ihres Faches, die zur Hüttenbesatzung zu zählen einen kulinarischen Glücksfall darstellt und die mit der Kochschürze mehr brillieren als mit Büchse oder Waidmesser! -

Zu ihnen habe ich mich nie zählen dürfen, denn meine Bandbreite lässt sich auf wenige, deftige und ernährungsphysiologisch höchst bedenkliche Elementarbestandteile reduzieren, die ich im Laufe der Zeit variantenreich zu nutzen gelernt habe. Hat ein Hüttenjäger Brot, Zwiebeln, Eier und Konserven dabei, wird er nie verhungern, sich gleichwohl aber in einen akuten Mangelzustand hineinzukochen verstehen, an dem auch Würzexperimente nichts mehr zu ändern vermögen.

Sozialpsychologisch gesehen stellen Jagdhütten Rückzugsrefugien und Gesellschaftsnischen dar, die es dem Aussteiger auf Zeit erlauben, sich in der selbstzugewiesenen Einsamkeit mit sich selbst und der Welt zu re-arrangieren. Sie dienen damit der Familienhygiene ebenso wie der Selbstfindung des Emigranten auf Zeit. Nur: im Gegensatz zu den Hardlinern kommt bei dem Kulturflüchtling der Zeitpunkt relativ schnell wieder, an dem es ihn dorthin zurückzieht, von wo aus er vor kurzer Frist gepäck- und ideenreich abrückte. Es ist halt offenkundig nun einmal so, dass der Mensch unserer Zeit nur bedingt in der Lage ist, einen bestimmten Standardkomfort oder Komfortstandard zu missen. Gut aber ist es, dass es solche Einrichtungen gibt, die man aufsuchen kann, wenn einem danach ist und die man verlassen kann, wenn es einen zurückzieht; vielleicht auch nur, um bald wieder zivilisationsflüchtig zu werden!

Ich jedenfalls habe das Hüttenleben in Taunus und Vogelsberg an verschiedenen Standorten in vollen Zügen genossen, allen mit dieser Lebensform verbundenen Einschränkungen zum Trotz. Und ich bin dankbar für jede dieser Hüttenstunden!

Ehrenrottenmeister im Traumrevier

Revier, Landschaft, Menschen, Jagd -
Im Rückblick sei es hier gesagt -
Erlebte ich zu dieser Zeit
Mit einem Herzen: voll und weit!

Im Revier Altenschlirf der Riedeselschen Waldgesellschaft unter dem Revierleiter Willi H. verlebte ich lange Jahre beglückender und erfüllender Jagd in einem Traumrevier inmitten von Forstbeamten, Lehrlingen, Waldarbeitern, Kulturfrauen und Holzrückern. Wir sahen uns fast täglich bei Reviergängen, hielten einen mehr oder minder langen Schwatz, luden uns gegenseitig zu diesem oder jenem ein (meist waren es nahrhafte Anlässe!) und verrichteten gemeinsam anstehende Revierarbeiten: Kanzel- und Leiterbau, Anlage und Unterhaltung von Wildäckern, Pirschwegeeinrichtung, Winterfütterung.

Wir nahmen Anteil aneinander, wussten voneinander und feierten miteinander: Familienfeste, Schlachtefeste oder „einfach so". Dreh- und Angelpunkt dieser Szene war „das Hüttchen am Böckels", im Mittelpunkt stand der allseits geschätzte FAM Willi H., dessen Persönlichkeit, Autorität und Integrationskraft in Verbindung mit Humor und Geselligkeit ihn zu einem Menschen machte, an dem man einfach nicht vorbeikonnte, was nicht nur physikalisch zu verstehen ist. Auch war er Initiator so mancher „Sonderaktion", die uns allen noch in bester Erinnerung geblieben sind.

So, wie diese Gemeinschaft gestrickt war, gehörte es auch zum Usus, dass man erfuhr, wo ein Bock gefegt hatte, wo die Sauen steckten oder wo eine Hirschfährte stand. Hatte man z. B. geschossen und dies in Hörweite der „Holzmächer" oder der Kulturfrauen, dann wurde dies sofort registriert und nachgefragt, wenn man nicht selbst gleich hinfuhr, um zu berichten. -

Karl und Heinrich, Gerti und Willi, Mary und Irmgard – sie waren mit dem Wald und seinem Wesen aufs Tiefste verbunden, und das nicht allein deswegen, weil sie dort arbeiteten. Sie in ihrer je spezifischen Eigenart trugen ganz wesentlich dazu bei, dass sich diese Gemeinschaft lange hielt und eng miteinander verwuchs.

Immer dann, wenn es „am Böckels" etwas zu feiern gab, wurde ich eingeladen und wir haben oft vom Spätnachmittag bis tief in die stichdunkle Nacht am Feuer oder in der Hütte gesessen. Eine der gereichten Spezialitäten waren die sog. „Klopse"; das sind ca. 300 oder mehr Gramm schwere, gewürzte, in der Buchenholzglut in Pergamentpapier gegarte Hackfleischballen, zu denen es frisches, selbstgebackenes Brot und „Getränke der Jahreszeit" gab. Jeder brachte etwas mit, jeder steuerte etwas bei und alle saßen wir Stunde um Stunde dort im nachtdunklen Matteberg über Rixfeld, wo sie herstammten.

In diese Rotte wurde ich eines Herbstnachmittags angelegentlich einer solchen Feier als „Ehrenrottenmeister" aufgenommen, was einer großen Ehre insofern gleichkam, als man nun so, wie man war, mit gleichen Rechten und Pflichten „dazugehörte".

„Schranz" und „Sir Henry" – bürgerlich Karl und Heinrich – die beiden Holzhauer – waren, was Fährtenlesen, Spurendeuten, Beobachtungsgabe, Scharfsichtigkeit und Revierkenntnis anlangte, Indianern gleich passionierte und kenntnisreiche Waldmenschen. Sir Henry z. B. war so passioniert, dass er, wenn er Sauen fest hatte, nichts mehr essen konnte sondern der nachmittäglich angesetzten Jagd entgegenfieberte, an der er in leitender Funktion mit Karl teilnahm; ein Bild, wenn diese beiden klatschnass aus der Dickung kamen, um zu berichten, was da drin los war. Wehe, wenn einer von uns bekennen musste, vorbeigetroffen zu haben! -

Und jagdlich – was für ein Revier!! Feisthirschrudel im Bachwald, im Matteberg, im Kohlstock; Sauen im Bachwald, im Kohlstock und im Mühlberg; gute Böcke im Steimel, in den Seifen und im Brühloser Grund! Ein Dorado für einen Gastjäger, denn die Revierstruktur war ideal: ein langgezogenes Wiesental mit einem Bachlauf als Längsachse, eingesprengte Waldwiesen, ein Straßenkreuz mit tiefen und dichten Dickungen zu allen Seiten, mastreiche Buchenhochwaldpartien weitläufige Kulturflächen im Inneren und außen umgeben von der landwirtschaftlich intensiv genutzten Feldflur von Schlechtenwegen, Altenschlirf, Herbstein, Rixfeld und Stockhausen. Sowohl was Deckung als auch Äsung und Fraß anlangt ein Biotop, das Wildreichtum und Trophäenstärke (Basalt!) produziert. So war es zu diese Zeit kein Problem, während der Blattzeit wirklich alte und reife Böcke zu erlegen, von denen einige an meinen Wänden hängen.

Und die Sauen: im Schnee konnte man die ausgetretenen Wechsel vom Kohlstock in den Bachwald; vom Steimel in die Seifen; von den Seifen in den Matteberg sehen, was immer wieder faszinierende Drückjagden verhieß.

Es waren Jahre, während derer ich – gesundheitlich, privat und jagdlich – aus dem Vollen schöpfen konnte, durfte und schöpfte.

An dieser Landschaft, am Wald, an diesen Menschen, an der Jagd in diesem Revier hing und hängt mein ganzes Herz noch heute. Immer dann, wenn ich im Vogelsberg jagdurlaube, zieht es mich zu stiller Einkehr an die Stätten der Erinnerung, bevor ich aufbaume und schaue, ob es auch dieses Mal klappt.

So erinnere ich mich eines zwölftägigen Hüttenjagdurlaubs um die Blattzeit Ende Juli/Anfang August, von dem ich fünf gute Gehörne mit nach Hause bringen konnte – ein niemals wieder erreichtes Ergebnis. Wer sich solcher Zeiten und Erlebnisse erinnern darf, der ist mit Fug und Recht als Favorit Dianens anzusehen!

Fischen in Bach und Fluss

*Wenn der Schwimmer plötzlich zuckt,
Dieweil der Angler nicht hinguckt,
Ist es – falls er um sich dreht -
In aller Regel schon zu spät!*

Eine zusammensteckbare Bambusrute mit Drahtringen und eine kleine Messingrolle war meine erste Angel. Hinzu kamen mehrere Korkenschwimmer, Wickelblei, ein Hakensortiment von Größe 8-2, eine Umhängetasche, eine Abschlagkeule und ein der Großmutter entwendetes beißscharfes Küchenmesser.

Eingeführt in die hohe Kunst des Flussfischens hat mich ein Nachbar, den die Kriegswirren und die Vertreibung aus dem Sudetenland in die Bahnhofstraße nach Schlitz verschlagen hatten.

Von ihm lernte ich das Ködersuchen (Würmer, Köcherfliegenlarven), die Handgriffe am Gerät, das Lösen gelandeter Fische, ihre Versorgung, die Behandlung vor der Zubereitung sowie die komplexen Zusammenhänge zwischen Jahreszeit, Köderwahl, Witterung, Beißzeit und Ortsauswahl. Die Tatsache, dass ich auf den Resten von Fischinnereien auf dem Fensterbrett in der Sommerhitze eine Madenzucht installierte und dabei von meiner Großmutter brüsk unterbrochen wurde, weil diese um das Wohlergehen der eigenen Familie wie das der Nachbarschaft zu Recht bangte, will ich nicht verschweigen. Meine Mutter erfuhr von alle dem nichts, denn in ihrer tiefen Abneigung gegen alles, „was schlecht riecht", hätte sie diesen Schock nicht überstanden.

Wer nun aber glaubt, man sei damals mit dem Pkw direkt an das Ufer gefahren: Kofferraum und Liegestuhl nebst Bierkiste raus; Grill und Radio aufgebaut (bei Länderspielen oder Formel 1 den Fernseher!), Teleskopruten ausgezogen und das Geschirr in die angefütterte Stelle hineingesenkt – der irrt gewaltig. Solche Praktiken waren nicht üblich, womit nicht gesagt werden soll, dass wir nun besonders stilgerecht gewesen wären, nur: man tat das eben nicht!

Meine Lieblingsstelle auf Friedfische war der ungeklärte Einlauf des Ausflusses der Schlitzer Kläranlage in die Schlitz, weil es dort nahezu immer biss und man große Rotaugen, Rotfedern und Nasen landen konnte.

Damals, als der Zwölfjährige seine Selbstachtung an der Anzahl der erbeuteten Fische bemaß, waren die dreißig Weißfische in einer Stunde das non plus ultra; heute ist die Erinnerung daran nur noch Schauder. Von Wasser- und Fischhygiene sowie Kontamination wussten wir nichts, auch nicht mein lieber Vater, der – ein großer Fischliebhaber vor dem Herrn – sich immer freute, wenn ich ihm – wieder einmal! – eine Fischmahlzeit zusammengeangelt hatte. Wenn er damals gewusst hätte, dass ...!

Diese solchermaßen gefangenen Fische hießen nicht unbedingt fein formuliert aber treffend bezeichnet – „Scheißhausforellen", was sicherlich keines Kommentars bedarf. Am faszinierendsten waren die Julischwülansitze bei Braunwasser am Rande inselartiger Seerosenfelder in der Fulda zwischen Sandlofs und Queck. Nachdem vortags im Oberlauf ein Gewitter niedergegangen war, dessen Regenmassen Erdeinschwemmungen mit sich brachten und so den Fluss „einbräunten", zog der Aal auch schon am frühen Nachmittag und biss entsprechend gierig.

Die angebotenen, fetten Tauwürmer auf Grund gelegt waren der richtige Köder, so dass man infolge der inneren wie äußeren Treibhaustemperatur schweißüberströmt auswarf, einholte, abschlug, löste, auswarf ... Noch heute vermeine ich den schlammig-modrigen Flussatem zu riechen und verspüre in meiner rechten Hand die Bewegungen des sich wie eine Schlange windenden gold-braun-grünen Aals in schaumweißgekröntem Wasserschwallkringel, den aus den Seerosen zu heben schon ein besonderes Ding war. Auf dem Ufer dann sofort die profiltiefe Stiefelsohle drauf, denn sonst wäre er verloren gewesen. Mit zwei Freunden, Ludwig und Roland, und unseren Ehefrauen waren dies fang- und beutefrohe Stunden, die der Hochwildjagd durchaus gleichzusetzen sind. Wenn ich es recht erinnere, so belief sich unsere „Drei-Ruten-Stundenstrecke" auf insgesamt acht Spitzkopfaale von ein- bis zwei Pfund/Stück. Aal grün in Dillsauce mit neuen Kartoffeln und Urhahn Alt vom Fass – das war es; das hatte was!

Ich bin mein Leben lang alles andere gewesen als ein großer Petrijünger vor dem Herrn, denn die Jagd stand und steht noch immer obenan. Aber ich habe gern geangelt, und je unterschiedlicher die Fischwaidgründe waren, desto lieber. Teich-, Bach- und Flussangelei – wie unterschiedlich, wie anders, wie jeweils neu ist sie doch. So öffnete sich mir ein Forellengewässer zwischen Stockhausen und Müs auf der entsprechenden Fließstrecke, das seinesgleichen sucht: im Oberlauf schmal, reißend, zwischen Basaltgeröllbrocken hindurchschießend, Kolke bildend und sich über Staustufen stürzend, im Unterlauf tiefer, ruhiger, gerader, behäbiger. Waren es im Oberlauf vor allem und besonders Bachforellen, so tauchten ab dem beginnenden Unterlauf Aale, Weißfische und auch Esox Lucius auf. Ich hatte mich klar entschieden im Oberlauf „festgeangelt", denn das schnelle, bewegungsaktive, „sportliche" Fischen mit dem Blinker auf die Königin des Klarbaches – die Forelle – hatte es mir von Beginn an angetan.

Eine 52 cm lange, dreipfündige Bachforelle ging mir unterhalb einer Staustufe in einem Kaskadenkolk an den schweren, doppelhakigen und silberfarbigen Heintzblinker und blieb damit die kapitalste Beute dieses Gewässers und dieser Jahre.

Mein Freund Jockel hatte mich gebeten, seinen Stiefsohn „Ludi" in die Anfangsgründe der Fischerei einzuführen, was uns beiden riesigen Spaß gemacht hat. An einem Schwülmorgen nach nächtlichem Gewitter waren wir beide am Oberlauf mit unseren Spinnruten und hellen Blinkern zugange, als ich unter mir – der Jungfischer hatte Vorgang, damit ich ihn beobachten und unterweisen konnte – plötzlich die angstvollen Kinderrufe „Matthias, Matthias, komm – ich habe eine dran!" hörte. Bei ihm angekommen sah ich, dass im Wasser vor seinen Füßen, wohin die gebogene Rutenspitze zeigte, ein Mordstrumm von Forelle hin- und her schoss. Gemeinsam landeten wir sie und zogen eine Bachnerin aus dem Wasser, die meiner vorerwähnten nur unwesentlich nachstand. Ludi war überglücklich, ich froh und zufrieden.

Als wir uns dann nach Hause begaben, konnten wir seiner Mutter sieben brave Doppelportionsforellen im Huflattichblatt auf den Zerlegetisch der Schlossküche legen und unser Lob abholen.

Ebenso stolz waren wir beide, als Ludi unter meiner Führung sein erstes Stück Schalenwild im Oberwald strecken durfte – comme il faut einen Knopfbock wie aus dem Bilderbuch auf gute Entfernung mit meiner 6,x57 direkt hinter's Blatt.

Solche Erlebnisse – das kleine Waidwerk und die gerechte Fischerei – wie sehr sind sie mit Leben angefüllt, welche Einblicke vermitteln sie, wie tief bleiben sie im Inneren gespeichert – auch noch nach mehreren Zwischenjahrzehnten turbulenten und wechselhaften Lebens!

Pilze im Visier

Braun und gelb – in Gras und Moos!
Wachsen sie, dann geht es los:
Endlich ist es nun so weit -
Der Pilze erntenreiche Zeit!

Bei kritischer Selbstanalyse komme ich zu der Erkenntnis, dass in mir die drei Vorstufen des homo sapiens erectus – Jäger, Fischer, Sammler – in chemisch reiner Form zusammengelaufen sind mit dem Endergebnis der Ausübung dieser Tätigkeiten von Kindesbeinen an. Durch meinen Fischereiausbilder wurde ich auch in der Kunst des Pilzesammelns unterwiesen, denn dies ist alles andere als ein dummes Zusammentragen der Pilze vom Wegesrand in den Kofferraum. -

Pilze zu sammeln war und ist mir stets ein doppeltes Vergnügen: zum einen das Sammeln und dann das Verspeisen, wobei ich auch das Putzen sehr gern übernehme.

Meine Lieblingspilze sind in der Rangfolge Steinpilz, Rotkappe, Pfifferling, Birkenpilz und Champignon (Wald- wie Wiesenchampignon) sowie die Krause Glucke (auch: Fette Henne genannt).

Hinsichtlich ihrer Arten- und Formenvielfalt, ihrer unterschiedlichen Standorte, ihrer Verwertbarkeit, ihres Geschmackes und ihrer Wuchseigenschaften sind Pilze ein hochinteressantes Kapitel, das man niemals erschöpfend kennen lernt – zumindest nicht als „normaler Pilzgänger".

Das Pilzesammeln ist ebenso spannend wie aufregend, ebenso schwirig wie faszinierend, ebenso abwechslungs- wie lehrreich. Auch in dieser ganz besonderen Art der Naturnutzung wurde ich von meinem Angellehrer unterwiesen, der – wie alle

Heimatvertriebenen aus dem Sudetenland – ein Kenner und Könner auf diesem Gebiet war. Ihm verdanke ich eine Erkenntnis, die mich durch alle meine Pilzjahre bis in meine unmittelbare Gegenwart hinein begleitete und mir zu stolzer Beute verhalf bzw. noch immer verhilft. Er vertraute mir an, worauf ich zu achten hätte, wollte ich nicht als Schneider heimkehren: „Schwämme wachsen, wenn der Mond rund wird!" – also bei zunehmendem Mond! Was ich in damalig jugendlicher Vermessenheit und Dummheit für ein Märchen hielt, erwies sich immer und immer wieder als goldene Regel.

Nur der, der weiß, wann welche Pilze wo wachsen, der kommt mit vollem Korb (nicht mit einem Plastikbeutel!) aus dem Wald. Man muss manches wissen, will man nicht blind durch den Tann stolpern. Steinpilze z. B. bevorzugen zu bestimmten Jahreszeiten ganz bestimmte Standorte: niedrige Jungfichtenbestände, Stangenhölzer, aber auch Moosschneisen, Moosstellen und lichte Buchenalthölzer.

Hat es ab Mitte/Ende Juni gut geregnet bei warmer Nachttemperatur und zunehmendem Mond – dann kann und wird man – die „g'fangigen Stellen" kennend – die ersten Pfifferling- und Steinpilzmahlzeiten ernten können. Durch den Herbst hindurch bis in den – teilweise schon bodenfrostigen Oktober – hinein nimmt es dann sprunghaft zu bis zur richtigen Pilzschwemme. Dann wiederum kommen die mageren Jahre, wo trotz idealer Witterung auch an den guten Stellen gar nichts wächst.

Der Anblick einer auf lichter Moosstelle in einer Dickung stehenden Steinpilzkolonie unterschiedlichen Wuchsstadiums mit nassglänzenden, tief dunkelbraunen, festen Kappen auf knuffig-knackigen Stielen ist stets ein ästhetischer Genuss. Ein Gleiches gilt für ein goldgelbes Pfifferlingsnest an der Wegeböschung oder im Bodenlaub auf lichter Stelle in den Buchenrauschen. Und dann der Geruch, den man mit geschlossenen Augen aus einem Span- oder Weidenkorb voller Steinpilze, Rotkappen und Pfifferlinge in sich aufsaugt! Beim Anblick dieser Edelpilzarten packt es mich immer noch so wie beim Anblick des ausgeguckten und endlich schussgerecht stehenden Stückes und löst die gleichen Reaktionen in mir aus. -

Seine Pilzstellen preiszugeben, Pilze aus dem Boden zu reißen statt sie abzuschneiden, die Schnittstellen nicht abzudecken, Pilze beim Transport zu quetschen und sie in luftundurchlässigen Behältnissen über Nacht stehen zu lassen – das sind unverzeihliche Kardinalsünden und unprofessionelles Verhalten. Sie verraten dem Kundigen den Unkundigen!

Ich selbst sortiere und drapiere die gesuchten Pilze gern in Körben, weil sie so luftig und geschützt untergebracht sind und sich vorteilhaft optisch präsentieren.

Auch das Putzen erfordert sachkundige Hände, denn hier hilft weder Wasser noch gar brutales Weg- bzw. Abschneiden: sie sollten nach Möglichkeit trocken abgerieben und abgeschabt werden, bevor man sie geschnitten in Topf oder Pfanne gibt. Am besten schmeckt mir nach wie vor die tradierte Zubereitungsart meiner Großmutter, die nur Butter, Zwiebel, Pfeffer, Salz und Petersilie kannte – letztere auf das fertige Pilzgericht gestreut. Dazu kann man frisches Brot, trockene Pellkartoffeln oder Reis reichen – ohne überwürzte Fleischbeilagen, denn man will ja den Pilz schmecken, nicht die Zutaten oder Beilagen.

Auch getrocknet und in die winterlichen Saucen hineingegeben erhalten diese einen wunderbaren Pilzgeschmack. Gerade nach dem Kriege war es in den Haushalten Heimatvertriebener an der Tagesordnung, dass zur Saison Pilze geschnitten aufgefädelt und getrocknet wurden – an der Luft oder auf dem Backblech im Wärmeteil des Herdes. Interessant übrigens in diesem Zusammenhang, dass die Einheimischen nie „in die Pilze" gingen, sondern das „erst nach dem Krieg durch die Flüchtlinge Mode wurde", wie es mir meine Großmutter erzählte.

Gleichgültig, von welcher Seite aus man diese Früchte des unterirdischen Mycels auch sieht: Pilze als Waldfrüchte sind eine Naturgabe, die der Mensch und der Jäger zumal kennen, behandeln und genießen lernen sollte, denn sie gehören irgendwie zu unserer Passion dazu.

Jagdliches Humorrido

Beim Jagen, da geschehen Sachen,
Die ungewollt viel Freude machen.
Sie habe ich hier aufgeschrieben
Von Menschen, die die Jagd betrieben!

Wo Jäger zusammenkommen und zusammen sind, dort liegen außergewöhnliche Begebenheiten geradezu in der Luft. Das liegt zum einen in der Tatsache begründet, dass hier die unterschiedlichsten Persönlichkeiten zusammen der gleichen Sache, nämlich der Jagd, nachgehen; zum anderen darin, dass die Jäger – wie andere Interessengruppen (Sportler, Wanderer, Bergsteiger etc.) nach außen hin gewisse Abschottungsmechanismen aktivieren (Sprache; Kleidung, Rituale) und somit eng zusammengerückt ihrer Tätigkeit nachgehen. Es ist die jägerische Lebensweise, die mithin den Nährboden für Episodisches, Anekdotisches und Humoreskes (freiwillig wie unfreiwillig) abgibt.

So ähnlich sind Mythen, Märchen und Sagen vor ihrer Verschriftlichung mündlich weitergegeben worden, bis sich jemand ihrer annahm, sie sammelte und nach draußen hin weitergab. Gerade weil man sich untereinander genau – manchmal auch argwöhnisch und vorurteilsbehaftet – beäugt, entgeht niemandem etwas, denn der Beobachtungsgrad ist ein hoher.

Deswegen wäre dieses Buch von seinem Ansatz und seiner Konzeption her unvollständig, würde nicht ein wichtiger Teil desselben dem Anekdotischen aus dem Leben des Autors ebenso gewidmet wie aus der Region und der Überlieferung. Nur so, meine ich, entsteht ein plastisches, kompaktes und aussagekräftiges Genrebild der jagenden Menschen der Berichtszeit, des Berichtsraumes und der regionalen wie lokalen „grünen Szene".

Dass es da überall irgendwie „menschelt", ist gerade das Amüsante an diesem Kapitel – zeigt es uns doch auf humorige Art, wie das Leben eines Jägers manchmal so abläuft und welchen freiwilligen wie gerade auch unfreiwilligen Beitrag er durch sein eigenes Handeln gelegentlich zur Belebung des jagdlichen und gesellschaftlichen Alltags leistet.

Bei der Auswahl und Zusammenstellung wurde konsequent darauf geachtet, dass niemand brüskiert wurde, denn jeder kann einmal „etwas drehen", über das man schmunzeln, lachen, sich freuen oder sinnieren kann. Weder wird hier ein Pranger errichtet noch plaudert hier ein Pharisäer oder Voyeur aus dem Nähkästchen sondern ein mehrfach Betroffener, der in seinem jagdlichen Erdenwandel oft genug Anlass zu Kopfschütteln oder Gelächter gab. Das erfordert allein schon die schriftstellerische, menschliche und jagdliche Fairness, auf die es mir sehr ankommt. Insoweit also viel Spaß!

„Halt, wer da?"

Es war die Zeit, als ich nach stolzem Erwerb des Jagdscheines und den Kopf voller zusammengelesener, teilweise suspekter Jagdliteratur im Revier Rimbach bei einem Freund jagte.

Eines Septemberabends saß ich am Rande eines Fichte-Kiefer-Baumholzes mit dem Gesicht zu einer Fichte-Kiefer-Birkendickung auf einer hohen Leiter auf Rehwild, Sauen und Rotwild an. Als sich die Sonne in meinem Rücken allmählich zur Nacht hinter dem Horizont zu betten begann und es merklich kühl wurde, sah ich vor mir in der Dickung eine der goldgelben Jungbirken heftig mit dem Kopf nikken, was mich sofort in höchste Alarmbereitschaft versetzte.

Nachdem sich das Ganze fünf Minuten später und ca. zwanzig Meter auf mich zu wiederholt hatte, passierte es. Ich weiß nicht mehr, wer oder was mich da geritten hatte – unverdaute Lesereste aus obenerwähnter Jagdliteratur wahrscheinlich – jedenfalls baumte ich schnell und leise ab, pirschte am Altholz-Dickungsrand hoch auf die Stelle des vermuteten Wildererauswechsels – denn dass es sich nur um einen solchen handeln konnte, war mir sonnenklar – und wartete in Deckung einer dicken Kiefer auf die Dinge, die da kommen sollten. Noch näher gekommen hörte ich, wie Dürrreisig unter schwerem Körper knackte, und sich der „Haderlump" immer näher auf mich zu bewegte.

Ehe ich es verhindern konnte, schrie ich „ihm" mein – ich weiß nicht woher ich das nahm – „Halt, wer da?" entgegen, was reichlich hirnrissig war, denn eine Antwort war unter den obwaltenden Umständen eher nicht zu erwarten. Stattdessen ein gewaltiges Prasseln und hörbar deutlich vierläufige (!) Abfluchten eines schweren Körpers, der nicht unbedingt einem Wilderer zuzuordnen war.

Ich raste weiter nach vorn und bog in eine schmale Erdschneise, welche in das Dickungsinnere führte, ein. Nach ungefähr dreißig Metern stand ich vor tiefen Eingriffen und Ausrissen, die von den Schalen eines einzelnen starken Hirsches – Brunftende! – stammten und förmlich noch „dampften"! -

Dieser hatte sich, kurz bevor ich seiner auf gerade mal eben sechzig Meter ansichtig geworden wäre, im Anwechseln durch meinen martialischen Schrei zu einer Vollbremsung veranlasst gesehen und war in die schützende Dickung zurück umgeschlagen. Bis zum Eissprossenzehner hätte ich schießen dürfen, hätte ich schießen können, wenn ich nicht geglaubt hätte, den Wald und das Gejaid per Anruf von gefährlichen Mitnutzern bewahren zu müssen. Erzählt habe ich das niemandem, aber geschämt habe ich mich sehr, und wahnsinnig geärgert! Zu recht, lieber Leser, oder?

„Herbert, sie liegt!"

Mehr als ein Jahrzehnt später – dieses Mal im Revier Rudlos! Wieder war ich selbst der Stein des Anstoßes. Wieder war es mein noch immer ungezügeltes Temperament, das – dieses Mal einem Jagdfreund – einen Streich spielte bzw. einen Strich durch die Rechnung machte. Und das ging so: zu viert hatten wir uns auf beiden Revierseiten an den Mais auf stark zu Schaden gehende Sauen angesetzt – Heini und Wilfried „drüben", Herbert und ich „hüben" an den sog. „Adolfsacker".

Die Metallleitern waren unter Windberücksichtigung so postiert, dass Herbert und ich außer Wind besten Einblick in die abgeernteten Futterschneisen sowie in die Freistellen und Hörkontakt zueinander hatten, uns aber nicht gefährden konnten.

Unsere Rechnung und der runde, helle Mond gingen auf, denn gegen 22:00 Uhr wimmelte der Maisacker von Sauen unterschiedlichsten Kalibers, da sich des Fraßes wegen mehrere Rotten vereinigt hatten und in den Schadacker gewechselt waren, wo sie sich lautstark gütlich taten. Allerdings: noch war keine einzige Borste zu sehen, denn das ganze spielte sich sozusagen hinter geschlossenem Vorhang aus Maisstengeln ab. Das Schmatzen, Grunzen, Quieken und Stengelkrachen stellte eine nervenspannende Hörkulisse dar, wie sie spannender kaum sein konnte. Allmählich näherte sich die verfressene Gesellschaft dem Rand der von mir weg in den Maisdschungel reichenden Schneise, bis dieselbe plötzlich voller schwarzer Klumpen war, die sich hin und her bewegten. Was ich im Glas sah, war im Zielfernrohr kaum auszumachen, so dass das bekannte „Rühren im Nebel" begann, das nicht minder nervenaufreibend war.

Ein Kommen und Gehen, Auftauchen und Verschwinden begann, bis ich endlich nach mehr als einer halben Stunde eine auseinandergezogen brechende Rotte von fünf Überläufern vor mir hatte, die sich ungehemmt ihrer Fressorgie hingaben.

Unter ihnen befand sich ein auffallend helles Stück, das es mir besonders angetan hatte. Bevor ich ihm aber meine Zuneigung beweisen konnte, musste ich mich noch eine ganze Weile gedulden; dann aber passte alles, es knallte und die Helle lag.

Gerade konnte ich noch repetieren, dann überfiel mich in einem Anfall von Schlackern und Schlottern das aufgestaute Jagdfieber, das sich in dem Entlastungsschrei „Herbert, sie liegt!" Luft machte. –

Was ich nicht wissen konnte, war das Drama, welches sich eine Schneise weiter vor Herbert abspielte: vor ihm war ebenfalls eine Rotte zugange, die er schon seit geraumer Zeit mit dem Absehen des Zielfernrohres hin und her verfolgte, bis endlich für kurze Zeit „Ruhe im Beritt!" eingetreten war, die er zu nutzen gedachte, um einem „Mordskoffer" die Kugel anzutragen. Als alles passte und er gerade den Finger krumm machen wollte, erreichte mein Triumpfgeheul von nebenan seine Ohren und die Teller der Sauen, die blitzartig wie Schemen im Maisdschungel vertauchten.

Ach Herbert: noch immer sehe ich die tiefe Enttäuschung und den Frust in Deinen Augen, als Du zu mir kamst, um zu schauen, was bei mir denn losgewesen war. Aber – Respekt – Dein erstes Wort war „Waidmannsheil!" So etwas nennt man waidmännisch und fair. Ich glaube nicht, dass ich so hätte an mich halten können. Diese Geschichte ist in den Sagenschatz unseres Freundeskreises eingegangen und seitdem fester Bestandteil geworden.

Der Teerfasskeiler

Einem in diesem Buch schon mehrfach erwähnten und regional bekannten Nimrod aus der Lauterbacher Region widerfuhr folgendes Geschick: er war in einer frostkalten Schneenacht pürschenderweise unter dem Schneehemd in der Feldmark eines Pachtreviers unterwegs, um möglicherweise die Gunst des nächtlichen Schneemondes zu nutzen, auf einem alten, danach eingesäten, Kartoffelacker auf eine Sau zu Schuss zu kommen, dem die Schwarzkittel schon mehrere nächtliche Besuche abgestattet hatten. Vielleicht, so dachte er wohl, würde ja Mond + Schnee + Schneehemd + Angehen den Erfolg bringen.

Nachdem er den Wagen in sicherer Entfernung abgestellt hatte, machte er sich langsam und vorsichtig pirschend auf den Weg zum Ort des – erhofften – Geschehens. Der Acker lag in einer Mulde unter Wind und unser Weißkittel erblickte – über den Rand derselben hinunterspähend – auf eben dem erwähnten Acker einen dunklen Klumpen. Sofort machte er kehrt, holte weit aus und war bestrebt, möglichst schnell aus dem von Südwesten kommenden Wind zu gelangen.

Die hohe Schneelage und die Vorsicht erforderten ein langsames Gehen mit dem Wind nunmehr im Gesicht. Als er sich endlich an den Muldenrand vorgearbeitet hatte, erblickte er in passabler Schussentfernung unter sich den bereits zuvor in Anblick bekommenen Klumpen und hielt inne, um den doch beschleunigten Atem wieder zu beruhigen. Danach kniete er sich hin und – nachdem er noch einmal hinuntergeschaut hatte – machte sich schussfertig. Den linken Ellbogen auf das linke Knie aufstützend, richtete er den 8x57-Repetierer aus, fasste Ziel, stach ein und ... „Pinggg-Klatsch!" -

Das metallische Klingen als akustisches Schusszeichen in Verbindung mit dem noch immer unbeweglich „verhoffenden Keiler" – denn ein solcher sollte es ja sein – verhießen ihm nichts Gutes, was sich dann auch als richtig erwies: in Blatthöhe saß die Kugel wie gezirkelt im ersten Körperdrittel eines die Breitseite herzeigenden Teerfasses! -

Der Rückweg zum fernabgestellten Auto war von einem frustrierten inneren Monolog, der wenig Erbauliches über den Schützen selbst wie über die selbst verursachte Peinlichkeit enthielt, geprägt. Nach Verstreichen einer verständlichen Schamfrist hat er dann selbst lachend davon erzählt, woher es auch an meine Ohren kam.

Frischlufttest im Kofferraum

Freund Willi H. hatte sich wieder einen Langhaarwelpen zugelegt – Gina – eine liebe, anhängliche und hübsche Hundedame, die sehr schnell Mittelpunkt von Familie und Freundeskreis wurde.

Als langjähriger, passionierter und erfahrener Hundeführer wollte er „Ginchen", wie wir sie nannten, baldmöglichst an das Autofahren gewöhnen, um sie bei sämtlichen Fahrten immer dabei zu haben. Bevor das jedoch in die Praxis umgesetzt werden konnte, galt es zunächst einmal, die Luftverhältnisse im Kofferraum des Subaru Kombi dahingehend zu überprüfen, ob sie als „hundeadäquat und hundekompatibel" einzustufen waren.

Um dies experimentell und ergebnissicher nachzuprüfen, musste Schwiegersohn Dietmar sich in den Kofferraum hineinkringeln, um während einer längeren Fahrt zu testen, wie sich die Luftversorgung daselbst darstellte.

Als Teststrecke hatte man die normale Dienstroute von Altenschlirf über den Frühstücksplatz durch den Reisberg nach Stockhausen und von dort nach Schlechtenwegen ausgeguckt und selbzweit die Testfahrt angetreten.

Die im Cockpit einlaufenden „O.K.-Meldungen" aus dem Kofferraum waren und blieben konstant, so dass sich beide Testfahrer nach dem Ende dieser Testfahrt – nunmehr durstig geworden – im Laternchen zu Schlechtenwegen einschoben, um dort den erfolgreichen Abschluss der Mission entsprechend und gebührend zu begehen.

Gina selbst hatte dann nicht mehr das Vergnügen des Kofferraumes, sondern sie nahm – was niemanden wunderte – selbstverständlich den Platz auf dem Beifahrersitz ein, was durch die damenhafte Pose, mit der sie das tat, ein Bild für die Götter war – und blieb, so lange es Ginchen gab!

„In's Buch oder in's Moos?"

Passiert ist diese Geschichte noch vor dem Ersten Weltkrieg in den gräflich-görtzischen Waldungen des Schlitzerlandes, wo es einen Revierbeamten gegeben haben soll, der es – aus vielerlei Gründen! – mit Holzfrevlerinnen besonders genau genommen haben soll, weshalb er in seinem Beritt gefürchtet war.

Traf er – so wird es kolportiert – eine Holzsammlerin an, die keinen entsprechenden Holzleseschein vorweisen konnte, soll die dienstliche Behandlung folgende Wendung genommen haben.

Nachdem er die gestellte, befragte, verwarnte und angesprochene Holzfrevlerin auf die Unrechtmäßigkeit ihres Tuns hingewiesen hatte, gab er ihr noch eine letzte Chance, indem er ihr die in Worte gefasste Alternative wie folgt aufzeigte: „Wie willste's haben: in's Buch oder in's Moos?" –

Der Diskretion und Schicklichkeit halber wird in diesem Zusammenhang auf jegliche pointentötende Kommentierung ebenso verzichtet wie auf weiterreichende Erklärungen.

Aufgrund der zu erwartenden Strafen habe sich die Mehrzahl der Ertappten daher für die Frischluftvariante – und somit gegen das Buch – entschieden. Böse Klatschzungen wollten sogar wissen, dass es da hinsichtlich der Strafverhängung Unterschiede gegeben haben soll, die etwas mit dem Lebensalter der Angetroffenen sowie ihrem Aussehen zu tun hatten. Wie auch immer: in unserer heutigen Zeit mit Sicherheit eine Dokumentation eines „chauvinistisch-machohaften" Zeitgeistes! -

„Gell, ich honn e lang Zong!"

An der Grenze zwischen dem gräflich-görtzischen Revier Fraurombach und dem zu Hünfeld gehörenden Michelsrombachischen, wo es schon immer bleihaltige Luft gegeben haben soll und wo die männliche Bevölkerung der Jagd in dieser Zeit durchaus nicht abhold war, habe sich, so erzählt man in dieser Region, folgende Begebenheit ca. um die Jahrhundertwende zum 20. Jhdt. abgespielt: der zuständige Revierbeamte war auf Dienstgang an der Grenze entlang, als er einen Verdächtigen gewahrte, der bei seinem Anblick ausriss wie Schafsleder, die Grenze überfiel und in sichergeglaubtem Abstand im heimischen Revier verhoffte.

Dann drehte er sich, dem görtzischen Revierbeamten die Kehrseite weisend, herum, ließ die Hosen herunter und zeigte ihm die blanke Kehrseite, was gestisch nichts anderes bedeutete, als das Götz-Zitat. Der Förster auf dem Grund und Boden seines Revieres schien diese extra-verbale Aufforderung richtig verstanden zu haben, denn er trat hinter einen Baum, nahm die Waffe herunter, strich an, brannte dem nacktärschig im Walde hockenden Grenzüberschreiter eine Schrotladung auf den blanken Spiegel und rief ihm die Worte zu: „Gell, hätts't net gedacht, dass ich so e lang' Zong' hab!" Daraufhin soll dieser in langen Sätzen das Hasenpanier ergriffen haben, um sich weiteren „Liebkosungen" zu entziehen. Über die medizinischen Folgen ist nichts bekannt geworden; nur: dort soll es künftig wesentlich ruhiger und sicherer gewesen sein.

Dass dem so gewesen sein kann, bestätigte der Pächter des Fraurombacher Waldes, mein Förderer und Freund Dr. Walter Z. aus Schlitz, der mehrfach an seinen Hochsitzholmen Zettel vorfand, die die Aufschrift enthielten „Hüte Dich! Die grauen Wölfe!"

„Schießt Euch doch selber tot!"

Heinrich G. aus Pfordt – kurz und markant „Goppelhei" – war ein großes Original vor dem Herrn. Aus guten Verhältnissen stammend – er war Müller und Landwirt – ging er natürlich auch in seinem Heimatrevier zur Jagd und hatte sich einen Namen als passionierter Jäger ebenso gemacht wie als guter Gesellschafter. Dementsprechend war er auch Gast bei den vorerwähnten gräflichen Drückjagden in der sog. „Schilda", die mit ihrer Längsseite auch das Revier Pfordt in seiner Längsausdehnung berührt. Dort war Rot- und Schwarzwild Standwild, wovon der Feldpächter allerdings nicht nur Vorteile hatte.

Anlässlich einer solchen Jagd wurde Goppelhei von einer Rotte Sauen angelaufen, die er – als sie in Schussweite herangekommen war – auch dementsprechend unter Feuer nahm. Was an diesem Tag mit ihm los war – wer weiß; jedenfalls flammte er sein Magazin hinter den Sauen her leer, ohne einer Sau auch nur eine Borste gekrümmt zu haben. Wütend packte er seinen leergeschossenen Repetierer am Lauf, warf ihn in hohem Bogen hinter der entschwindenden Rotte her und rief ihnen nach: „Ihr verdammten Sauäster! Schießt Euch doch selber tot!" Diese jedoch erfüllten ihm den Wunsch wohlweislich nicht.

Ein anderes Mal hatte er sich in seinem Wald unterwegs bei Nebel über die gräfliche Grenze ins „Feindliche" hinein etwas weit vorgewagt, wobei er unglücklicherweise angetroffen worden war. Treuherzig hielt er den gegen ihn geäußerten Vorhaltungen schlitzohrig-bieder den Satz entgegen „Ach, Herr, bei Nebel ist mein Revier gerade noch einmal so groß!" -

129

Grenzscheißereien

Bleiben wir doch gleich in dem Raum und begeben uns an die Gemarkungsgrenze zwischen den Feldjagden der Nachbarorte Pfordt und Üllershausen, beide von Stammtischbrüdern gepachtet: auf der Üllershäuser, der Pfordter Seite. Nie gab es deshalb irgendwelche Grenzstreitigkeiten, wohl aber leichte Interessenkollisionen oder kleine Scharmützel im nachbarschaftlich-freundschaftlichen Rahmen. Dies muss ich vorausschicken, damit die folgenden Begebenheiten auch richtig verstanden und somit nachvollziehbar werden. Vielleicht ist es auch der allgemein bekannte Magnetismus, den gerade und vor allem Jagdgrenzen so an sich haben, denn irgendwie ziehen sie immer wieder spähende und spürende Menschen an, die halt dem Nachbarn gerne mal in die Karten schauen möchten, denn vielleicht ist ja dort doch etwas, das zu wissen sich verlohnen könnte! -

Eines Tages jedenfalls war der Sohn des Üllershäuser Pächters dort um die Wege. Was ihn ritt, wusste er selbst nicht, aber er bestieg K.'s nächststehenden Hochsitz, um sich – oben angekommen – nach einer Rundumsicherungspause auf das Sitzbrett desselben zu lösen und verrichteter Dinge nach getaner Arbeit wieder abzubaumen. Was er nicht wusste, war die Tatsache, dass K. dieses „schändliche Tun" aus einem gut verblendeten Erdsitz heraus genüsslich beobachtet und im Glas beäugt hatte. Die Rache erfolgte anderntags auf dem Fuße und war wirklich eine schlitzohrige Meisterleistung – lautlos, spannungsfrei und effizient.

K., der ein mittelständisches Unternehmen in Schlitz besaß, ließ einen seiner Fahrer ins Büro kommen, sprach längere Zeit mit ihm, drückte ihm einen Schein in die Hand mit der Anweisung, dafür gut und ausgiebig zu frühstücken und entließ ihn in bis dato streng geheimer Mission. Als L. nach einer Woche – wahrscheinlich hatte er seine Attacke schon vergessen – einen grenznahen Sitz im eigenen Revier aufsuchen wollte, fand er das Brett desselben bereits „besetzt", so dass er unverrichteter Dinge wieder abbaumen musste. Den Weg zu den anderen Sitzen an der Grenze hätte er sich sparen können, denn wo er auch immer „Sitz zu fassen versuchte", fand er jeweils ein gleichgeartetes Hindernis auf dem Sitzbrett vor, das ihn wohlweislich von weiteren Aufbaumversuchen Abstand nehmen ließ. Darüber wechselten die beiden „Kontrahenten" kein Wort, denn diese elegant und nachdrücklich erteilte Lektion hatte gesessen. Durchgesickert ist das Ganze dann aber doch und wir haben homerisch gelacht über diesen mit besonderen Mitteln ausgetragenen Grenzkonflikt.

Warmer Regen in der Sylvesternacht

Es geschah im Anschluss an eine der traditionellen Sylvesterklepperjagden im Revier Ützhausen, zu welcher mein Lehrprinz immer einen kleinen „harten Kern" besonders enger vertrauter Nimrode einzuladen pflegte, die dann auch immer gern kamen, denn diese Jahresabschlussunternehmungen „hatten etwas", weshalb sie sehr begehrt waren.

Nach Beendigung dieser Jagd – zwei bis vier Enten und ebenso viele Hasen – das war es und das genügte uns, die wir nicht auf Massenstrecken sondern auf Erlebnisse aus waren. Und ein solches sollte uns an diesem Abend noch bevorstehen. Wir – das heißt fünf Schützen, vier Treiber und zwei Hunde – hatten rund um den Kanonenofen im sog. „Glaskasten" (d. i. ein Hochsitz auf hohen Stelzen mit Vorbau, Dach, Fenstern, Tisch und Sitzrundbänken ausgerüstet) Platz genommen, um die letzten Stunden im alten Jahr in vertrauter Runde bei Abendessen und -trinken bis zur gemeinsamen Heimfahrt zu verbringen. Es herrschte – wie eigentlich immer bei unseren Jahresabschlussjagden – eine heitere Stimmung, was auch auf die wohl gewählte Mischung der Teilnehmer zurückzuführen war. Unter uns befanden sich ein pensionierter Landschulmeister und ein Zahnarzt, die sich an diesem Abend noch von einer ganz besonderen und einmaligen Seite kennenlernen sollten.

Der Lehrer – ein großer Jäger vor dem Herrn – hatte es der Hitze und des Sauerstoffmangels wegen vorgezogen, die Leiter hinabzusteigen, wo er, nachdem er sich partiell Erleichterung verschafft hatte, noch am Fuße derselben verharrte, um sich die kalte Abendluft, die vom Melmberg herabwehte, um sein kapitales Haupt wehen zu lassen und in den Sternenhimmel hinaufzuschauen. Wir hatten ihn völlig vergessen, denn an diesem Abend liefen die Erzählungen und Frotzeleien besonders gut.

Einem unaufschiebbaren Drange folgend war auch unser Zahnklempner auf die Veranda getreten. Ihn grauste bei dem Gedanken an den Steilabstieg ohne Bodensicht und er wollte so wenig wie möglich von den interessanten Gesprächen versäumen. Also zögerte er nicht lange, sondern entließ nach dem sich selbst erteilen Kommando „Wasser Marsch!" das ihn Bedrängende in hohem Bogen in die Tiefe des nachtdunklen Raumes. Er erschrak sehr, als nach einigen Sekunden wütendes Protestgeschrei vom Fuße der Leiter nach oben drang, wo der in Nachtgedanken versunken am Leiterfuß stehende Lehrer unsanft und nasswarm aus seinen Meditationen aufgeschreckt wurde. Es entspann sich ein lauter, nicht unbedingt druckreifer aber von Herzen kommender Wechseldialog leiterauf-leiterab, bis sich die Gemüter der auf unterschiedlichen Höhen befindlichen Kontrahenten wieder beruhigt hatten, denn Absicht bzw. Vorsatz waren weder vorhanden noch nachzuweisen. Was blieb, war brüllendes Gelächter der Corona, eine Tupfabtrocknung des Lehrers und ein blitzschnelles „Einpacken" des Zahnarztes. Weder der Stimmung noch der Kameradschaft vermochte diese nächtliche Löschübung Abbruch zu tun, aber sie bereicherte unseren gemeinsamen Erlebnisschatz nicht unerheblich. Erst kürzlich auf einer gemeinsam besuchten Hochwildjagd erinnerte mich der Sohn des Pächters an diese Geschichte, als er von meinen Schreibplänen erfuhr, und ich habe seinen Vorschlag nur allzu gern an- und aufgenommen.

Ein Allradduell

Unsere beiden Stammtischbrüder Hans und Heinrich – beide aus Herbstein – waren Besitzer allradgetriebener Geländefahrzeuge – Lada Niva der eine, Munga-Jeep der andere, die von ihnen mit wachsender Begeisterung im alljahreszeitlichen Jagdbetrieb gefahren wurden. Was lag da näher, als dass jeder sein Fahrzeug lobte und auf dessen überragende Eigenschaften schwor. Immer wieder kam das Gespräch bei unseren allwöchentlichen Mittwochstreffs in Altenschlirf auf den Stammtisch, bis es eines Tages dann so weit war: in einem erschwerten Tiefschneetest sollte nun final festgestellt werden, wer denn der Beste war – Fahrer wie Fahrzeug!

Zum Austrag hatten sich die beiden Kontrahenten mit ihren Boliden am Austragungsort an einem klaren Tiefschneedezembernachmittag eingefunden. Man hatte sich auf einen hangabführenden, genügend breiten, im unteren Teil flach auslaufenden und in eine Zielgerade mündenden Holzabfuhrweg geeinigt, der sich am sog. „Mittelpunktweiher" in der Gemarkung Altenschlirf befand. Wettgegenstand: der bzw. dessen Fahrzeug hatte gewonnen, der nachweislich am weitesten vorangekommen und den anderen klar auf Distanz halten konnte. Nachdem sie die Ausgangsstellung „Kühler parallel Kühler" eingenommen, im Fahrzeuginneren Platz genommen und die Motoren angeworfen hatten, ging die Talfahrt im Tiefschnee auf Sichtzeichen los.

In einer Schneewolke preschten die beiden Fahrzeuge gleichauf zu Tal, bis es in die tischebene Zielgerade ging. Beim Erreichen derselben sah es noch nach einem klaren Unentschieden aus, was die leidigen Asbach-Uralt-Diskussionen wiederbelebt hätte, als es passierte. Die tischebene Zielgerade nämlich entpuppte sich als eine zugewehte Tiefschneemulde, in die beide Fahrer volles Rohr hineinbretterten, um sich dann dort so tief einzugraben, dass es kein Vor und kein Zurück mehr gab, denn wenn keine Bodenhaftung mehr vorhanden ist, sind die physikalischen Eigenschaften eines Allradantriebes wirkungslos aufgehoben. Sie schoben noch so weit, wie der Fahrtschwung anhielt und dann war Sabbat. „Rien ne va plus!"

Final betrachtet hatte der Munga vor dem Lada etwa noch einen halben Meter gutgemacht, so dass zumindest eine unanzweifelbare Entscheidung gefallen war. Hans hatte Funk in seinem Lada, über den er mit Hilfe der Zentrale seiner Tierarztpraxis Jagdfreund Heinz aus Herbstein mit seinem MB-Truck alarmierte, der alsbald ausrückte, um die beiden aus ihrer misslichen Lage zu befreien, nicht ohne ihnen zunächst einmal ordentlich die Leviten gelesen zu haben. Klar, dass sich diese Aktion in Windeseile herumsprach, denn der Bekanntheitsgrad der Rivalen, des Stammtisches sowie des Bergefahrers waren sehr hoch: auch und gerade die Tatsache, dass die beiden Wettkämpfer mit einem statistischen Durchschnittsalter von über fünfzig (!) Jahren und einer gesellschaftlichen Stellung „ausgerüstet" waren, beflügelte die öffentliche Diskussion und löste allenthalben humorige bis schadenfrohe Kommentare aus, denn „Alter schützt vor Torheit nicht!" -

Die himmelnde Sau

Es war eine kleine, improvisierte Drückjagd auf eingespürte Sauen zwischen dem Riedeselschen Forstort „Steiger" und einem Feldgehölz in der Gemarkung Schlechtenwegen, zu der eine kleine Mannschaft nachmittags aufgeboten wurde. Nach Einnahme der alle Eventualitäten berücksichtigenden Stände – denn die Sauen mussten aus dem Gehölz wieder zurück in die Heimatdickung und durften von daher nicht allzu hart bedrängt werden, sollten sie diesen Wechsel annehmen – wurden sie vor den leise operierenden Durchgehtreibern alsbald locker gemacht und kamen „wie bestellt".

Mein Nachbar Anton hatte sie eher spitz als ich und nahm eine ihm günstig kommende in's Visier. Nach seinem Schuss verfolgte er sie mit Blicken und konnte gerade noch sehen, wie sie vor ihrem Verschwinden in einer leichten Mulde „plötzlich auf die Hinterläufe gegangen ist und gehimmelt hat. Die muss liegen, ich bin doch klar abgekommen!" Diesen Bericht nach dem Sammeln untermalte er eindrucksvoll durch eine pantomimische Imitation, die wirklich ebenso eindrucksvoll wie gekonnt war.

Das war natürlich etwas, und wir eilten an die Stelle des letzten Sichtkontaktes des aufgeregten Schützen mit seiner himmelnden Sau, denn das verhieß ungewöhnliches Waidmannsheil. Irritiert stellten wir fest, dass die Sau in der Mulde ihre Fluchten kerngesund fortgesetzt hatte und auf Nimmerwiedersehen im angrenzenden Steiger verschwunden war. Der „Platz des Himmelns" wurde natürlich besonders exakt untersucht, bis einer von uns prustend auf den Stamm einer verschneiten Hainbuche deutete, an dem sich frische Schrammen und Schmarren in der Höhe befanden, wie sie eine Sau beim Anfliehen des Hindernisses nun einmal in der Rinde hinterlässt, wenn sie von der Fluchtgeschwindigkeit am Stamm empor getragen wird, bis sie dann wieder zu Boden fällt.

Das alles nun hatte Anton gesehen, so dass er im besten Glauben war, eine Sau zum Himmeln gebracht zu haben, was beim Flugwild ja oft den tödlichen Lungenschuss als Zeichen auslöst. Überflüssig zu erwähnen, dass der Schütze deprimiert war, aber bei der anschließenden „Jagdnachbereitung" an gastlicher Stätte hatte er sich bald wieder eingekriegt.

Die Nummernbuche

Es geschah zu Zeiten des Kalten Krieges zwischen den Großmächten USA und UdSSR, als der Vogelsberg alljährlich Manövergebiet der US-Army war, was bis zu zwei Jahresmanöver bedeuten konnte. Gerade das Revier Altenschlirf, in dem ich Gast war und bin, wurde wegen seiner strategischen Funktion immer wieder an allen Stellen aufgesucht, so dass während dieser Zeit der Ansitz nahezu sinnlos war. Es liegt an zentraler Position im damaligen „Fulda Gap", durch das man im Falle eines Angriffes der Warschauer Pakt Staaten den Durchbruch in Richtung auf das Rhein-Main-Gebiet erwartete und entsprechend taktisch wie strategisch plante. Dies vorweg, um die nachfolgende Begebenheit richtig verstehen zu können.

Zur Zeit eines dieser Manöver befand sich FAM Willi H. im Revier, um in einem Buchenaltholz auszuzeichnen, damit der nachfolgende Einschlag dann zügig abgewickelt werden konnte. Nachdem er schon mehrere hiebreife Buchen markiert hatte, ging er auf die nächste auserwählte zu, was jedoch mit erheblichen, unaufhebbaren Hindernissen verbunden war. Als er sich dem Baum genähert hatte und die Vorkehrungen zum Markieren ergriff, stockte sein Schritt: am Fuße des ausgeguckten Stammes lag in inniger Umarmung ein aus zwei Armeeangehörigen unterschiedlichen Geschlechtes und verschiedener Hautfarbe bestehendes Paar, das durch rücksichtslose Dienstverrichtung zu stören er nicht über sein verständnisvolles Herz brachte.

So trat er leise und unbemerkt seinen Rückzug an und überließ die beiden der Natur und ihren Trieben. Dieser Baum ging danach als „Nummernbuche" in die Namensliste der Revierlokalitäten ein.

Pferde schauen dabei zu

Auf der Suche nach einem Holzrückerehepaar mit Gespann kam der Forstbeamte am verabredeten Ort zur verabredeten Zeit an, doch was er vorfand, war ein stiller Sommerbuchenhochwald um die Mittagszeit, in dem nur das Säuseln des Wipfelwindes und das Brummen von Sommerinsekten zu hören waren. Von den beiden keine Spur, kein Kettenklirren, kein Zuruf an die Pferde, kein Schnauben und Stampfen, wie man es hätte hören müssen, wenn sie da gewesen wären.

Nachdem der Brave einige Zeit zugewartet hatte und unaufschieblicher Folgetermine wegen setzt er sich durch die bodendeckende Calamacrostis vorsichtig vorwärtsspürend in Bewegung, um zu sehen, was denn nun Sache sei. In einiger Entfernung sah er dann endlich das Gespann zwischen den Buchenstämmen stehen. Ihm fiel auf, dass sich die Pferde anders verhielten als unter normalen Umständen üblich und wollte der Sache nun auf den Grund gehen. Als er nahe genug herangekommen war, sah er, wie die Pferde nach vorne unten auf den Boden blickten, wo die Calamacrostisrispen in heftige Bewegung geraten waren, als seien dort stechende Dachse unterwegs. Doch es waren keine solchen, sondern die Beiden, die sich die nachmittägliche Waldesruhe auf sonnenbeschienenem und luftdurchfächeltem Plätzchen zu Nutze gemacht hatten und sich in Gottes freier Natur gegenseitig ihrer Zuneigung versicherten. Diskret, schmunzelnd und vorsichtig setzte sich der unfreiwillige Beobachter retirierend ab, suchte seinen Pkw auf und fuhr – um ein inniges Naturerlebnis reicher – durch den Sommernachmittag seinem nächsten Termin entgegen.

„Was ist Hartholz?"

In der Westerholtschen Eigenjagd waren in den frühen sechziger Jahren die beiden Söhne S. E. Graf B. während der Semesterferien mit Waldarbeiten beschäftigt. Dort suchte sie der in diesen Jahren im Forst tätige Vater auf, um ihnen irgendwelche Anweisungen zu erteilen oder etwas mit ihnen zu besprechen. Was nun genau der konkrete Anlass war, konnte ich nicht in Erfahrung bringen, aber irgendwie musste ein Disput zwischen den dreien entstanden sein.

In dessen Verlauf fragte der Vater die beiden Filii nach ihrer Arbeit und stellte ihnen mit Stentorstimme die Frage „Was ist Hartholz?" Folgsam und verdattert deklinierten die beiden die ihnen bekannten heimischen Hartholzarten herunter, was diesen jedoch irgendwie nicht zufriedengestellt haben konnte. Er soll – so wurde mir erzählt – beide am Schlafittchen gepackt und mit den Köpfen gegeneinander gestoßen haben, wobei er gerufen haben soll: „Nein, das ist Hartholz!" Ein weiter entfernt befindlicher Waldarbeiter, der dieses Intermezzo beobachtet hatte, hat mir diese Begebenheit erzählt. Außer leichtem Schädelbrummen jedoch sollen die beiden nichts davon getragen haben.

Das Herz eines Brunfthirsches

Dass Wildpret und auch Innereien eines brunftigen Hirsches nicht gerade zu den kulinarischen Highlights der nouvelle cuisine wie auch der cuisine traditionelle gehören, davon musste sich ein Jagdherr im hohen Vogelsberg überzeugen, der mit dem führenden Revierbeamten während der Brunft auf den Ansitz gegangen war.

Um den beiden Ansitzenden etwas Gutes zu tun, hatte die besorgte Förstersfrau den Herren Mundvorrat in Form belegter Brötchen mitgegeben, denn bei der Brunft muss man früh sitzen und gelegentlich auch sehr lange.

Ihre Rechnung ging auf, denn gegen Spätnachmittag meldete sich bei beiden ein deutliches Hungergefühl. Der Revierbeamte packte die Semmeln aus dem Rukksack, entfernte leise das Papier, reichte eine nach rechts und nahm sich eine weitere.

Der Jagdherr biss voller Appetit in die seine und erstarrte, das abgebissene Brötchen in der Rechten vor sich haltend und schaute seinen Begleiter wortlos an. Dieser hatte gewartet, tat seinem Jagdherrn gleich und reagierte ebenso. Fast synchron nahmen beide die abgebissenen Semmelhälften und warfen sie schwungvoll aber entschieden nach hinten vom Hochsitz.

Frau Försterin nämlich hatte das Herz eines einige Tage zuvor erlegten jungen Hirsches nebst anderen Innereien sorgfältig zubereitet und es ihren Jägern kalt als Aufschnitt auf Semmeln mitgegeben. Wer jemals von Bock, Keiler oder Hirsch im anbrunftigen, brunftigen oder abbrunftigen Zustand bereitetes Wildpret gerochen oder gar verkostet hat, der weiß bestimmt und kann es nachvollziehen, warum sich die beiden wackeren Ansitzjäger der Frau Försterin gegenüber so „undankbar" verhielten. Ich jedenfalls kann es durchaus!

Nächtlicher Elektroschock

Als junger Jäger durfte ich den Pächter eines nahe Schlitz gelegenen Revieres zum Nachtansitz auf heftig zu Schaden gehende Sauen in waldnahe gelegenen Kartoffeläckern begleiten und mich getrennt von ihm – aber in Hör- und Rufweite – ansetzen, denn vielleicht würde es ja bei einem von uns klappen. Während der Zeit, wo niemand ansitzen konnte, waren beide Äcker von doppelt gespannten und batterieversorgten Elektrozäunen gesichert, mit deren Hilfe wir die Sauen jedoch nur bedingt fernhalten konnten, denn marschiert ein Frischling „unten durch" in den Acker, schert sich die Bache nicht um den kurzen Stromschlag sondern rauscht mit den anderen über den Draht, der dann anderntags mühsam wieder zusammengeflickt werden muss.

Die Kartoffeln auf unseren beiden Äckern hatten gerade eben ein oder zwei Blättchen durch die Krume geschoben und waren den Sauen wohl gerade recht, denn sie hatten mehrere nächtliche Besuche hinter sich gebracht, die uns nun auf den Plan gerufen hatten.

Nachdem die Batterien ausgeschaltet worden waren und nach einer knappen Einweisung trennten wir uns, um auf dem jeweilig ausgemachten Hochsitz der Dinge zu harren, die da kommen sollten.

Jeder Nachtansitzjäger kennt aus leidvoller Erfahrung, wie langsam bei Dunkelheit vor Mondaufgang die Zeit verstreicht und wie langweilig es sein kann, wenn man ergebnislos und anblicklos auf die endlich mondbeschienene Fläche glotzt, wo sich noch nicht einmal ein Hase oder ein Fuchs sehen lässt. So erging es uns beiden auch an diesem Abend, denn gegen Mitternacht hatten wir den Windfang gestrichen voll, baumten ab und trafen uns am vereinbarten Rendezvousplatz wieder. „Und?"

– „Gar nix!" – Ein dem Ansitzfrust entsprechender Kurzdialog. Dann wurden die zuvor abgeschalteten Batterien wieder eingeschaltet, und wir begaben uns im Gänsemarsch zu dem Auto. Bevor er jedoch einstieg, gab mein Begleiter einem menschlichen Rühren nach, denn lange Ansitze gehen einem eben nicht nur an die Nieren sondern drücken bekanntlich auch auf die Blase. -

Völlig vergessend, dass er sich noch in „Strahlweite" des wieder unter Strom stehenden Zaunes befand, hatte „halt und rechts schwenkt!" gemacht, um seinen Unaufschieblichkeiten in diskreter Manier nachzukommen, dieweil ich in respektvollem Abstand auf ihn wartete. Ein unterdrückter Fluch und ein Satz rückwärts belehrten ihn und mich, dass er – selbstvergessen – den aktiven Elektrozaun voll getroffen hatte, was – da bestimmte Flüssigkeiten die Eigenschaft haben, besonders gute Leiter zu sein – zu einem schmerzhaften Schock in der unteren Leibesregion führte, worauf er reflexhaft und prompt reagierte. Nachdem er und ich uns von dem Schrecken erholt hatten – ihm war mit Sicherheit „mehr passiert" als mir – verstauten wir unsere Ausrüstung im Kofferraum und fuhren zurück in die nachtschlafende Burgenstadt. Wie ich Tage später durch diskretes Hineinfragen heraushörte, soll es zu keinen weiteren Folgen gekommen sein!

Wildschadensverhütung mit Gesang

Der Vater meines alten Freundes Heini D. aus Lauterbach war ein Mensch, den man mit Fug und Recht „Original" nennen muss, denn er vereinigte in sich so ungefähr alles, was man einem solchen zurechnet: Humor, Skurrilität, eine eigene Lebensweise und eine ausgeprägte Persönlichkeit, die in keines unserer Schemata passt – Gott sei Dank!

Da im Pachtrevier seines Sohnes und Schwiegersohnes Rudlos zur Aussaatzeit des Maises alljährlich großer Schaden entstand, war ihm dies ein besonderes Anliegen: Sein ganzes Trachten zu dieser Zeit galt daher der Frage, wie denn auf effektive und präventive Art der Schaden innerhalb tolerabler Grenzen zu halten sei.

Seinem Alter entsprechend mied ihn oftmals der Schlaf bzw. er kam mit weniger aus als früher. In diesen einsamen Wachstunden entstanden mancherlei Maßnahmen, die unsere Rudloser Corona mehrfach betrafen. Hier nun muss auch das innovative Wildschadensverhütungskonzept entstanden sein, das ich nachfolgend zum Besten geben möchte.

Nach Einbruch der Nacht war er mit seinem R4 von Lauterbach kommend schon am schlimmsten Schadacker in Stellung gegangen und wartete auf den ihm am geeignetst erscheinenden Interventionszeitpunkt. Neben der Jagd und der Arbeit in Feld, Garten und Wald galt seine besondere Liebe dem Chorgesang, dem er als Zweiter Bass allfreitäglich frönte. Daher rührten sowohl seine vokalen Qualitäten wie auch sein umfangreiches Repertoire deutschen Liedgutes, die er hier wildschadensminimierend bzw. wildschadensverhütend einzusetzen gedachte. Als er die Zeit für gekommen hielt, stieg er aus dem Auto (bei ausgeschalteter Innenbeleuchtung, versteht sich), nahm von der Rückbank zwei Topfdeckel, schloss ab und setzte sich Richtung Schadacker in Marsch. An einer Ecke angekommen begann er seine Erstumrundung unter lautem Absingen bekannter Lieder, die er zur Rhythmusstabilisierung mit entsprechendem Aneinanderschlagen der Topfdeckel begleitete.

Was daraus nun zu folgern ist – Musikalität des Schwarzwildes oder das Gegenteil – weiß ich nicht, aber festgestellt wurde ein signifikant niedrigerer Wildschaden auf den „besungenen Flächen" im Gegensatz zu den unbeschallten. Ja, das war unser „Velde" – ein Mann mit tausend faszinierenden Ideen, die er alle auch selbst umsetzte.

Nackte Baumbesteigung im Winterwald

In den fünfziger Jahren des 20. Jahrhunderts geschah etwas in einem gräflich-görtzischen Revier des Fuldagrundes zwischen Üllershausen und Hartershausen, das nicht alle Tage vorkommen dürfte und damals erhebliche Publizität erlangte.

Eine aus Einheimischen bestehende Holzhauerrotte befand sich bei hoher Schneelage und tiefen Temperaturen im Einschlag – es waren dicke Fichten, die sie machten. Diese eisenharten Männer – tags Holzwald – abends und frühmorgens Landwirtschaft – gingen ihrer Knochenarbeit regelmäßig nach und hatten immer noch Zeit für irgendwelche Unternehmungen, die natürlich nicht immer vernünftig oder „normal" waren.

Einer unter ihnen war während des Krieges und des Rückzuges im Schlitzerland „hängen geblieben", wie es damals hieß, hatte sich Wohneigentum geschaffen, geheiratet und ging hauptberuflich „in den Wald". Er war besonders zäh und hart und konnte – in jeglicher Hinsicht – viel vertragen. Überdies war er ein Spaßvogel, der immer irgendwelche Schnurren im Kopf hatte. So auch an dem Tag, von dem ich hier berichte.

Wie es kam, weiß niemand der Beteiligten, aber so viel ist gesichert. Am Frühstücksfeuer sitzend fiel der Blick eines Mitfrühstückers auf eine allein stehende, hochschäftige und lange astfreie Lärche. Dies musste ihn zu einem Vorschlag veranlasst haben, denn er sicherte dem, der diese nackt wie Gott ihn geschaffen hatte, besteigen und bis zum ersten Ast erklimmen würde, als Wettpreis einen Kasten Bier zu. Unser vorerwähnter Freund hielt mit, und ehe sich die Rotte versah, hatte er abgelegt und im Adamskostüm mit Armen und Beinen den Stamm umschlingend den „Aufstieg" begonnen. Man stelle sich das bitte doch einmal bildlich vor!

Zunächst ging der „Aufzug" zügig und ohne Hemmnisse vonstatten, aber je näher er dem angepeilten Astquirl kam, desto krampfiger wurden die Arm- und Beinzüge, was bei den Temperaturen eigentlich niemanden verwundern sollte. Trotz der anfeuernden Rufe der Rottengesellen verließen ihn knapp „unter dem Gipfelkreuz" die Kräfte und er ratschte in enger Umarmung und Umschlingung des Stammes denselben hinunter, bis ihn die verschneite und gefrorene Erde wieder hatte.

Dort soll er sofort ein gehöriges Quantum der lebensenergierückführenden, klaren Flüssigkeit zu sich genommen haben, die „immer dabei" war, bevor er sich anzog und weitermachte!

Da sich die abgeschabte und abgelöste Haut, die diese sausende Abfahrt an Brust, Bauch, drunter sowie an der Innenseite von Armen und Beinen gekostet hatte, nach geraumer Zeit doch schmerzhaft und spannend bemerkbar machte, suchte er noch abends den Schlitzer Medikus auf, der nicht glauben wollte, was er da nach Ablegen der Bekleidung zu Gesicht bekam. Das Ziehen der Splitter, Beseitigen hängender Hautreste sowie Versorgen der blankgescheuerten Muskelpartien dauerte geraume Zeit, bis der Delinquent versorgt und verbunden in die Heimat entlassen werden konnte.

Wie mir erzählt wurde, hatte es nur wenige Tage gedauert, bis er wieder im Einsatz war, denn schließlich musste der gewonnene Kasten Bier ja noch gemeinsam vertilgt werden und daheim war es ihm offenkundig zu langweilig. „Andere Zeiten, andere Menschen, andere Härtegrade".

„Rrrappp!"

Hochdeutsch für „Hinunter; Hinab; Mach', dass Du runter kommst; Absteigen, und zwar schnell!" – Was das soll und wie das gemeint ist, davon gleich mehr. -

In einem angepachteten Feldrevier zwischen Lauterbach und Bad Salzschlirf waren zur gleichen Zeit ein Landtagsabgeordneter aus der Kreisstadt und ein Holzrücker und Hausmetzger aus dem Ort, dessen Genossenschaftsfläche hier Tatort war, Gäste des Pächters in je verschiedenen Teilflächen derselben, um so klar abgegrenzte Regionen zu schaffen und Ansitzkonflikte zu vermeiden.

Aber wie das so oft auf der Jagd und im Leben geht – auch die perfekte Organisation hilft nicht, wenn der kleine Jagdteufel seine Finger im Spiel hat. -

Besagter Landespolitiker nun befand sich eines Herbstabends just auf dem Lieblingssitz des ortsansässigen Jagdgenossen und Hausmetzgers auf dem Ansitz, als dieser mit Verstärkung durch seinen Enkel eben dahin ausrückte, um sich auf „seinem" Hochsitz mit diesem anzusetzen. -

Als die beiden den Ort der Taten erreicht hatten, fanden sie sich vor vollendete Tatsachen gestellt, aber wer den alten Haudegen kennt, der weiß, dass Aufgabe oder Rückzug noch nie sein Ding waren. So forderte er den Besetzer, nachdem er sich wieder eingekriegt und das Überraschungsmoment überwunden hatte, mit einem hervorgestoßenen: „Rrrappp!" ultimativ zum sofortigen Verlassen des widerrechtlich eingenommenen Ansitzes auf.

Dieser hatte die beiden bereits längere Zeit schon beim Anwechseln beobachtet und glaubte nun, aus einer Position der Stärke heraus irgendwelche Punkte machen zu können, was ihm als geübtem Rechtsanwalt und Landtagsabgeordneten sicherlich nicht schwer fallen würde – zumindest war das wohl sein Kalkül. Nur: er hatte die Rechnung ohne den nunmehr erbosten, in seinem Gewohnheitsrecht eingeschränkten, wehrhaften Altsassen gemacht, der akustisch lauter und mimisch intensiver ein zweites „Rrrappp!" folgen ließ. Zum Finale Furioso kam es dann, als er einen dritten – und letzten – Verteidigungsversuch unternahm, der ebenso wie der vorige auf nunmehr vollends verschlossene Ohren stieß und in einem ultimativen, dritten „Rrrappp!" gipfelte. -

Da in der Landespolitik halt auch oft ein Rückzug klüger ist als eine Fortsetzung der Offensive, packte er zusammen, baumte ab und trat den geordneten Rückzug an, woraufhin die beiden Invasoren die geräumte Stellung sofort besetzten, ohne allerdings an diesem Abend noch Waidmannsheil gehabt zu haben, was in Anbetracht des Schlagabtausches von unten nach oben nicht weiter verwundert!

Talfahrt auf dem Kontrabass

Von zwei Kirmesmusikanten aus dem Raum Fraurombach-Michelsrombach, die beide jagdlich alles andere als „sauber" gewesen sein sollen, wird berichtet, dass sich diese während der Inflationszeit nach dreitägigem musikalischem Einsatz an einem dunklen Winterabend mit ihren Instrumenten und entsprechend „angeschlagen" wieder auf dem Heimweg durch den stichdunklen Tann und tiefen Schnee befanden, als sie in der Dunkelheit an eine Geländekante kamen, die einen tiefen Steilabfall nach vorne aufwies. Nach längerem Hin und Her war man sich dahingehend einig, dass der jenige, der seinen Kontrabass über der rechten Schulter trug, den Erstabstieg versuchen sollte. Gesagt – getan: nach Überwinden der Geländekante setzte er sich – bequemlichkeits- oder alkoholbedingt? – ärschlings auf sein Instrument und schurrte den Hang hinunter in die Nacht.

Der Obengebliebene hörte kurz darauf aus der Tiefe einen dumpfen Krach, einen Fluch und dann war Stille. „Heh, iss was? Was iss los? Iss der Bass im Arsch? Bisde noch heil?" – Von unten dann mit zittriger Stimme die Antwort: „Alles klar, mir iss nix bassiert! Ewwer: der Arsch iss im Bass!" Noch weitere Fragen, lieber Leser?

Die abgeschlagene Trophäe

Nach langem Ansitzen in der väterlichen Pachtjagd im Fuldagrund hatte ein junger und forscher Jägersmann aus Schlitz das Glück, einen Spießhirsch zu erlegen, den man zu dieser Zeit in die „Klasse IIc" (schön deutsch und bürokratisch!) einzuordnen pflegte.

Mit großem Hallo wurde das Ereignis gebührend gewürdigt und gefeiert, nachdem der Hirsch in die der Gastwirtschaft angegliederte Metzgerei verbracht und dort im Kühlhaus aufgehängt worden war.

Zuvor hatte der stolze Erleger dem Altgesellen den Auftrag erteilt, den Hirsch aus der Decke zu schlagen, zu zerwirken und auch die Trophäe abzuschlagen. Er werde am Abend des Folgetages kommen und alles abholen. Von da aus ging es zurück an unseren Stammtisch und von dort – nach einer entsprechend dimensionierten Zeitversetzung – spätnachts – oder war es frühmorgens? – heimwärts in den warmem Kessel.

Nachdem er nach dem Mittagessen mit dem Rotwildsachverständigen einen Trophäenbegutachtungstermin vereinbart hatte, begab er sich gegen Abend in die Metzgerei, um dort im Schlachthaus das Wildpret einzupacken, einzuladen, Decke und Trophäe mitzunehmen und die Rechnung zu begleichen. Er fiel fast auf den Spiegel, als er das Schlachthaus betrat: auf dem Schlachttisch lag sauber zerwirkt das Wildpret nach Sorten und Verwendungszweck getrennt; auf den Fliesen daneben zusammengerollt und verschürt die zum Gerben bestimmte Decke und – dahinter der Hirschschädel mit säuberlich an den Zapfen abgehackten Stängelchen! – nach dem Motto: „Herr, ich tat, wie mir geheißen!" – Um die Trophäe ganzheitlich und komplett zur Begutachtung vorlegen zu können, bedurfte es einiger Tubenzentimeter ausgedrückten Industrieklebers und einigen präparatorischen Geschicks.

Diese Story machte in unserer Kleinstadt nach bewährtem Muster sehr schnell die Runde und löste überall entsprechende Heiterkeit aus – auch und gerade in unserer Stammtischrunde, in der „jeder mal drankommt – auch wenn es dauert!" -

Die falsche Schrotpatrone

Bevor ich Jagdscheininhaber war, ging ich schon intensiv „mit" und zwar im Revier meines Lehrprinzen und Vaters meiner Jugendfreunde. Schon damals fanden dort die bereits beschriebenen „Klepperjagden" statt, bei denen wir Treiberdienste zu verrichten hatten, was uns immer viel Spaß bereitete.

An einer dieser Jagden nahm auch ein Ex-Offizier teil – glattrasiert, rotgesichtig, pedantisch und auf eine unangenehme Art und Weise hektisch. Ihn hatten wir uns auf's Korn genommen, denn auch als Jäger war er – um es milde auszudrücken – nicht gerade das Gelbe vom Ei! So etwas reizt natürlich, und wenn drei Jungfüchse die Köpfe zusammenstecken, dann kommt auch etwas dabei heraus, was entsprechend ist.

Da wir wussten, welche Feldpartien auf dieser Sylvesterjagd „drankamen" und wer wo gehen sollte, konnten wir unseren Plan sorgfältig ohne Zeitdruck aushekken. Dieser Herr hatte – warum, weiß niemand – nie genug Patronen dabei, so dass er gezwungen war, sich immer wieder bei gutwilligen Nachbarn zu bedienen. Was also, wenn wir dies nutzend ihm zwei „falsche Schrotpatronen" unterschöben, um so selbst Spaß zu haben und ihm eine Lektion zu erteilen?

Gesagt, getan; getan hieß in diesem Falle „präpariert", aber wie – davon am Ende der Geschichte Genaueres!

Es kam alles so, wie es mein Freund Didi, der infolge seiner technischen Fähigkeiten auch später Diplomingenieur wurde und auf dem Gebiet der Pyro- und verwandter Technik als Experte galt, vorausgesehen und gefingert hatte: der Herr ging neben ihm und als er ihn um „ein oder zwei Patronen" anging, erhielt er anstandslos welche. Nachdem er diese in seine Sechzehner Querflinte gestopft hatte, schwärmten wir zu einem neuen Treiben aus, das eine quer zum Hang verlaufende Mulde einschloss und entsprechend abgestellt worden war. Nachdem wir uns in Marsch gesetzt hatten, stand in guter Schussentfernung vor ihm ein Hase aus der Sasse auf und ging quer vor ihm nach rechts. Er riss die Flinte hoch, es krachte, vor seiner Mündung des rechten Laufes stand eine Federwolke in der Luft, aber – der Hase rettete blumenwippend seinen Balg völlig unversehrt.

Da erscholl vom linken Flügel der Streife, wo der Jagdherr ging, ein mahnendes „Na, die Schnepfen sind doch längst zu, mein Lieber! Was haben Sie dann da gemacht?" Verdattert und verstört klappte dieser ab, zog die abgeschossene und noch leicht dampfende Hülse heraus und begutachtete sie tiefsinnig mit rotem Kopf. -

Wir platzten bald vor Lachen, denn Didi hatte uns diskret vorher eingeweiht: er hatte zwei schwarze Waidmannsheil aus dem Schrank seines Vaters „umgeleitet", diese aufgebördelt, die Kügelchen herausgenommen, für Gewichtsersatz gesorgt und kleingeschnittene braune Federn aus dem Hühnerstall daraufgepresst um die Hülse dann wieder fest zu verschließen. In der Hektik des Ladens und Requirierens von Munition hatte der ohnehin mehrfach Ahnungslose fast blind zugegriffen. Die gesamte Front der Mitgehstreifenschützen lachte sich kringelig, als sie den Schuss hörten und die braunen Federchen durch die Frostluft schweben sahen.

Das wiedergefundene Gebiss

Es begab sich zu einer renommierten Gaststätte im Grenzraum zwischen dem Vogelsbergkreis und dem Kreis Fulda. Dort fand sich regelmäßig eine grün-graue Truppe (im Klartext: ein Stammtisch aus Förstern und Privatjägern) allwöchentlich ein, die der Region entstammte und die dort die Mehrheit der Reviere angepachtet hatte. Entsprechend waren Umgebung, Themen und Aktivitäten deutlich von der Jagd geprägt – wie es halt „in derartigen Kreisen so üblich ist". -

Unter ihnen befand sich auch ein bekannter älterer Handwerksmeister, der als Sportler und Jäger ein entsprechendes Renommee besaß. An dem Abend, als diese Episode geschah, waren die Hirsche das Thema, denn die Region liegt zwischen zwei Rotwildkerngebieten, zwischen denen zur Brunft durch Wanderhirsche genetischer und sonstiger Austausch stattfindet. Alles, was auf großen Schalen Wald und Feld durchzieht, ist in dieser Gegend in grünen Kreisen Thema Nr. 1. An diesem Abend tauschten die Herren Erfahrungen und Erinnerungen zur Brunft aus, die dort auch – wenn auch in kleinerem Umfang als in den Kerngebieten – eine jagdlich interessante Rolle spielte.

Unser vorerwähnter Freund hatte sich – einer Fahrt in ein gutes Rotwildrevier im Süden unserer Republik halber – intensiv mit den Lautäußerungen des männlichen Rotwildes befasst und wollte der Corona einige Kostproben seines diesbezüglichen Könnens geben. Zu diesem Behufe ließ er sich von den Wirtsleuten einen Plastikeimer bringen, in den er mit hineingestecktem Haupt „röhrte", um zu demonstrieren welche Phonzahlen ein Hirsch hervorzubringen vermag.

Sei es, dass er zu tief in das Glas geschaut hatte, sei es, dass er sein Haupt zu tief in den Eimer hineingeschoben hatte und so infolge des intensiven Röhrens sukzessive in ein erhebliches Sauerstoffdefizit geriet – jedenfalls wurde ihm übel, weshalb er fluchtartig die dafür vorgesehene Stätte aufsuchen musste, um sich Erleichterung zu verschaffen.

Verrichteter Dinge zurückgekehrt, wurde er von seinen Beisassen darauf aufmerksam gemacht, dass ihm „etwas fehle", wobei sie auf seinen nunmehr zahnlosen Äser verwiesen. Er durchsuchte den Ort des Verlustes, vermochte indes die verlorengegangene Pracht nicht wiederzufinden, die mit den Wassern der Entsorgungseinrichtung wohl in den Orkus hinabgespült worden war. Anderntags grub man die durch den Hof der Gaststätte führende Leitung auf, in der sich zwar nicht das am Vorabend verlorengegangene sondern das „seit einem dreiviertel Jahr abgängige Vorgängergebiss" wiederfand. In Stand gesetzt und auf Vordermann gebracht hat es lange Zeit seinen wieder aufgenommenen Dienst verrichtet – zur vollsten Zufriedenheit seines glücklichen Besitzers.

„Stell' vor, wie wär!"
(Stellen Sie sich vor, es wäre Ihnen passiert!)

Im Revier eines Schlitzer Pächters war der Jagdaufseher unterwegs, als er eine Ricke gewahrte, die von einem ihm bekannten Hund (Rüde) eines ihm bekannten Dorfbewohners gehetzt wurde. Da dies nicht das erste Mal war, die Sache insgesamt günstig erschien und Handlungsbedarf bestand, beschloss er, ihm sein unerlaubtes Waidwerk ein für allemal wirkungsvoll zu versalzen. Er nahm die Doppelflinte herunter und brannte dem Verfolger einen – wie er meinte – ungefährlichen

Distanzweitschuss aus dem rechten Lauf hintendrauf, woraufhin dieser jaulend abdrehte und in Richtung Heimat ausriss.

Nach ca. einer Woche fiel dem Besitzer auf, dass sich sein Hund „so komisch" verhielt: er nahm nur noch Wasser auf, lag apathisch in der Scheune und hinkte. Als Rassehund lag dem Besitzer einiges an diesem, weshalb er einen Veterinär aus der Burgenstadt konsultierte.

Dieser stellte bei einer eingehenden Untersuchung „des Heckbereiches" fest, dass die Keulenmuskulatur punktförmige Beulen und Entzündungen aufwies, wobei überdies im dichten Haar noch ein verschlagenes Schrotkorn 3,5 mm gefunden wurde! –

Ob nun der Aufseher doch irgendjemandem irgendetwas gesteckt hatte oder ob er von irgendjemandem beobachtet worden war – eins kam zum anderen und der Hundeeigner erstattete Anzeige. Zur Verhandlung des Falles vor dem Lauterbacher Amtsgericht, die öffentlich war, kamen viele Jäger, denn mittlerweile hatte der Fall Kreise gezogen und entsprechende Publizität erreicht, zumal der Anwalt des Beklagten ein renommierter Schlitzer Advokat war.

Nach Verfahrenseröffnung und Abwicklung der vorgeschriebenen Präliminarien setzte die Befragung von Kläger und Beklagtem durch den Vorsitzenden ein. Wir saßen in der Reihe hinter dem Kläger, der alsbald aufgerufen, befragt und einvernommen wurde. Des komplizierten, von Fachausdrücken und Floskeln durchsetzten Juristendeutsches überhaupt nicht mächtig, wendete dieser sich hilflos zu uns und begehrte Übersetzungshilfe, die ihm auch prompt gewährt wurde. Die entscheidende Frage, ob der Kläger dem Gericht denn sagen könne, ob und wenn ja welche Wertminderung des Hundes nach dem Schuss auf diesen denn eingetreten sei, wurde nach Übersetzung durch uns vom nunmehr stehenden Kläger wie folgt beantwortet: „Will ich meinen! Wie Hund noch gesprungen hat (den Deckakt zu vollziehen in der Lage war), honn ich immer 50 Mark kreht. On hitt: Bein kabutt; Biddel (Beutel, Hodensack) kabutt – stell' vor – wie wär, Herr Richter!" Sprach's, blickte sich um und setzte sich aufrecht wieder hin. –

Nur der zu damaliger Zeit noch vorhandene Respekt vor der Würde des Gerichtes verhinderte es, dass der Saal infolge eines kollektiven Lachausbruches hätte geräumt werden müssen. „Stell' vor, wie wär!" jedoch ist lange Jahre in unseren Kreisen ein fast geflügeltes Wort geworden, das immer wieder angewendet wurde und entsprechende Reaktionen auslöste.

„Such' Verloren! Apport!"

„Der Ihwes und das Karlche!" – Zwei Namen, die im Vogelsberg und in der Wetterau einen Klang hatten und Jagdgeschichte geschrieben haben. Zwei Typen, zwei Charaktere, wie sie gerade eine so urige Landschaft wie der Vogelsberg hervorbringt – unverwechselbar, eigenwillig, in keine der gängigen Schablonen passend. Leiter des Staatlichen Forstamtes Grebenhain der Eine, Büroangestellter und Faktotum der Andere! Ein Hüne von einem Manne der Eine, ein Kleingewachsener der Andere; wo der eine auftauchte, war der andere nicht fern – untrennbar miteinander verbunden durch ihre gemeinsame Passion für Deutsch Langhaar, dem sie einen nicht unerheblichen Teil ihres bewegten Lebens miteinander gewidmet hatten.

Der Ihwes war ein hochpassionierter und kenntnisreicher Rüdemann, hirschgerechter Vogelsbergjäger und kompetenter Hunderichter, das Karlchen verblüffte mit seinem Computergehirn, in das er alle Fakten Deutsch Langhaar betreffend eingegeben und dort gespeichert hatte. Keiner wusste so exakt und detailliert um Langhaarzwinger, Zuchtverbindungen, Würfe und Prüfungsergebnisse wie er. Wo diese beiden auftraten oder erschienen, erregten sie – nicht zuletzt ihrer frappanten Größenunterschiede wegen – beträchtliches Aufsehen und waren oft Mittelpunkt der regionalen Jagd- und Hundeszene, deren gesellschaftliche Atmosphäre sie entscheidend mitprägten. So rankte sich bald ein wahrer Blütenkranz von Anekdoten, Begebenheiten, Histörchen und Vorkommnissen um sie und ihre Taten, die zu berichten eines kleinen eigenständigen Bandes bedürfte.

Im Riedeselschen Forstamt Lauterbach residierte zu dieser Zeit der „Oberweber" (Oberforstmeister A. Weber), ein Geselle der frühen gemeinsamen Lehr- und Wanderjahre, Ihwes in vielem jenem gleich! Diese beiden Forstamtsleiter hatten bewirkt, dass der Langhaar zu dieser Zeit namentlich im Riedeselschen Forstamt durch die Revierbeamten geführt wurde und dass sich zwischen beiden Szenen eine regelrechte Achse herausgebildet hatte.

Aus den sich um Ihwes und Karlche rankenden Geschichten sei eine herausgegriffen, die so richtig deutlich macht, von welcher Beschaffenheit beide waren, wie es dort zuging, was die Jäger und Rüdemänner miteinander verband und welche Dinge sie trieben. Einem gefüllten Becher selten abhold, hatte sich im Ihwesschen Forsthaus eine illustre Gesellschaft versammelt und das Gespräch ging naturgemäß um Jagd und Hunde! Aus diesem heraus entwickelte sich zu vorgerückter Stunde eine kynologische Demonstration, die in dieser Art und an entsprechender Lokalität wohl kaum jemals vorgekommen sein dürfte. Von dort aus verbreiteten sie Anwesende und Gäste, weshalb sie heute noch zum festen mündlich weitergereichten Sagenbestand der Region wurde. Kaum eine gesellige grüne Runde, wo das Gespräch nicht auf die beiden, diesen Abend und das Ereignis kommt: aus einer Schoppenlaune heraus wurde – wie genau, das war nicht mehr zu rekonstruieren – die Idee einer Federwildschleppe quer durch das Forsthaus zu Demonstrationszwecken entwickelt. Diese führte durch diverse Zimmer des Erdgeschosses, die Treppe hinauf in die erste Etage, in das eheliche Schlafzimmer des hohen Paares, quer über die Ehebetten nebst der darin schlafenden Forstamtsleitergattin hinweg und auf den Bettvorleger der Damenseite, wo die Ente abgelegt wurde.

Nach dem Legen der Schleppe kehrte man an den Ort der unterbrochenen Geselligkeit zurück und nach Verstreichen einer entsprechenden Schleppenstehzeit wurde Karlche am Schleppenbeginn mit dem Kommando „Such' Verloren! Apport!" angesetzt und zur Freiverlorensuche geschnallt. Unverzüglich nahm der die Witterung auf und arbeitete die Duftspur mit tiefer Nase, die er dann mit allen Haken, Bogen und Steilabschnitten auf allen Vieren passierte, wobei er Finderwillen und Drang zum Stück eindrucksvoll unter Beweis stellte.

Die Ehebetten samt schlafender Einlage wurden überwunden, die Ente mit dem Fang aufgenommen und die Rückreise zum Führer unverzüglich angetreten. Beim Passieren des Geländehindernisses in Gestalt der Schlafenden wurde diese wach und schaute das apportierende Karlche mit irritiertem Blick aus schreckgeweiteten Augen an. Ab genau diesem Punkt gibt es zwei Versionen: die erste besagt, dieser habe korrekt ausgegeben und höflich „Guten Abend!" gesagt, die andere will von Fallenlassen und Zunge Herausstrecken wissen. Welche auch stimmen mag: nach Rücküberwindung des Hindernisses, Fallenlassen der Beute, Austausch von Artigkeiten oder deren Gegenteil nahm Karlche die Beute wieder auf und trug sie dem im Parterre wartenden Führer schnell und sicher zu.

Daraufhin und nach entsprechendem Abliebeln wendeten sich die Rundenteilnehmer und die Akteure wieder dem zuvor unterbrochenen löblichen Tun zu.

Ein anderes Mal wurde eine Schweißfährte durch die Lokalitäten gelegt, die in Ermangelung richtigen Wildschweißes ersatzweise mit einer klaren, prozentigen und geruchsintensiven Flüssigkeit getupft und getropft wurde – Haken, Verweiserpunkte und Wundbetten inklusive. Auch hier fand Karlche in bewährter Manier schnell und zuverlässig zum Stück! -

Ja, einen kleinen Anekdotenband hätten diese beiden hochkarätigen Originale schon mit Material füllen können – zum Ergötzen der Leser. Ihnen sollte daher an dieser Stelle eine kleine Erinnerungstafel gesetzt werden, denn sie schrieben Vogelsberger Jagdgeschichte in Vollendung. Weiterleben aber tun sie bis auf den heutigen Tag in Erzählungen der – gottlob noch immer existierenden – Jägerrunden dieses herrlichen Landstriches, den Diana und Hubertus uns noch lange erhalten mögen!

Die Dicke

Ein Dackel unter rauhem Kleid
– Verfressen, dickköpfig, gescheit -
Wildscharf und sehr passioniert
Das war es, was die Dicke ziert.

Von edelster Abstammung „Holde vom Hirschsprung" – aus der Teckelzucht des hier mehrfach erwähnten Riedeselschen Forstbeamten Gerhard S. aus Engelrod war sie so ganz anders, als man sich Trägerinnen solcher Namen gemeinhin vorstellt!

„Krümel" oder „Dicke" genannt begleitete mich eine – saufarbene – Teckeline nahezu 14 Jahre auf meinen heimatlichen Jägerpfaden, wo sie mit mir als Hundeführer so ihre rechte Last hatte. Verfressen wie eine Kaffeekränzchenschwester, rabiat scharf wie ihre Großmutter aus gleichem Zwinger, kompromisslos am erlegten Stück, hyperpassioniert, dickköpfig wie ein Muli und in bestimmten Fällen stocktaub, war sie ein Paradebeispiel dieser liebenswerten aber gelegentlich voll nervenden Gattung Teckel, zu deren Führer man – so schien es mir manchmal – wirklich geboren sein muss. Mit ihrem klassischen Unschuldsdackelblick konnte sie Herzen erweichen, aber ihre Seher bekamen sofort einen opalisierenden Schimmer, wenn sie am Futternapf oder gar am Stück der Ansicht war, dieses unter Einsatz ihres Lebens verteidigen zu sollen! -

Dass diese talentierte, hochpassionierte und robuste Teckeline in mir nicht gerade einen berauschenden Führer fand, das tut mir noch heute in der Seele weh, denn was hätte aus uns beiden werden können, wenn ich geduldiger, verständiger und weniger egoistisch gewesen wäre – doch davon später mehr! -

In völliger Verkennung der Fähigkeiten meines Hundes und meiner eigenen Unfähigkeiten hatte ich mich fatalerweise dazu entschlossen „aus diesem Welpen einen bombensicheren Schweißhund zu machen!"; gerade so, wie ich es in den damals massenweise zusammengelesenen und halbverdauten Berichten großer und renommierter Hundeleute nebst deren Allroundern vernommen hatte.

Bald jedoch musste ich einsehen, dass auch diese selbsternannten Hundepäpste lediglich mit Wasser kochten und deren Hunde auch nicht vom Reißbrett bzw. aus dem Hochleistungscomputerprogramm hervorgegangen waren. Peinlich und amüsant zugleich immer wieder die Erfahrung, wenn solche hoch vorgewetteten Gespanne in der Praxis versagten, was dann natürlich immer daran lag „dass er heute einen schlechten Tag hat, denn sonst funktioniert alles immer hundertprozentig!" -

Auch hier – wie so oft bei und auf der Jagd – steht die Legendenbildung in krassem Gegensatz zur Realität vor Ort.

Wie auch immer: ich hatte mir vieles vorgenommen, weil ich es mir, dem Hund und „den anderen" zeigen wollte; dumm, kurzsichtig, egozentrisch und realitätsfern! Jetzt weiß ich, dass jeder Jäger in seinen Trophäen, seinen Waffen und seinen Hunden gern – sich selbst! – sieht und aus der jagdlichen Betätigung die fehlende Selbstbestätigung zu destillieren versucht ist – zum eigenen wie zum Leidwesen des vierbeinigen Waidgesellen! –

Nein – Hunde sind weder Renommierobjekte noch Krücken des führerischen Ehrgeizes und der Selbstbestätigung sondern eigene Wesen, die kennenzulernen, zu verstehen, behutsam zu fördern und im Rahmen ihrer Möglichkeiten auszubilden der allein zielführende Weg ist, weil alles andere notwendigerweise in die Pleite führen muss.

Ich vertrete aus eigener Erkenntnis mittlerweile die These, dass einfach nicht jeder grüne Zunftgenosse schon allein deswegen dazu befähigt ist, auch einen Hund gerecht abzuführen. In manche „Führerhand" gehört daher eher ein kopfnickender Felldackel auf der Hutablage des Pkws, nicht aber ein Spross aus edlem Zwinger unserer zahlreichen Gebrauchshundschläge!

Ein Gewehr, einen Pkw kann ich bei Nichtgefallen oder Fehlanschaffung wieder zurück- und in Zahlung geben, nicht aber einen Hund, der sich – zu spät – als „den Anforderungen nicht entsprechend" erweist und schon im Verband der Familie sozialisiert ist.

Man sehe sich nur einmal bei Hundeprüfungen, Pfosten- oder Zuchtschauen genau um, und man wird unschwer erkennen, was dort alles aus falsch oder gar nicht verstandener menschlicher Eitelkeit versaut wird! Nein – unsere Jagdhunde gehören einfach nicht in jeden Jägers Hand, der glaubt, man müsse einen Hund haben, um als Vollwertjäger anerkannt zu sein.

Verzeihung, werter Leser, aber das musste einfach einmal heraus! So, nun aber zurück zu meiner Dicken und ihrer weiteren „Karriere".

Auf der Zuchtschau erhielt sie den Formwert „Sg." (= „eine kleine, bildhübsche Hündin mit kleinen Mängeln"); die Spurlautprüfung bestand sie als Tagessiegerin und das Leistungszeichen BHfK ergatterte sie als Zweitbeste. Dies alles nur, um den Kundigen unter meinen Lesern die erforderlichen Informationen zu geben.

Schon sehr früh nahm ich sie auf jeden Ansitz mit, denn sie sollte alles Notwendige möglichst frühzeitig „mitbekommen": Lodenmantel auf den Hochsitzboden in die Einstiegsluke mit Freiblick; Hundel auf den Mantel und: aufgepasst! Es war faszinierend, sie zu beobachten, während sie aus der Vogelperspektive das Terrain sondierte: mit geblähten Nüstern Luft einziehen und ausgeben, wittern, äugen und auch einmal einschlafen, wenn „die Luft gerade rein war". Witterte, vernahm oder erblickte sie Wild – egal welcher Art und Kategorie – dann schien sie binnen Sekunden unter totale Hochspannung geraten bzw. mit ihr geladen zu sein: in Kurzintervallen überlief sie heftiges, schüttelfrostartiges Ganzkörperzittern, das erst dann abebbte, als das Objekt des Interesses außer Sicht- und Riechweite geriet.

Immer dann, wenn sie dabei aufstand, beruhigte ich sie und gewöhnte sie so sukzessive an ruhiges, gleichwohl aufmerksames Standverhalten. Dass sie trotz ihrer Veranlagungen dennoch das nicht wurde, was ihr voll entsprochen hätte und meinen Bedürfnissen entgegengekommen wäre – daran hatte ausschließlich ich selbst Schuld. Ihre Nase, ihre Verfressenheit und ihr unbärdiger Drang zum Stück – mit diesem Pfunde vermochte ich nicht zu wuchern. Jeder einigermaßen erfahrene Hundemensch weiß, dass der Schweißriemen niemals Erziehungs- und Disziplinierungsinstrument werden darf sondern – aus hündischer Sicht – Objekt höchsten, lustbetonten Interesses. So machte ich mehrfach den alles versauenden Fehler, sie – wenn sie von der gelegten Fährte irgendwie abkam – sofort darauf zurückzuziehen statt sie sich selbst korrigieren und orientieren zu lassen. So lernte ich auch gar nicht ihre Körpersprache zu deuten, ihr Verhalten zu lesen, ihr Benehmen zu entschlüsseln; so erfuhr ich nie, wie es aussieht, wenn sie faselte, abkam, bögelte oder verwies. Ungeduld, Unbeherrschtheit und Hitzigkeit am Riemen sind eben wahrlich alles andere als Hundeführertugenden sondern deren krasses Gegenteil. Schade, meine Dicke, jammerschade für Dich!

Und noch eine Fehlprägung „verdankte" sie mir: das Lautgeben auf dem Stand nach dem Schuss! Mehrfach hatte ich sofort nach dem Schuss meine Teckeline unter den Arm geklemmt, war abgebaut und an das von uns beiden in Anblick gekommene und erlegte Stück herangetreten. Für die Dicke bedeutete diese Verkettung folgende Botschaft: „ein Stück sehen, es knallt; das Stück liegt; Herrchen nimmt mich mit; ich kann an das Stück, kann zerren, belecken, werde genossen gemacht; herrlich! Oder in Kurzversion; Herrchen hebt das Gewehr hoch und in Vorfreude beginne ich dieselbe hinauszujaulen!" - Auch fortgeschrittenes Alter und intensive Beruhigungsstrategien vermochten es nicht, diese frühhundlichen Fehlprägungen noch zu neutralisieren, weshalb sie dann immer öfter im Auto verblieb! Tolle Leistung, mein lieber Erstlingsführer! Danke, liebes Herrchen!

Ich schildere das deswegen so detailliert, weil ich jeden potentiellen Hundeführer dringend davor warnen möchte, sich und seine Person prägend über die Hundepersönlichkeit so zu stellen, dass diese darunter zerbricht. Im richtigen Moment richtig einzugreifen und sich ebenso zurückzunehmen – das muss man lernen, wenn man sich einen Partner am langen Riemen heranbildet. Hier ist neben Faktenwissen eben vor allem auch Zeit, Einfühlungsvermögen, Sensibilität und vor allem – Selbstbeherrschung vonnöten, soll aus der Paarung von Talent und Können eine tragfähige Partnerschaft, soll aus Hund und Mensch an beiden Enden des Schweißriemens ein Team werden, wo sich jeder auf den anderen verlassen kann!

Und verfressen war sie, meine Dicke! Als ich den Züchter nach der Übernahme fragte, wie ich es denn mit dem Füttern halten solle, sprach dieser die inhaltsschweren Worte: „Dem Welpen gibst halt nachert so viel wie er mag!" Er wusste offenbar nicht, was er da sagte bzw. kannte die Veranlagung der von ihm gezüchteten Rauhhaare nicht, denn die Dicke war das Verfressenste, was ich seitdem erlebte: sie luderte sich bis zum Platzen voll – und das in abenteuerlicher Geschwindigkeit, denn irgendwer könnte ja irgendwoher kommen und ihr etwas wegnehmen! Einmal hatte sie sich – wie, das weiß der Teufel – einen grünen Rehpansen geangelt und war dabei, sich diesen einzuverleiben. Als ich hinzutrat, verschwand nahezu ein Drittel desselben unzerkaut im Inneren des aufgeschwollenen und gebläht wirkenden Dackels. Es brauchte zwei Tage, bis der Hund wieder „in Form" und sein Inneres wieder leer war, was Verbannung in die Waschküche ebenso bedeutete wie wiederholtes Revierreinigen und ausgedehnte Entleerungsgänge! –

Wenn ich in diesem Kapitel über die ausgeprägte Schärfe der Dicken spreche, dann meine ich die Schärfe am gestreckten Stück! Einige Begebenheiten mögen das belegen:

Ein Dezembernachmittag im Revier Altenschlirf. Ein Überläuferkeiler liegt vor mir im Schnee des Mühlberges und soll geborgen werden. Ich fahre nach Herbstein, um Hilfe zu holen, lade meinen Helfer ein und zurück geht es mit Begleiter und der Dicken zum Stück. Vorher lasse ich sie hinaus und wie ein Blitz ist sie im hohen Altgras verschwunden, wo die Sau liegt. Wir gehen darauf zu, als mein Begleiter stutzt und nach vorne deutet: die Sau hat das Haupt oben, nimmt es wieder herunter; das geschieht noch einmal, und ich angele die Büchse von der Schulter, denn da stimmt etwas nicht. Plötzlich geht mir ein Licht auf: fest in die Wurfscheibe verbissen hängt meine saufarbene Hündin am Haupt und zerrt daran herum; daher die irreführenden Bewegungen. Wir treten heran, und ich will mit Begleiterhilfe die Sau umdrehen, als die Dicke schon in den gottlob dicken Lodenhosen des Helfers hängt. Mit Mühe trenne ich die beiden, entsorge die rasende Teckeline im Wageninneren, denn sie lässt uns keine Sekunde aus den Augen. Dass sie beim Heimweg fest auf „ihrer" Sau liegt und – dort angekommen – nur mit Mühe und List von ihr heruntergebracht werden kann, versteht sich eigentlich von selbst.

Ende der Blattzeit im Lanzenhainer Oberwald in Begleitung des Jagdherrn und Freundes Jockel am sog. „Kirschbaum". Ein Abschussbock liegt im Seitengraben und wir wollen ihn bergen, während die Dicke irgendwo herumwuselt. Als wir uns zum Bocke herunterbeugen, ist sie wie ein Geist aus der Flasche plötzlich da und hängt schon im Revers des jagdherrlichen Lodenjankers, aus dem sie nur mühsam entfernt werden kann – so fest hat sie sich in dieses verbissen. Auch hier kann erst aufgebrochen werden, als sie abseits angeleint das Ganze neidjaulend verfolgt, bis der Bock zum Auskühlen hochgehängt ist. Das Häppchen zum Genossenmachen aus meiner Hand weggeschnappt versöhnt sie dann doch, denn – wie bereits dargetan – bei ihr ging halt a l l e s durch den Magen.

Im Revier Altenschlirf treffe ich mich nach erfolgreichem Ansitz auf einen Knopfbock mit dem Forstlehrling am sog. „Frühstücksplatz", wo ich den Bock auslade und ca. 100 Meter wegfahre, weil das besser für Hund, Herrn und Förster ist. Aus der Heckklappe des Jeeps unter der hochgeklappten Heckplane herausblickend verfolgt die Dicke meine Schritte zu Förster und Bock, der sich zur Begutachtung desselben hinunterbeugt. Dies sehen, mit einem Satz die Heckklappe überspringen und wie eine Schlange auf uns zurasen ist eins: dort angekommen fährt sie ihm ohne Zögern an den Cordhosenboden, beißt zu und reißt ihm diesen herunter, dass er in den Kniekehlen baumelt und den Blick auf den weißbeunterhosten Spiegel freigibt. Der Gute hat ihn mir nicht in Rechnung gestellt!

Mindestens drei Mal ist sie halbhohe Ansitzleitern hinuntergekugelt, um so als Erste das gestreckte Stück in Besitz zu nehmen, nachdem sie Augenzeugin der jeweiligen Erlegung war. Noch heute wundere ich mich, dass das alles ohne Frakturen o. dgl. abging. Beim letzten Mal war es ein über Kimme und Korn direkt nach unten auf den Träger geschossener Bock unter dem Hochsitz, auf den sie von oben sprang und dort auffußte, wie ein Greifvogel. Wehe dem, der sich dem Auto, dem Rucksack oder der abgestellten Waffe oder gar der abgelegten Strecke näherte: er sah in grünlich opalisierende Lichter, die in solchen Fällen putativer Gefahrenabwehr von Beute und Besitz ebenso Gefahr signalisierten wie die geblecken Zähne unter den hochgezogenen Lefzen. Hatte sie sich einmal auf Fährte oder Spur festgesaugt, ging die Post unter hohem Singsang ab, und es dauerte ewig, bis sie – verdreckt, ermattet und durstig – aufgegriffen werden konnte, was einmal erst nach fast zwanzig Stunden angstvollen Bangens möglich war. Zu Hause verfressen, lieb, schmusig; im Revier scharf, passioniert und besitzergreifend – diesen Spagat beherrschte die Dicke perfekt, er war Teil ihrer gespaltenen Hundeseele. Ebenso war das „Rudel" (= die Familie) genau eingeteilt und jeder hatte – aus ihrer Sicht – seine bestimmte Rolle bzw. Funktion: Futternapf, Gassi gehen, spielen, auf Jagd gehen – das konnte sie perfekt auseinanderhalten und die Rollenzuweisungen entsprechend vornehmen.

Ja, das war meine Dicke, die mich 14 Jahre lang begleitete und die ich nie vergessen kann und will. Sie hätte eben nur einen erfahreneren Führer gebraucht, der ausgerechnet ich nicht sein konnte. Und – ich gestehe es ganz offen – ich habe auch nie wieder den Mut aufgebracht, mich wieder zu behunden, denn der Frust sitzt halt noch immer tief. Waidmannsdank, Dicke!

Wand der Wahrheit

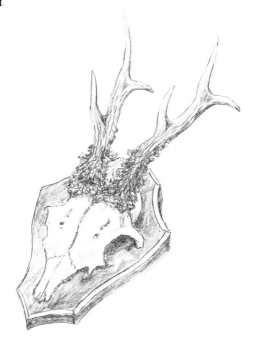

An ihr kann der Betrachter sehen
Alle Arten von Trophäen.
Geringe; starke; falsche; rechte;
Vom männlichen Rehwildgeschlechte!

In über zwanzig hessischen Revieren meines Jagdheimatdreieckes habe ich mir meine Trophäenwand zusammengewaidwerkt, von der Freiherr von Cramer-Klett bei sich als „Wand der Lieblinge" spricht. Er ist mein erklärter Lieblingsautor!

Ich nenne sie „Wand der Wahrheit", weil – wie noch zu zeigen sein wird – es damit eine ganz besondere Bewandtnis haben soll.

Jede einzelne Trophäe an einer Trophäenwand, die so typisch für den deutschen Jäger ist, hat logischerweise ein eigenes Schicksal, eine eigene Identität, eine eigene Geschichte. Sie ist somit Weiser für Ort, Zeit und Umstände der Erlegung ihres Trägers und kündet somit von diesen auch noch Jahrzehnte später.

In Verbindung mit meinem Jagdtagebuch und den dort detailliert festgehaltenen Einzelheiten kann ich so anhand der auf dem Stirnbein festgehaltenen Daten (Revier, Erlegungsdatum) jederzeit genau nachvollziehen, was wann wo und wie geschah. So sind sie nicht nur – was sie auch nie sein sollten – in Gehörnform gegossene Selbstbestätigungssymbole des stolzen Erlegers zu dessen fragwürdigem Ruhme, sondern „Erinnerungsstücke" in des Wortes umfassendster und eigentlichster Bedeutung. So betrachtet und gewertet hebt dieser Tatbestand die Einzeltrophäe aus der Anzahl der anderen heraus und gibt ihr ein individuelles, unverwechselbares, spezifisches Signalement, an dem Gedanken und Gefühle hängen, worin letztlich ihr eigentlicher Wert beruht!

Vom papierschädeldünnen Mini-Knopfer bis hin zum „wie Stacheldraht geperlten Ridingersechser auf Spiegeleirosen" weist diese Wand so ziemlich alle möglichen Varianten des Grundtyps „Rehbockgehörn" auf, die getrennt in drei Gruppen – Geringe, Durchforstungsböcke, Herzschlagböcke – dort der Ewigkeit harren. In all diesen drei Gruppen die nicht gesondert ausgewiesene Untergruppe der „totalen Falschen", weshalb meine Trophäenwand eben „Wand der Wahrheit" genannt wird.

Jawohl, ich bekenne mich dazu, stets Trophäenjäger gewesen zu sein und bekenne, dass mich eine wuchtige, schwere, knuffige Trophäe immer wieder voll in ihren Bann zieht, denn eine solche in Händen halten zu dürfen, ist für mich Dianens edelste Gabe, die ich immer wieder mit leicht zittrig-gierigen Händen betaste und an der ich mich nicht sattsehen kann.

Auch verschweige ich nicht, dass solche Trophäen stets mit einem besonderen Ritual bedacht werden: auf einem bruchbelegten Brett oder einer Schale mit nebengestellter Flackerkerze im Dunkel des Raumes und – so zumindest früher (!) – beigestelltem anlassentsprechendem Trunk und davor der entspannt-glücklich-abschlaffende Erleger in wohliger Erinnerung versunken! Ja, auch und gerade so kann sich der Jäger aus der Vergangenheit in der Gegenwart die Basis für Zukunftshoffnungen schaffen, die alle von einem ausgelöst und getragen werden: von einer Trophäe! Und wenn das alles „magisch-atavistische Verhaltensweisen" sein sollten – mir haben sie stets unendlich viel gegeben, weshalb ich mir auch von keinem der unerträglichen wissenschaftlich korrekten Besserwisser da hineinreden lasse, denn das ist meine ureigenste Privatsache. „Erinnerungen sind das Paradies, aus dem niemand Dich vertreiben kann" – so mein Lehrprinz, als ich das noch gar nicht zu verstehen in der Lage war.

Unter den „Mitgliedern" meiner Wand der Wahrheit befinden sich sehr unterschiedliche, was sowohl ihre Herkunft als auch ihre Erbeutung anlangt. So hängen der Altbekannte neben der Zufallsbekanntschaft; der Herrische neben dem Ängstlichen; der Hitzige neben dem Abgeklärten; das g'wamperte Mannsbild neben dem Drahtigen; der Vorwitzige neben dem Zurückhaltenden; der Senile neben dem Kraftprotz; der Dominante neben dem Ausweicher und „der Schöne" neben dem „Charakterkopf".

Wer sagt denn, dass Rehböcke keine Persönlichkeit, keine unverwechselbaren Eigenschaften, keinen – wenn man so will – „Charakter" hätten. Freilich: man muss sehen können und zuwarten, denn ist der Schuss erst einmal gefallen, gibt es nichts mehr zu sinnieren. Insoweit ist diese meine Wand der Wahrheit auch eine „Steckbriefsammlung", die vom Wesen derer kündet, die dort hängen.

Was aber ritt mich, als ich den Begriff der „Wahrheit" in einen Zusammenhang zu Jagdtrophäen brachte, denn – was haben diese Dinge gemein? Jede der an dieser Wand hängenden und von ehemaliger Erlegung kündenden Trophäen ist entweder richtig oder falsch, stark oder schwach, zu früh oder zeitgerecht; von freudigen oder traurigen Erlegergefühlen begleitet.

Nein – jede auch noch so bescheidene Trophäe habe ich aufgehängt, denn sie gehören – meinem jägerischen Selbstverständnis entsprechend – a l l e an diese, nicht in Kisten und Kasten schamhaft auf den Dachboden entsorgt und so dem kritischen Blick des sachkundigen Besuchers entzogen. Auch habe ich es nie verstanden, dass im Wildhandel bei zunehmender Tendenz Böcke angeliefert werden, die noch ihre Knopf- oder Mickergehörne tragen. Wer solches tut, der erweist sich als das, was er in Wirklichkeit ist: ein trophäengeiler, von keinerlei Jagdethik beleckter, statussymbolfixierter Renommierer, der den Namen „Jäger" in seiner tradierten Bedeutung und in seinem überkommenen Begriffsverständnis zu führen nicht verdient hat.

Wenn ein Gehörn mir nicht wert erscheint, an dieser „Wand der Wahrheit" aufgehängt zu werden – warum denn dann in aller Welt musste sein Träger unter der Kugel dessen fallen, der seiner gar nicht wert ist? Materialismus und Prestigedenken pur – gepaart mit Arroganz und Feigheit bzw. Unehrlichkeit. „An ihren Wänden sollt Ihr sie erkennen!"

Aber auch krasse Fehlabschüsse hängen an meiner Wand – die Folgen von zu schnellem, zu sorglosem und zu leichtfertigem Schießen. Gerade in jungen Jägerjahren erging es mir so, dass ich „die Böcke so sah, wie ich es gern gehabt hätte"; als sie in Wirklichkeit sind, denn der alte Bock ist des Waidmannes Zierde!

Auch die Altersansprache im Fernglas ist so eine Sache, denn hier wirken allerhand erschwerende und irreführende Faktoren zusammen. Man muss sehr viele Böcke angesprochen und manche geschossen haben, bis man weiß, dass in aller Regel der erste, spontane Eindruck der richtige ist, denn jede einzelne Ansprech- und Altersbestimmungsregel für sich genommen täuscht darüber hinweg, dass nur das Zusammenwirken sämtlicher bestimmungsrelevanten Faktoren v o r dem Schuss hier ein relativ hohes Maß an Vorabsicherheit zu vermitteln vermögen, die es zu beachten gilt, denn: nach dem Schuss sieht sowieso vieles ganz anders aus!

Je länger man unsicher herumdoktort, addiert, vergleicht und revidiert, desto größer wird – das ist zumindest meine Erfahrung – das Risiko, etwas Falsches zu beschließen und zu tun. Nur: wer sagt denn dass unbedingt geschossen werden muss? Man kann doch warten, wenn man unsicher ist, oder? Die Phrase „Ich musste schießen, denn sonst wäre es aus gewesen!" ist oftmals nur eine billige Entschuldigung und auf Generalabsolution abgestellt. Nein, niemand muss müssen bzw. relativ selten und nur in bestimmten Ausnahmefällen. Also – das dürfte nicht ziehen! Diejenigen unter uns, denen es sowieso auf die Trophäe und den Schuss ankommt, fechten solche Skrupel sowieso nicht an, denn „es guckt ja eh keiner zu und was ich mache, ist meine Sache. Schließlich habe ich ja dafür viel Geld bezahlt!" Auch ein Standpunkt, verehrter Waidgenosse!

Und dann noch die Sache mit den sog. „Fehlabschüssen!" Was früher strafbare Fehlleistung und „roterpunktverdächtig" war, gilt heute im Zeitalter des Zahl-vor-Wahl-Systems als verzeihliche, lässliche Sünde – wenn überhaupt. Ein Fünfzehn-Kilo-Jährling mit lauscherhohem Gabelgehörn wäre in meiner Anfängerzeit der Grund für eine sofortige Scheidung auf Ewigkeit gewesen.

Gerade im Bereich der Vorschriften, Klassifizierungen und Einstufungen erweisen sich unsere „Jagdbürokraten" – gestützt auf jeweils neue Erkenntnisse – als außerordentlich produktiv und innovativ: was gestern galt und als Evangelium angesehen wurde, ist heute schon durch sein genaues Gegenteil ersetzt, dem ebenfalls eine geradezu religiöse Verbindlichkeit zugemessen wird. Man ist immer wieder erstaunt, dass eine einzige „Sache" – hier: das Reh – Objekt so grundverschiedener Seh- und damit Interpretationsweisen wird! Noch erstaunlicher aber ist der immer noch existierende deutsche Kadavergehorsam und die Behördengläubigkeit vieler grüner Zunft- und Zeitgenossen, die jede Vorgabe unhinterfragt befolgen, als sei dies eine himmlische Weisung: „die Richtlinien legen es aber so fest!" –

Das Wild hat ja eh keine Einwirkungsmöglichkeit auf die Erlegerentscheidung und kennt nicht die zahlreichen Gründe, die zu seiner Erlegung führen können. „Wer schießen will, der schießt! Wer nicht schießen will, schießt nicht!" So einfach lässt sich die Mär vom Schießenmüssen ad absurdum führen, denn jeder Jäger ist ein eigenverantwortlich handelnder Mensch, der keine Selektionsaufträge ausführt sondern nach eigener und übertragener Verantwortung handelt, was bekanntlich d e n entscheidenden Unterschied ausmacht!

So ist meine „Wand der Wahrheit" eine Dokumentation meiner Freuden und Leiden, meiner Hochgefühle und Selbstvorwürfe, meiner Überhastungen und Zögerlichkeiten, meiner Bemühungen und meines Versagens. Als solcher bekenne ich mich zu ihr, so betrachte ich sie, so habe ich meine Freude an ihr und so ist sie mir Ansporn und Mahnung zugleich – hoffentlich noch lange Jahre!

Geschichten um „HÄTTE" und „WÄRE"

Oft ist im Lauf des Jägerlebens
Das, was man tut, total vergebens,
Denn was man anpackt, das missglückt
Was einen meist nicht sehr entzückt.

Im Deutschen stehen diese beiden Formen zur Bezeichnung eines Vorganges bzw.einer Handlung,die sich so unter bestimmten Voraussetzugen oder Bedingungen ereignet haben würden. Jagdlich werden sie immer dann zur Anwendung kommen,wenn es darum geht, eine vergeigte, verpasste, ungenutzte oder schlicht widrige Angelegenheit zu schildern,die es dem Jäger versagten,zum erwünschten Erfolg zu kommen, den er geradezu vorprogrammiert schon sicher für sich verbuchen zu können glaubte. Sie sind Indikatoren von jagdlichem Frust, von Enttäuschung, von Resignation und von Misslingen einer ausgeklügelten Strategie bzw.Taktik.

Solches indes gehört zur Jagd wie die Knallsonne zur Blattzeit und die Neue zur Saujagd. Ohne solche Begebenheiten wäre das Jägerleben langweilig, fad und lediglich Ausdruck eingegebener Daten ohne Erlebniswert, ohne Spannung und ohne emotionale Beteiligung. Der Jäger ist halt zuvörderst auch nur ein Mensch, ein Mängelwesen, das zu steuern glaubt und dabei meist gesteuert wird: vom Wetter, vom Zufall, von Unwägbarkeiten. Und das ist auch gut so!

Um einen Rehbock

Noch nicht lange im Jagdscheinbesitz, wurde mir im herrlichen Buchgraben des Revieres Sandlofs, das ein längst verstorbener Stammtischbruder aus Schlitz gepachtet hatte, ein Bock nach freier Auswahl freigegeben, womit Fritz Z., der erfahrene und großzügige väterliche Freund auch gleich die Probe auf's Exempel meiner jagdlichen Zuverlässigkeit und meines Könnens machte. Seine Hütte stand damals am Rande des tiefen und langgezogenen Buchgrabens – idyllisch, verandaumgeben und heimelig. Dieses kleine Paradies war für die Zeit der Bejagung des Freigegebenen „mein" Belauf, und es sollte perfekt ablaufen – das hatte ich mir fest vorgenommen! Die Hänge dieser Geländefalte war damals mit Altfichten bestanden, die von unterschiedlichem Buschwerk durchsetzt ein idealer Einstand waren, zumal sie direkt auf die anreinende Feldmark zulief. Ein Sitzstock, drei Fichtenzweige vor mir und fertig war der Ansitz, den ich mir sorgfältig nach allen Regeln der erlernten Kunst ausgeguckt hatte. Damals hätte ich mit blankem Spiegel auf einer Stacheldrahtrolle angesessen, nur um draußen sein zu können! Hubertus und Diana hatten Einsehen mit dem beschenkten Grünhorn, denn bereits am zweiten Ansitzabend kam „ER" unter dem Sitz auf der Grabensohle vorbeigebummelt, so dass ich ihn genauestens beäugen und ansprechen konnte: stark im Wildpret, kurzer Träger, Bullenhaupt mit grauem Gesicht und eine überlauscher hohe, pokalförmige, dickperlige Sechserkrone mit langen Enden! – Nein, das war kein Bock für mich, sondern für Freund Fritz, dem ich es sofort zu melden gedachte. Zuvor jedoch sprach ich bei den Jagdnachbarn vor, um meine Beobachtung zu melden und um Schonung des Bockes zu ersuchen. Heute – das ist mir mittlerweile klar – wäre ein solcher Gang unterblieben, denn – auch und gerade Jäger sind Menschen. Sie mochten gedacht haben „Schön, dass wir's wissen, aber lieber uns wie Euch!" Von alle dem wusste der Anfänger indes noch nichts und ich erstattete Meldung beim Jagdherrn; dieser – man glaubt es einfach nicht – gab ihn mir generöserweise frei, was mich in einen wahren Freudentaumel versetzte. Ich wollte es studienbedingt zu Beginn der bevorstehenden Blattzeit versuchen, noch eine Klausur schreiben und vor allem dort im Einstand nicht mehr stören.

Als ich nach vierzehn Tagen zu Semesterende und Blattzeitbeginn wieder daheim einpassierte und mich zum Freudengang auf den Kapitalen rüstete, erfuhr ich, dass die Nachbarn Tage zuvor im angrenzenden Revierteil einen starken, braven Bock gestreckt hatten, wie er dort nicht alle Tage in Anblick kommt. Ich durchlebte ein Wechselbad unheiliger und wenig edler Gefühle und sagte mir später zum Trost „HÄTTE ich doch meinen Mund gehalten, WÄRE ich im Besitz einer herzbetörenden Trophäe!" Wie auch immer: solche Fehler macht man nur einmal im Jägerleben!

Um einen Keiler

Nein, auch nach vier Jagdjahrzehnten habe ich „den Dicken" noch immer nicht die Schwarte gelegt, obgleich eine stattliche Anzahl Sauen meine Ansitz- und Drückjagdstrecke ziert. So harre ich noch immer des Urians, der mir vor's Rohr wechseln soll, aber er kommt dann, wenn ER will, nicht ich! Schon mehrfach HÄTTE es klappen können, WÄREN da nicht wieder die Schutzgeister aktiv geworden. Nun ja – deswegen erzähle ich halt eine Geschichte, die zeigt, wie es ist, wenn „zwischen Lipp' und Kelchesrand" die Dinge ihren eigenen Lauf nehmen und den Jäger zum bloßen Zuschauer degradieren. Jagen ist Hoffen und Hoffen heißt Warten – da beißt die Maus keinen Faden ab!

Die „Speckswiese" in der Revierförsterei Heyerode des Forstamtes Ludwigseck hat es – was Sauen anbetrifft – in sich, denn in ihrem Umfeld bzw. Umwald sind sie ganzjährig anzutreffen, frischen dort und gelangen auch bei Tageslicht vor Linse und Rohr des ansitzenden Jägers. Auch ich hatte dort schon mehrere Sauen erlegt, als ich mich Mitte Juni dort ansetzte, weil ich noch während der Schonzeit bei bestem Licht einen Keiler gesehen hatte, der mir den Atem ebenso nahm wie er mich in einen Schüttelfrostkrampf versetzte.

Gegen 20 Uhr hatte ich auf meinem Hochsitz Platz genommen mit Blick auf den Wildacker und die frisch gemulchte Wiese vor bzw. unter mir und bereits die Parade des Wiesenrammlers, des Renommierjährlings und des Stammtaubenpaares abgenommen, als ein Jungfuchs die Mulchfläche querte und nach Schmackhaftem absuchte. Seine Luftsprünge und seine Beutesätze vertrieben mir die Zeit, als er plötzlich erstarrte und nach dem Waldrand hin sicherte.

Im Randgras erblickte ich die Rückenlinien zweier unterschiedlich hoher Sauen die dann auf der Mulchfläche erschienen und diese in scharfem Troll parallel zu einem Bachlauf unterhalb der Kanzel querten: vorneweg ein Trumm von Keiler, der sich auf dem hellen Untergrund im Spätlicht des Abends kontur- und detailgetreu abhob und sich als Oberklasse auswies. Hinterher ein geringer
Überläufer, quasi als „Anhänger", der ihm im Abstand von ca. fünf Metern folgte.
In solchen Fällen setze ich das Schrecken des Rehes gerne als akustisches Haltsignal ein, was mir bei Bock und Rotwild schon oft Erfolge brachte. Beide sollten hintereinander stehenbleiben, sodass ich dem Keiler in Ruhe vom zusammengeknäulten Lodenkotzen die 30 06 auf das breitseitig gezeigte Blatt setzer konnte! – So weit, so schlecht: der Keiler stand wie eine Bildsäule, aber der Anhänger zog mit zwei Schritten hinter ihn und verhoffte dort parallel zum Dicken. Nein – einen Paketschuss wollte, konnte und durfte ich nicht anbringen!
Ich blieb „drauf" und wartete – den Finger am Abzug – darauf, dass sich das Paket aufschnüren würde. „Doch mit des Geschickes Mächten war auch hier kein Bund zu flechten" – der Überläufer drehte ab, zog durch den Bach und wendete sich hangauf der Heimatdickung zu. Nur noch einen letzten Blick gönnte mir Diana, dann warf sich der Watz herum und folgte dem Vorgänger ebendahin. Wahrscheinlich hatte eine ausserhalb der Zeit rauschige Schwarzwildjungfrau den Alten betört, so dass beide das Bild eines Paares aus junger Frau und älterem Herrn abgaben. Wie auch immer: ich brachte den Schuss nicht heraus und konnte – nachdem ich meine Fassung mühsam zurückgewonnen hatte – beiden nur noch einen vergnüglichen Abend im Westhang des Langenbaches wünschen, wohin sie sich diskret zurückgezogen hatten.
WÄRE die Kleine doch hinter dem Keiler stehengeblieben, ich HÄTTE ihn auf ca. 70 Meter erlegen könnnen und auch der Abtransport WÄRE kein Problem gewesen.
Der Jäger denkt – die Jagdgöttin lenkt!

Um zwei Hirsche

Wieder einmal war das geliebte Revier Altenschlirf im Fortsamt Eisenbach Schauplatz einer frustrativen Begebenheit des jungen, hochpassionierten und gelegentlich vom eigenen Temperament flachgelegten Jägers,wie sie in dieser Form wohl zu den eher außergewöhnlichen zu zählen sein dürfte.

Vom Rickenansitz auf dem Sitzstock im eckerndurchsäten Buchenaltholz des Bachwaldes nach zweistündigem Schneefall unter der Lodenkotze hatte ich mich in den Brühloser Grund gepirscht, um dort bei besserem Spätnovemberabendlicht auf Schneeuntergrund vielleicht doch noch eine ausgewechselte Ricke zu erlegen. Als ich um die Ecke des Buchenaltholzes bog und den Gegenhang in Augenschein nahm, sah ich dort zwei jüngere Hirsche friedlich miteinander den Spätaustrieb des Weidegrases auf quellhöfigem Untergrund äsen. Also: nix wie ran! Lodenkotzen runter, Rucksack weg, Glas kurz geschnallt, Wollmütze festgedrückt und den Abstand zu den beiden im Schutz des Erlensaumes des Bachlaufes verkürzt, um in eine einigermaßen sichere Schussposition zu kommen. „Du kannst Hirsche bis zum Eissprossenzehner schießen, aber keine ein- oder beidseitigen Kronenhirsche!"-so hatte es mich Willi H., der zuständige Revierbeamte und Freund, auf die Seele gebunden. Das war Gesetz und der Grund für meine Einzelkämpferattacke auf die beiden Hirsche. Am Bach angekommen, sah ich durch die Randäste einer dicken Erle, dass sie mittlerweile weiter in Richtung Frühstücksplatz gezogen waren, sodass ich bis über meine Knie hinein in das eiskalte Wasser musste, um wieder zu ihnen aufzuschließen. Über Stolperbasaltbrocken und Glitschwurzeln im Bachlauf rutschend stakste ich mit vollen Eiswasserstiefelschäften hinterher und schaffte es – wie ein Holzrückergaul dampfend – nach und nach den fehlenden Boden wieder gut zu machen. Ich beugte mich tief unter das Ufer, um erst einmal zu verschnaufen, bevor ich daran ging, meine Artillerie in Stellung und mich in eine vetretbare Schussposition zu bringen. Also: aufgerichtet, geschaut und das Glas vor die Augen, um zu sehen, mit wem ich es denn da zu tun haben würde. Doch: Nebel vor Augen, sonst gar nichts! Das Glas war durch den Temperaturunterschied im Kalthauch des Baches so angelaufen,dass ich es nicht trocken und sauber bekam – so heftig ich auch zu reiben versuchte. Ähnlich erging es mir mit dem hilfsweise beigezogenen Zielfernrohr, in dessen Okularlinse auch nur dicke Suppe zu sehe war. Glas weg, Zielfernrohr runter und über Kimme und Korn dem näher stehenden Hirsch auf die breitseitig dargebotene linke Blattregion gezielt – das WÄRE gegangen, HÄTTE ich gewusst, was er auf dem Haupt hatte! Genau das aber war so nicht möglich, und einen Verdachtsschuß anzubringen – das gab es nicht! Auch die wiederaufgenommenen Reibe-und Trocknungsversuche der Zittereishände an Glas und Zielfernrohr brachten nichts – außer dass sie meine Erregung in's Unermessliche steigerten und mich in helle Verzweiflung stürzten. Die beiden Geweihten hatten sich derweil offenkundig sattgeäst und wendeten sich nach einer kurzen Sicherungspause gemächlich der nahen Mattebergdickung zu, in der sie ihren Einstand hatten. Dass ich ohne Lungenentzündung aus dieser novemberlicher Wassertretkur herausgekommen bin, führe ich darauf zurück, dass zwar der Unterkörper bis zu den Keulen eisgekühlt war, die Erregung und das Jagdfieber aber für beschleunigten Puls und angekurbelte Blutzirkulation sorgten. HÄTTE ich Rindvieh doch vor Beginn der verdeckten Verfolgung der Hirsche im Bachlauf auch nur ein einziges Mal die Optik kontrolliert, um ganz sicher zu gehen, dann WÄRE ich nicht so jämmerlich mit nassen Hosen im Brühloser Grund gestanden; möglicherweise aber auch um ein nicht alltägliches Jagderlebnis gekommen, das mich noch heute gelegentlich in jagdlichen Träumen heimsucht.

Glücklich der wackere Nimrod, dem solche oder ähnliche „HÄTTE-WÄRE-ERLEBNISSE" zuteil wurden, denn sie gehören einfach dazu und zeigen uns technikausgerüsteten Jägern immer mal wieder unsere Grenzen, auf dass wir nicht masslos und selbstgerecht werden!

Über Wilderei

Der Wilderer ist meist ein Mann,
Der geht, weil er nicht anderes kann!
Ihn treibt die Not, ihn treibt das Geld
Er liefert stets, was man bestellt

Über Wilderei gibt es unzählige Geschichten, Berichte, Untersuchungen, Schilderungen und Aufsätze – wahre, objektive, faktenbasierte, legendenhafte, verklärte und verklärende. Wilderei ist – um es kurz zu sagen – die andere, die Gegenseite der Jagdmedaille. Sie ist aus allen Regionen aller Jahrhunderte unseres Landes belegt und stand bzw. steht seit jeher in einem spezifischen Spannungsverhältnis zur Jagd. Die Geschichte der Jagd ist mithin auch eine Geschichte der Wilderei. Sie hat – wie die Jagd – viele komplexe Facetten, ist aber nur schwer daten- und faktenmäßig zu erfassen, da sie sich naturgemäß „im Dunkel" abspielt wohin das Auge des Jägers eher selten blickt.

Man muss davon ausgehen, dass schon immer und überall dort gewildert wurde und wird, wo ein geordnetes Jagdwesen existiert und Wildbestände vorgehalten werden, die der jagdlichen Nutzung durch rechtmäßige Jagd und Jägerei dienen. Während sich Jagd in rechtlich abgesichertem, geschütztem und definiertem Raum abspielt, vollzieht sich Wilderei im Illegalen, Außergesetzlichen, Unrechtmäßigen und ist von daher seit jeher strafbewehrt, ihre Ahndung und Verfolgung mithin rechtliches Gebot.

Zur Zeit, als Adel und Klerus das Jagdprivileg besaßen, waren die für Wilderei verhängten Strafen teilweise drakonisch, was zeigt, wie konsequent man sein Privileg zu verteidigen und zu sichern wusste. Auch die Zahl der in Auseinandersetzung mit Wilderern in Ausübung ihres Dienstes zu Tode gekommenen Förster zeigt, mit welch verbissener gegenseitiger Härte diese Kämpfe ausgefochten wurden.

Je nach Perspektive bzw. Blickwinkel schwankt das Bild des Wilderers zwischen den Extremen des „freien, stolzen, leidenschaftsgetriebenen Wildpretschützen", der einem dunklen Drang folgen muss und dem „Fleisch machenden Ströpper aus Habgier, Geldgier oder Hunger". Dementsprechend reagierte die Öffentlichkeit auch, indem sie Wilderer à la Jennerwein verklärte und zu Märtyrern machte, weshalb sich auch so viele „Zunftgenossen" der direkten oder klammheimlichen Unterstützung der Gesellschaft sicher sein konnten, die eher geneigt war, gegen „den Gendarmen und den Förster" Front zu machen als sie zu verraten.

Gerade im südlichen Alpenraum Bayerns, Österreichs und Tirols hat das Wilderer(un)wesen seine ausgeprägtesten Wurzeln, was bekanntlich bis in die Volkskunst hineinreicht und Liedtexter, Komponisten, Maler und Erzähler zu künstlerischer Produktion antrieb. Auch die Legende vom ausgefuchsten Wilderer als Schrecken der herrschaftlichen Wälder, der als Jagdaufseher zu deren treuestem Hüter wurde, gehört in diesen Zusammenhang.

Weder Schlitzerland und Vogelsberg noch Knüll, in die dieses Buch führt, waren und sind von der Wilderei verschont geblieben, denn überall gibt es abgelegene Ecken und Winkel, wo es relativ einfach war und ist, dieser Art der „Jagd" nachzugehen. Überall auch gibt es rege entsprechende Reflexe in Erzählungen und Geschichten aus dem Volk, die dieses Thema zum Gegenstand haben. Objektiv aufgearbeitet auf der Basis polizeilicher Recherche und rechtsbeständiger Urteilsfindung jedoch ist sehr wenig überliefert, so dass sich um Wilderei stets der Mythos des geheimnisvollen Unbekannten rankt.

Ich bin in der glücklichen Lage, mit dem regional und landesbekannten Wildereiexperten PHK Alfred Hahner aus Lauterbach einen guten Bekannten an meiner Seite zu haben, der auf Grund seiner speziellen Zuständigkeit wertvolle Hinweise und Ratschläge lieferte, die zumindest ein reliefartiges Bild von der Wilderei im Vogelsberg erlauben, das mehr enthält als Spekulation und Mythos. Ihm sei an dieser Stelle recht herzlich Dankeschön gesagt dafür, dass er mich Einblick in einige von ihm bearbeitete und geklärte Fälle nehmen ließ, wodurch diesen Darstellungen ein festes Fundament gegeben werden konnte.

Die heimtückischste – für den Wilderer jedoch risikoärmste – Art, sein schmutziges Handwerk auszuüben, ist die auf Wechseln und Pässen ausgeübte „Jagd mit der Drahtschlinge", in der sich die Tiere zu Tode zappeln, bis sie stranguliert Beute des Fleischmachers werden. Wird der Steller nicht an der Schlinge in flagranti ertappt, kostet es viel Zeit und Ausdauer, ihn am Ort seiner Untaten zu überführen. Ermittelnde können ein Lied davon singen, wie hier mosaikartig ein Steinchen zum anderen gelegt werden muss, bis sich daraus ein rechtsfestes Anklagegebäude ergibt. Auch die in diesem Zusammenhang durchgeführten Hausdurchsuchungen sind hochkompliziert und diffizil. Reicht alles hin und passt alles zusammen, kommen dann oft Urteile dabei heraus, die mehr als lächerlich sind und in krassem Missverhältnis zum Ermittlungsaufwand stehen. Eine abschreckende Wirkung haben derartige Maßnahmen ohnehin nicht sondern laden eher zum Weitermachen ein. Der Schlingenwilderer will Fleisch machen, und oft war es schlicht der Hunger, der dazu anhielt, diese lautlose und effektive Jagd gezielt auszuüben.

Aus dem Vogelsberg sind aufgearbeitete und abgeschlossene Fälle von Schlingenwilderei aus Hochwaldhausen (Januar 1966), dem Herbsteiner Stadtwald (Januar 1972) sowie aus der Riedeselschen Revierförsterei Engelrod (November 1977) dokumentiert und aufgeklärt. Viele Schlingen indes bleiben unentdeckt sowie auch manches Beutetier, das dann erbärmlich verendet und verludert. Während die Schlingenwilderei als Hungerwilderei derzeit insgesamt gesehen deutlich rückläufig und eher allgemeinen Notzeiten zuzurechnen ist, hat die Autowilderei in Kooperation mehrerer Beteiligter und involvierter „Jäger" sich nicht abgeflacht. Nicht eben selten paktieren sogar Jagdscheininhaber unterschiedlichster Provenienz und durchaus keine „randständigen" Personen miteinander, was zur Bildung ganzer Beschaffungs- und Verteilerringe führt, die nicht selten einen erheblichen Aktionsradius aufweisen, denn mit dem Pkw (heute Allradfahrzeuge!; Handy) ist man extrem mobil und vor allem – flexibel. Die Beschaffungsakteure sind mit Jagdwaffen inkl. Pistolen ausgerüstet und setzen Waffen-, Beleuchtungs- und Fahrzeugtechnik gezielt und skrupellos ein. Obwohl generell unter dem Schutz der Nacht „gearbeitet" wird, kann es auch tagsüber geschehen, wenn der Tatort nur abgelegen genug ist. Motive sind „Sport!" wie auch Geldgier. Man kann die klassische Art der Autowilderei vereinfachend mit folgenden Worten wiedergeben: „heranfahren, anleuchten; blenden; schießen; (bergen) (liegen lassen); wegfahren; zurückkommen; einladen; weg!" –

Neben schallgedämpften Waffen mit schwachem Mündungsknall und kleineren rasanten Kalibern werden Suchscheinwerfer mit entsprechender Blendwirkung eingesetzt. Wenn anderntags etwas gefunden wird, dann sind es Reifenabdrücke, die zu vielen Autos passen, ggf. ein paar Haare vom Wildkörper und winzige Schweißspuren, zu deren Auffinden es schon der geübten Hundenase bedarf. -

Ein für allemal vorbei Gestalten wie der Lanzenhainer Wilderer, der im Besitz eines brustlangen schlohweißen Vollbartes war, den er bei seinen nächtlichen Gängen in einem umgebundenen Frauenstrumpf barg, um nicht erkannt oder erspäht zu werden – so, wie anderswo die Gesichter schwarz gemacht wurden, weshalb auch von sog. „Schwärzern" gesprochen wurde. Was im Vogelsberg Lanzenhain, das waren im Schlitzerland das Fraurombach-Michelsrombachische Grenzgebiet und im Knüllraum abgelegene kleine Walddörfer in Streulage, wo es diesbezüglich „nicht so sauber war".

Insgesamt 20 Personen waren involviert, die Kommissariate Lauterbach, Friedberg und Hanau betroffen in die sog. „Vogelsberger Wilddiebaffäre", unter welchem Namen sie in die Justizgeschichte einging als eine der spektakulärsten und umfangreichsten Affären der Nachkriegszeit in Deutschland. Haupttäter hier: ein Jagdscheininhaber, den Geldgier antrieben. Das Wildpret brachte Geld: DM 11,00 /kg; jeder Kundige kann sich mithin ausrechnen, was eine Ricke, ein Bock, ein Stück Kahlwild oder eine Sau den „Erlegern" brachten! Fast sämtliches Fleisch wanderte offenkundig nach Frankfurt, wohin der Haupttäter funktionierende Verbindungen hatte.

Was mag da alles eingesetzt worden sein, um Erwerb, Verteilung und Absatz zu organisieren und die an ihnen Beteiligen „ruhig" zu stellen! „Wildern – ein Kavaliersdelikt?"

„Wilderer – romantisch verklärte Freiheitshelden, die aus edlen Motiven handeln?" Dieses wirklichkeitswidrig sozialromantisch verkitschte Bild sollte dringend retuschiert und korrigiert werden, denn es entspricht nicht der Realität. Von unserer Justiz härtere, konsequentere und nachhaltigere Strafen zu erwarten, bleibt eine vergebliche Hoffnung.

Freunde durch Jagen – Jagen durch Freunde

Hast Du Freunde auf der Jagd
Dann, lieber Freund, sei Dir gesagt:
„Wer die Jagd mit Freunden teilt,
Bei dem des Jägers Glück verweilt!"

Am Ende dieses Streifzuges durch mein bisheriges Jägerleben auf heimatlichen Jägerpfaden steht die für mich beglückende Erkenntnis im Rückblick und in der Zusammenschau, dass es stets und überall gemeinsames Jagen mit Freunden gewesen ist! Allein diese Tatsache hat diesen vier Jahrzehnten meines Jägerlebens einen unverwechselbaren und unlöschbaren Stempel aufgedrückt, der diese Art zu jagen zu etwas ganz Besonderem macht, was in der Form und Intensität mit Sicherheit nicht jedem Jünger Huberti beschieden sein dürfte.

Sowohl dem Schlitzer als auch dem Altenschlirfer Jägerstammtisch lag eine Stützstruktur aus Einzeljägern unterschiedlichster Individualität und Ausprägung zugrunde, was sowohl individualpsychologisch als auch sozial, jägerisch und – menschlich zu verstehen ist. Ebenso vereint die Jägerszene um Ludwigseck unverwechselbar unterschiedliche Persönlichkeiten, die hinsichtlich ihrer Wesensart – jeder für sich genommen – dazu beitragen, einen Kreis zu schaffen, der sich durch ein ganz typisches „Klima" auszeichnet, das jeder spürt, der mit ihm in Berührung kommt. Gleiches gilt für den Kreis der Oberwaldjäger, den der Jagdherr mit Bedacht und Fingerspitzengefühl um sich geschart hat.

Jagen ist – seiner Natur, Geschichte und Entwicklung nach – auf Gemeinschaft, Gemeinsamkeit hin angelegt, was auch nicht dadurch zu widerlegen ist, dass die Einzeljagd unendlich beglückend sein kann. Wer miteinander jagt, der lernt den Mitjagenden sukzessive intensiver kennen; nimmt Einblicke; lernt von ihm; wirkt auf ihn zurück; nimmt teil; gibt; lässt Teilnahme zu. -

Revierarbeiten, Gemeinschaftsansitze, gemeinsames Jagen; die beschließende Geselligkeit hernach, das geteilte schmerzliche oder freudige Erlebnis; die Bergung eines Stückes; die jagdliche Nothilfe; der Austausch von Erfahrungen, Meinungen, Erkenntnissen, Ratschlägen und Erinnerungen – ohne Gemeinschaft unmöglich, undenkbar.

Nur konsequent also, dass jägerisches Miteinander in grundsätzlich zwei verschiedene Richtungen hin ausmünden kann: entweder man erkennt die Andersartigkeit, das Trennende und rückt wieder voneinander ab oder man wird der Gleichartigkeit, des Gemeinsamen gewahr und rückt noch enger zusammen! Gemeinsames Jagen als Begründerin, Stifterin und Basis eines komplexen, sensiblen zwischenmenschlichen Zusammengehörigkeitsgefüges, das auf Gegenseitigkeit basiert – wie viele wertvolle und zeitbeständige Freundschaftsbeziehungen hat es mir beschert!

Am Stück, am Feuer, an der Tafel, bei der Rast – wo, wenn nicht dort, ist es möglich, zueinander Kontakte aufzunehmen, die – bei pfleglicher Behandlung und gegenseitiger Rücksichtnahme – mehr werden können. Nur: man darf und sollte nie versuchen, das vorsätzlich, geplant, kalkuliert und gezielt zu betreiben, denn das verdürbe alles. Was angelegt ist, wird sich entwickeln; was nicht, wird vorzeitig eingehen oder aber gar nicht erst wurzeln!

Jagen hat etwas Intimes, das Einblicke in menschliches Denken und Fühlen zulässt, wie wir sie aus dem hektischen, anonymen Alltag gar nicht kennen. Man erkennt in einer Geste, in einem Wort, einem Satz plötzlich und unvermittelt „die verwandte Seele" und merkt, dass da irgendetwas zusammengeht, passt oder einfach stimmt. Aus Mitjagenden werden Vertraute, die – wenn man Glück hat und das Seinige dazu tut, Freunde werden können.

Freilich: gerade hier muss Gegenseitigkeit vorhanden sein – ausgesprochen und unausgesprochen – denn Einseitigkeit höhlt erfahrungsgemäß jede menschliche Beziehung mehr oder minder schnell aus.

Manche der in diesen Zeilen Genannten sind mir zu Freunden geworden, manchen konnte ich es werden. Sie zu klassifizieren, mit Prioritäten zu versehen, sie in eine Rangordnung zu stellen – das geht nicht und das will ich nicht! Jede einzelne Persönlichkeit ist in sich unverwechselbar, eigenwertig und eigengewichtig. Sie haben meinen Jägerpfad bis auf den heutigen Tag geprägt und beeinflusst. Ohne sie wäre mein Jäger-Leben ärmer, kälter, einsamer geworden. Ich kann daher nur hoffen, dass auch ich ihnen im Gegenzug etwas habe geben können, dessen sie bedurften.

Glücklich der, dem gemeinsames Jagen zu Freunden verhalf, denn er jagt zwiefach.

DANKE Euch allen – ob Ihr nun noch um die Wege seid oder schon nicht mehr mit uns jagen könnt!

Positionen

Jagd im Spannungsfeld des Zeitgeistes

Jagen wohin?

Quo vadis, Jagd? Was wird geschehen?
Wohin steuert Dein Geschick?
Werd' jagen ich den Enkel sehen?
Skeptisch eilt voraus mein Blick!

Schwer ist der Weg, denn diese Zeiten
Sind freundlich nicht der Jägerei!
Wo Vorurteile sie begleiten,
Sind Jagd und Jäger nicht mehr frei.

Deswegen habe ich beschrieben
Die Jagd, so wie ich sie erlebt. -
Wär' gerne Optimist geblieben,
Weil man am Altvertrauten klebt.

Für mich heißt es so zu jagen,
Dass Hand und Weste sauber bleibt,
Dann kann man frei und offen sagen,
Was einen hin zum Jagen treibt!

„Warum hast Du Dein Buch mit pessimistischen Reflexionen ausklingen lassen, statt noch ein frischgrünes Kapitel zur Unterhaltung Deiner Leser anzufügen?" rügte mich ein Freund, der mich während der Arbeit mit Rat und Tat unterstützte. „Weil ich mir keinerlei Illusionen über die Zukunft der Jagd mache, die mir zeitlebens am Herzen lag und liegt!" antwortete ich ihm darauf.

Wer die gesellschaftlichen und politischen Veränderungen der letzten drei Jahrzehnte aufmerksam registriert und in der Lage ist, die Signale der Zeit richtig zu deuten, der weiß, was auf alle die zukommt, die – auf welche Art auch immer – Naturnutzung betreiben.

Dort nämlich, wo Sozialneid und politisch korrektes Denken mit öko-fundamentalistischen Vorstellungen und politischem Populismus eine unheilige Allianz eingehen, wird die Luft für uns Jäger immer dünner! Da braucht es dann den selbstverschuldeten Eigenanteil solcher „Jäger" nicht mehr, denen Waidgerechtigkeit und jagdlicher Anstand Fremdworte sind, weil sie unter Jagen den Einsatz von Geld für kapitale Trophäen verstehen und ihren Erwerb auf suspekten Wegen billigend in Kauf nehmen.

So ist unsere herrliche Jagd in ein Spannungsfeld geraten, wo innere und äußere Faktoren zeitgleich wirksam sind und – in unterschiedliche Richtung wirkend – das zu zerreißen drohen, was sorgsame und verantwortungsbewusste Hände in Jahrhunderten aufgebaut und erhalten haben.

Vor diesem Hintergrund will mein Buch gelesen, genossen und verstanden werden, denn es ist das bescheidene Alltagswaidwerk, das weltweit Millionen von Menschen zusammenführt und vereinigt – jeden so, wie es ihm die jeweiligen Traditionen vorschreiben. Der jagende Mensch war schon immer derjenige, dem Naturerhalt und Naturschutz am Herzen lagen, denn sie sind die eigentlichen Lebens- und Existenzgrundlagen der Jagd, und dies schon lange vor der Zeit, als – mediengeputscht – in Studierstuben und an Computern virtuelle Naturen erschaffen wurden, in denen der nutzende Mensch lediglich ein Störfaktor ist, den es tunlichst in eine randständige Position zurückzustellen gilt.

Sauberes Jagen, verantwortungsvoller Umgang mit dem Tier, artgerechte Nutzung natürlicher Dargebote und nachhaltige Zusammenarbeit im Generationenverbund – wenn das allerdings einmal genereller Konsens der Jäger würde, hätten wir alle den Kampf um unsere Zukunft bereits gewonnen!

Ohne Jagd kein Wild?!

Eine Frage bzw. Feststellung, die ihrer – scheinbaren – Paradoxität wegen vom jagdlich weniger informierten Zeitgenossen als unlogisch und unsinnig, ja vielleicht sogar als Propagandalüge verstanden und interpretiert wird, werden kann. Deshalb soll sie zum Anlass genommen werden, am Beginn der Auseinandersetzung zwischen Zeitgeist und Jagd quasi einen Einstieg in eine höchst komplexe und vielschichtige Materie herzustellen. Sie ist daher bewusst provokativ gestellt und getroffen, weil es das Ziel dieses Teiles des Buches ist, das Wesen der Jagd und des sie betreibenden Menschen einmal aus der Perspektive eines Betroffenen und Engagierten zu beleuchten und somit über Information und Unterhaltung für sie zu werben. Dem modernen, teilweise schon in einer virtuellen Welt lebenden Menschen unserer Zeit das nahezubringen, was sich in Jahrtausenden entwickelte und unter Veränderungen auf uns gekommen ist – wenn mir das auch nur ansatzweise gelänge, wäre das ganz das, was ich mir wünsche.

Denn: wir Jäger sind keine wütigen Abknaller und unsere Jagd ist sinnvolles, notwendiges Tun, das verantwortlich betrieben und auf Nachhaltigkeit angelegt sein sollte bzw. ist. Eine unvoreingenommene, lernoffene Haltung der Aussenstehenden und eine kompetente, selbstkritische Information der Insider – das braucht es, wenn wir miteinander ins Gespräch kommen wollen, um uns besser zu verstehen, damit wir miteinander leben und auskommen können! -

In einer so stark wandlungs- und umbruchgeprägten Gesellschaft wie der unsrigen an der Wende zum Dritten Jahrtausend wird – das ist richtig und unverzichtbar – alles auf den Prüfstand gestellt, was überkommen, überliefert, übernommen und tradiert ist; so will es die Logik der Geschichte, die ohne Wandlung auf der Stelle tretend in Stagnation und Rückschritt zurückfiele. Wie sollte da ausgerechnet unser Jagdwesen von dieser Dynamik ausgespart bleiben, das doch in ganz besonderem Maße „Historisches" im weitesten Sinne transportiert und von diesem strukturell und substantiell geprägt ist. Wir Jäger haben daher die Aufgabe, uns diesen Herausforderungen zu stellen, ihnen nicht auszuweichen oder „die guten alten Zeiten" larmoyant zu beschwören.

Wir dürfen nicht zu spät kommen, da uns sonst der Zeitgeist überrollt und an die Seite fegt! Aber: wir haben es auch nicht verdient, von feindbildgeleiteten, sich elitär gerierenden, neidischen, lernunfähigen und selbsternannten Heilsbringern und Vertretern der reinen Lehre an einen Pranger stellen zu lassen, an den wir nicht gehören! Vorurteile – und kämen sie aus politischem, religiösem, akademischem und philosophischem Munde – führen die Menschen nicht verstehend zueinander sondern missverstehend in die Polarisierung, die ihrerseits den gesellschaftlichen Frieden gefährdet. Wem der Schaum des Eiferers in die Augen tritt, der sieht nicht mehr kontur- und proportionsgerecht!

„Die Jäger schießen alles ab, was ihnen vor ihre Flinte kommt!" So lautet das verheerende und weitverbreitete Vernichtungsurteil zeitgeistfixierter Menschen, die nicht wissen, wovon sie reden, gleichwohl aber offenkundig ihr Feindbild brauchen. Ihm setze ich die Titelfrage und Titelaussage „Ohne Jagd kein Wild?!" entgegen.

Bevor in der Bundesrepublik jemand die Jagd ausüben kann und darf, muss er sich einer detaillierten Jägerprüfung unterziehen, die ihrerseits in einen schriftlichen, mündlichen, schiesstechnischen und praktischen Teil unterteilt ist und der eine unterschiedlich lange Vorbereitungszeit im Revier, im Lehrgang, unter der Ägide eines Mentors vorausgeht. Nach Bestehen erhält er die Bescheinigung, dass er/sie die Jägerprüfung bestanden und somit die Berechtigung erworben hat, die Jagd auszuüben – den Jagdschein!

In Vorbereitungszeit und Prüfung lernt der Jagdscheinauszubildende alle jagdrelevanten Teildisziplinen und Stoffgebiete kennen, deren es bedarf, um künftig die Jagd auf wildlebende Tiere auszuüben und sich diese als Beute anzueignen. Das Anspruchsniveau und die Durchfallquote sind hoch bei diesem „grünen Abitur", wie die Jägerprüfung zu Recht genannt wird. Zum Kanon gehören: Wildtierkunde (Anatomie, Lebensweise, Biologie, Veterinärwesen), Gesetzeskunde (Eigentumsrecht, Waffenrecht, Betretungsrecht, Seuchenrecht, Anzeigepflichten, Meldepflichten etc.), Waffenkunde (Theorie und Praxis des Umganges mit Waffen, Funktionsweise, Munitionswesen, Ballistik, Sicherheitsbestimmungen etc.), Ökologie (Ansprüche von Tieren und Pflanzen an ihre Lebensräume, Artenschutz, Gewässerkunde, Pflanzengesellschaften, Symbiosen, Nahrungsketten etc.), Revierpraxis

(Versorgen erlegten Wildes, Bau jagdbetrieblicher Einrichtungen, Anlage von Schutzgehölzen und besonderen Biotopen, Renaturierungsmaßnahmen etc.). Als Ausbilder stehen den Kandidaten, Teilnehmern und Prüflingen hochqualifizierte und motivierte Ausbilder/Innen zur Verfügung, die jede/r in seinem/ihrem Fachgebiet als ausgewiesene Experten gelten und dementsprechend in ihre Funktion berufen wurden.

Somit erweisen sich sowohl die Vorbereitung auf die Jägerprüfung als auch die Durchführung derselben und ihr Anspruchsniveau als Garanten für die Sicherstellung eines qualifizierten und kompetenten Jägernachwuchses auf europaweit unerreicht hohem Niveau. Hier wie bei jedem anderen Examen entscheidet dann letztlich der/die Einzelne selbst, wie weit er/sie das Vermittelte verinnerlicht hat und wie nachhaltig es auf sein jägerisches Tun wirkt. Der Faktor Mensch freilich ist nicht so total durchzuprüfen, dass er die abolute Gewähr gäbe, aber das ist beim Führerschein, beim Examen als Arzt oder Lehrer und beim Handwerksmeister ebenso wenig der Fall. Von wegen also: „Die Jäger schießen alles ab, was ihnen vor ihre Flinte kommt!"

Kaum jemand unserer zahlreichen selbstberufenen und selbsternannten Kritiker weiß, dass in der Bundesrepublik die Jagd innerhalb eines bestimmten Revieres oder Jagdbezirkes vom Jagdausübungsberechtigten nur im Rahmen eines peinlich genau spezifizierten Abschussplanes ausgeübt werden darf, der exakt und justitiabel vorschreibt, wie viele Tiere einer Wildart nach Geschlecht und Lebensalter bzw. Gewicht erlegt werden dürfen, zu welchen Zeiten die Jagd erfolgen darf, welche Wildart wann Schon- und Schusszeiten haben und welche per Gesetz von der Bejagung ausgenommen sind.

Darüber hinaus sind das Führen von Jagdwaffen, das Verwerten von Wild, die Anlage von Wildäckern und Wildäsungsflächen, die Ausweisung von Wildruhezonen, Munitionsart und Munitionsstärke etc. exakt geregelt und überwacht, wie es europaweit kein anderes Land „seinen Untertanen" zumutet und wie es sich kein Untertan irgendwo anders gefallen lässt. Speziell die deutsche Obrigkeit scheint ihren Untertanen besonders zu misstrauen, wie sich aus dem Dschungel einzuhaltender und zu beachtender Vorschriften unschwer ableiten lässt.

Unsere Jägerschaft insgesamt sowie die einzelnen Mitglieder derselben wenden alljährlich erhebliche Geldmittel auf, um auf begrenztem Territorium jagen zu können: das sind neben den teilweise horrenden Pachtsummen teilweise ebenso hohe Kosten zur Kompensation von Wildschäden an forstlichen und landwirtschaftlichen Nutzpflanzen und Kulturen. Hinzu kommen Gelder für Biotopverbesserungsmaßnahmen, Schutzmaßnahmen und Reviergestaltungsmaßnahmen (Verbissgehölze, Feldholzinseln, Ackerrandstreifenprogramme, Heckenanlagen, Feuchtbiotope etc.). Neben den erforderlichen Finanzmitteln erfordert das Ganze hohen Arbeitseinsatz durch Mensch und Gerät sowie laufende Unterhaltungsmaßnahmen. Von wegen also: „Die Jäger schießen alles ab, was ihnen vor ihre Flinte kommt!"

Ausschließlich durch planmäßige, gesetzeskonforme und nachhaltige Bejagung der dem Jagdrecht unterliegenden Wildarten durch den kompetenten, sachkundigen, geprüften, verantwortungsbewusst handelnden und die Belange des Artenschutzes ebenso beachtenden Jäger kann sichergestellt werden, dass in der Fläche der Biotopkapazität angepasste, artenreiche und gesunde Wildbestände vorgehalten werden können. Wäre dem in dieser unserer Republik nämlich nicht so, wäre die eine Tierart ausgestorben und die andere hätte sich explosionsartig vermehrt. So tritt der Jäger als Erhalter und Gestalter ebenso in Erscheinung wie als Regulator und Selektor. In dieser unserer Kulturlandschaft ist Jagd der sichere Garant dafür, dass auch der Enkel noch Wild sehen kann! Nicht der Jäger bringt Tierbestände an den Rand der Ausrottung oder ist ursächlich für Fehlentwicklungen faunistischer und floraler Art sondern Verkehr, Umweltzerstörung, ungezügelter Raubbau an naturgegebenen Ressourcen und Landschaftsverbrauch unter dem Diktat des konsumptiv immer anspruchsvoller und rücksichtsloser werdenden „Menschen von nebenan!", der oft gar nicht weiß, was er tut. Von wegen also: „Die Jäger schießen alles ab, was ihnen vor ihre Flinte kommt!"

Jäger, Jagen und Jagd zwischen Mahlsteinen

Bei aller berechtigen Kritik über die Art und Weise, wie die politisch-gesellschaftlich-mediale Öffentlichkeit mit uns Jägern derzeit glaubt verfahren zu sollen, darf indes nicht übersehen werden, dass auch wir selbst es oft genug sind, die Hand an die Wurzel der Jagd legen. Schuldzuweisungen nach außen sind das eine, Selbstkritik nach innen ist das andere!

Nur dann, wenn wir Jäger zur Selbstkritik fähig sind, erweisen wir uns als dialogfähig und haben unsere Bereitschaft bewiesen, unsere ureigenste Sache selbstbewusst und kompetent zu vertreten. Das aber tut jeder von uns jeden Tag, wenn er jagend unterwegs ist ! -

Wenn ich es richtig sehe und mein eigenes Bild von der Jagd mit dem öffentlichen vergleiche, sind es insgesamt fünf Felder, auf denen wir Jäger – bewusst oder unbewusst, unabsichtlich oder vorsätzlich – angreifbar geworden sind. Ihre Reihenfolge ist nicht im Sinne einer Wertung zu verstehen sondern gehorcht dem Additions- nicht dem Kumulationsprinzip.

Unsere Jagd ist kommerzialisiert!

Von den Pachtpreisen über den globalen Jagdtourismus und das Marktsegment „Ausrüstung, Ausstattung" bis hin in den jagdlichen „Intimbereich" des Einzeljägers durchwuchert ein engmaschiges Netz an Produktangeboten den gesamten jagdlichen Bereich, so dass der falsche Eindruck entstehen muss, Jagen sei nur noch mit einer dicken Rolle Scheine in der Tasche der Trachtenjacke möglich. Wen wundert es daher, dass die Öffentlichkeit auf solche Falschmeldungen abfährt, sehen sich doch viele Meinungsmacher in ihren diesbezüglichen wohlfeilen und ideologisch fundierten Vorurteilen und Feindbildern bestätigt. Kein Mensch nämlich spricht von den hohen Beträgen, die verantwortungsbewusste Jäger alljährlich bundesweit in biotopverbessernde Maßnahmen investieren, was ja allen Menschen zugute kommt, denen Nist- und Brutmöglichkeiten vieler Tierarten am Herzen liegen. Aber: ein sich aufdringlich aufspielender Geldprotz kann so die bescheidene aber zielführende Arbeit vieler zunichte machen!

Jagd ist häufig zu einem Prestigeobjekt verkommen!

In unserer Gesellschaft ist es Mode geworden, dass sich immer mehr Menschen über Objekte definieren, die ihr – angebliches! – Prestige zu steigern und zu erhöhen in der Lage sein könnten. Es ist Zeitgeist, dass man das, was man hat und womit man glaubt auftrumpfen zu können, auch jedermann zeigt. Es so „richtig knakken zu lassen" ist Menschenart, wenn auch nicht unbedingt fein oder sympathisch.

Sich mit bestimmten Attributen auszustatten und auszurüsten schmeichelt dem Ego ebenso sehr wie es das eigene spezifische Gewicht erhöht. Man denke dabei nur an die vielfältigen Szenen und Trends, die heute tonangebend sind und gezielt entwickelt werden – am Designercomputer pfiffiger Anbieter und Produzenten von Artikeln – die so in den Kreislauf der Begehrlichkeiten eingeschleust werden – „Was ich nach außen zeige, das bin ich!"

Der moderne Mensch hat ein Naturbild, das realitätsfremder nicht sein kann!

Katalogidyllen, Clublandschaften, Nostalgiekulissen und virtuelle Scheinwelten, wie wir sie auf vielfältigste Art und Weise in unseren Lebensbereich „hineingespielt" bekommen, und die nicht hinterfragt werden, bilden die Ausgangsbasis eines Naturbildes, das sich als Abbild der Realität in den Köpfen und Gemütern des unbedarften Zeitgenossen etabliert und seine Seh- und Denkweise bestimmt.

In solch virtueller Welt haben die Gesetzmäßigkeiten von Werden und Vergehen, Geburt und Tod, Fressen und Gefressenwerden natürlich keinen Platz, weshalb der moderne Zeitgenosse ebenso wenig Verständnis für sie hat wie er um ihre Geheimnisse weiß. Für viele Jäger ist die belebte Natur von Wald und Feld lediglich Kulisse ihrer Aktivitäten, an der vorbei sie schauen und über die hinweg sie hören. Dass alles, „was da kreucht und fleucht" in seinem Zusammenwirken und Aufeinander-Bezogen-Sein erst die Jagd mit all ihren Eigenheiten ausmacht – die Ärmsten, sie wissen und sie begreifen es nicht! -

Ehrfurcht vor der Kreatur, die wir andererseits wiederum als Beute begreifen – dieses Paradox ist – zugegebenermaßen – nur schwer zu vermitteln, und wir müssen uns daher durchaus eine fundamentale Schizophrenie in unserem Jagdhandeln vorwerfen lassen, die wir nicht einfach wegwischen können. Jagen ist ein Eintauchen in das Leben mit allen Fasern des Seins – vielleicht erklärt das so manche schwer nachvollziehbare Handlungsweise des jagenden Menschen.

Unsere Gesellschaft ist derzeit einem rasanten Werteverfall ausgesetzt!

Und mit ihr alle tradierten, gewachsenen und überkommenen Einrichtungen – also konsequenterweise auch die Jagd. – Die Dynamik, mit der – lokal wie regional; national wie international und global – neue Entwicklungen in Gesellschaft, Wirtschaft, Technologie und Kultur einbrechen und sie umbrechen, hat mit Zeitverzögerungen zwar – aber konsequent vorgehend auch den Bereich der Jagd erfasst. Gerade in der Republik nach der Wiedervereinigung haben sich Individualegoismus, Selbstverwirklichungsphilosophie, Wohlfühldenken, Spaß- und Eventaktionismus sowie Vereinzelungsdogmen zu einer Lebenseinstellung vereinigt, in der der Blick des Menschen für gewachsene Zusammenhänge und tradierte Strukturen immer mehr in den Hintergrund tritt, denn hier ist sich mittlerweile jeder selbst der Nächste! Eine enge Verbundenheit, wie sie in Krisenzeiten und Perioden der gemeinsam erlebten existentiellen Not überlebenswichtig war, kennt der moderne, nur sich selbst verantwortliche Mensch nicht mehr. Er hat nichts anderes gelernt, als sich selbst zum Maß aller Dinge zu machen. Wie soll er also in der Lage sein, sein Tun und Handeln auf ein Wertesystem zu stellen und nach diesem auszurichten? Konsequent also, wenn er sein Hauptaugenmerk darauf richtet, wie er am direktesten und ohne teilen zu müssen zu seiner Befriedigung kommt – überall, in allen Lebensbereichen, mit allen Mitteln! Und: jagt er nicht mittlerweile ebenso? Autistisch, ichbezogen, isoliert, fixiert, verantwortungslos, ohne Bindung?

Der moderne Mensch wird zunehmend unfähiger, das Leben wirklich zu erleben!

Der rauschhafte Moment, das „Jumpen von Event zu Event", der platte Genuss, die Schampusflasche am Hals, die Mitnahme und das Wegwerfen von Menschen nach Gebrauch – wer sein Leben so auslegt und justiert, dem muss sich alles das entziehen, was auf Versenkung, Hineindenken, Mitempfinden und Nachspüren gründet. Wie sollte er in der Lage sein, aus einem abendlichen Sommer- oder Winteransitz mit dem diesem eigenen Farb- und Geruchsspiel Impulse zu erhalten, die nach innen gehen? Was weiß er schon von komplexen Empfindungen, die uns Jäger heimsuchen, wenn wir an unserer Beute innehalten, bevor wir uns der roten Arbeit zuwenden? Wie kann man ihnen die Botschaft der einsam heranwehenden Talglocke am Abend eines Arbeitstages im ernteduftenden Revier übermitteln, ohne entweder mitleidvolles Kopfschütteln oder totale Verständnislosigkeit zu ernten? -

Als „Kinder ihrer Zeit" und angesichts der aufgezeigten Prägefaktoren, denen sie unterworfen sind, haben immer mehr Menschen immer weniger Zugang zu unserem, dem jagdlichen Tun. Und wie reagiert der Mensch auf das, was er nicht –

mehr! – begreift, nicht mehr verstehen und nachvollziehen kann? Er geht auf Distanz, in die Ablehnung, „macht dicht"! Das ist es, was es uns immer stärker erschweren wird, zu jagen, denn: wir jagen in einer Öffentlichkeit, mit der über unser Tun kein Grundkonsens mehr besteht!

Der moderne Mensch und das Tier

Je nachdem, ob es sich um „ein süßes Bambi" oder ein „gefährliches Wildschwein" handelt, haben beide Tierarten eine verschiedene und verschiedenartige Lobby in unserer mediengeprägten Gesellschaft. Ästhetische, emotionale und irrationale Faktoren werden zum Fundament der öffentlichen Urteilsbildung, die ihrerseits in Politik und Gesellschaft die Basis weitreichender Entscheidungen wird, von denen die Bürger insgesamt, die Jägerschaft im Besonderen, betroffen werden.

Fernab von den Naturgegebenheiten, in denen nicht nach solchen Kategorien entschieden wird, ist das Fressen und Gefressenwerden, Töten von Lebewesen, Kampf um Beute und Fraß und Durchsetzung des am besten Konditionierten ein Lebenssystem, zu dem immer weniger Menschen Zugang haben – emotional wie rational.

Da immer mehr Menschen im Ballungsraum unserer Republik leben und ihrer Arbeit nachgehen, wissen sie kaum noch etwas von der Art und Weise der Nahrungsproduktion, des Nahrungserwerbs und der Nahrungsdistribution. Sie stehen am Ende dieser Kette, wo auf der Supermarkttheke das abgepackte Produkt liegt, in dem sie die Vorstufen desselben nicht mehr zu erkennen vermögen und auch oft gar nicht mehr daran interessiert sind, dies zu erfahren. Der Mechanismus „Töten und Schlachten als Grundsicherung der Nahrung" ist weit entfernt von ihrer Lebensrealität.

Solchermaßen von den ursprünglichen Wurzeln des Lebens und Überlebens abgeschnitten, ist ihnen das Töten eines Tieres eine unverständliche, nicht mehr in ihr Koordinatensystem passende Maßnahme, die für sie negativ besetzt ist. Im Jäger schließlich sehen sie – wie es der Psychologe möchte – „den impotenten Primaten", den eine nicht hinnehmbare „Lust am Töten" zu seinem Tun treibt. Gleichzeitig scheren sich diese verblendeten Gutmenschen einen Dreck darum, wenn weit von ihrem Lebenskreis entfernt der Lebensraum von Tieren irreversibel zerstört und seine Bewohner so zum Tode verurteilt werden.

Einerseits lassen es die Menschen zu, dass Tiere, die nicht zu ihrem Lebenskreis gehören bzw. nicht in ihren emotionalen Raster passen und überdies als gefährlich oder hässlich gelten, getötet, vernichtet, ausgelöscht werden, während sie andererseits Krokodilstränen vergießen, wenn „so ein goldiges Rehlein" erlegt wird, weil es erlegt werden muss.

Uninformiertheit, Unwissenheit, Unkenntnis in Verbindung mit medial initiierten, gesteuerten und verbreiteten Fehl- oder Desinformationen bilden die Grundlage, von der aus Jagdgegner unterschiedlichster Couleur gegen Jagd und Jäger agieren, wobei sie sich noch zusätzlich der archaischen Mechanismen des Neides, der Missgunst und der Vorurteile gegen andersartige Gruppen bedienen.

Da die Jäger keine Lobby haben, sind sie diesen Aggressionen nahezu schutzlos ausgeliefert, worauf sie häufig genug mit Abschottung, Einigeln und einer ausgeprägten Bunkermentalität reagieren, was diesen Ausgrenzungsprozess noch zusätzlich anfacht. Hier entsteht ein folgenschwerer Circulus Vitiosus, der – wenn noch weitere negative Elemente hinzukommen (hausgemachte wie äußerliche) – eines Tages das schnelle Aus der Jagd bedeuten kann, wie wir sie derzeit noch ausüben können.

Eine Gesellschaft, die ein schizophrenes Verhältnis zum Tier hat, nicht informiert ist, einseitig beeinflusst wird und deren Lebensgrundlage sich immer weiter von der Natur entfernt, wird kurzen Prozess mit einer Jagdausübung und Praxis machen, die ihr nicht mehr in den Kram passt. Und sie wird darin von einer zunehmenden populistisch strukturierten Medien- wie Politiklandschaft unterstützt, der es auf Auflagen, Einschaltquoten und Stimmprozente ankommt, nicht auf Information oder Wissensvermittlung!

Naturnutzung – eine Todsünde!?

Heute steht jeder Naturnutzer a priori unter dem Generalverdacht einer Naturzerstörung aus niedrigen, egoistischen Motiven und sieht sich deshalb in dieser Praxis massiven und fundamentalen Restriktionen durch die Mitmenschen ausgesetzt.

Jagen, Fischen und Ackerbau sind die ältesten Formen der Naturnutzung, die sich bis in dieses Jahrtausend der globalisierten Kommunikation, Produktion und Distribution hinein gehalten haben und von daher fast schon als suspekte, archaische Formen des menschlichen Lebenserwerbs angesehen werden.

Ganz offensichtlich gilt Naturnutzung in weiten Kreisen der akademisch-ökologischen Klientel als eine Lebenserwerbsart, die gegen die reine Lehre des Primats des Schutzes vor der Nutzung verstößt. Kein erstzunehmender Mensch indes, der sich mit Natur, Naturschutz und Naturnutzung seriös beschäftigt, wird in Abrede stellen wollen und können, dass es im Bereich des Ackerbaus, der Fischerei und der Jagd schwarze Schafe gibt, durch die der Eigennutz, der Profit, die Masse, die Trophäe, die mit minimalen Investitionen erzielte Maximalrendite zu Lasten der Natur allen anderen Überlegungen und Strategien vorangestellt wird. Chemieäcker, Schleppnetze und Nachtsichtgeräteeinsatz sind Perversionen, die niemand leugnen darf, geschweige denn entschuldigen. Wer so handelt, wer solche Praktiken anwendet, der vergeht sich an der Natur, die von uns allen kooperativ geschützt werden muss, wollen wir sie unseren Folgegenerationen noch funktionsfähig erhalten übergeben. Das wird und muss Opfer kosten, die alle solidarisch zu erbringen haben, die von der Natur und ihren Dargeboten direkt leben und die, die sich an einer intakten Natur erfreuen, weil auch das zur Lebensqualität des Menschen im neuen Jahrtausend zählt. Wir alle gemeinsam haben es nämlich in der Hand, dass wir auch künftig noch in der Lage sein werden, das weiterzureichen, was wir aus den Händen der Altvordern entgegennahmen. Hierin dürfte Grundkonsens all derer bestehen, die wissen, was ihre Pflicht ist, die bereit zum Opfer sind und die kompetent sind, in der jeweiligen Lage das Richtige zu tun; das ist – in einem Wort zusammengefasst – Nachhaltigkeit.

Typisch deutsch allerdings ist die aus öko-fundamentalistisch verzerrtem Blikkwinkel eröffnete Hatz auf Landwirte, Fischer und Jäger allein wegen ihrer besonderen Art der Naturnutzung und ohne jegliche Differenzierung. Typisch deutsch ist auch die Tatsache, dass fundamentalistisch angehauchte bzw. infizierte „-logen und -gogen" alles zu eliminieren sich anschicken, was gegen die von ihnen vertretenen reinen Heilslehren verstößt, die sie militant und radikal durchzupeitschen angetreten sind. In aller Regel stützen sie sich auf ein emotionalisiertes, inkompetentes und partiell gewaltbereites Sympathisantenumfeld, in dem messianische Führungspersönlichkeiten das Geschäft der Meinungsmache ebenso beherrschen wie das der Meinungsdistribution. Vorwiegend aus geisteswissenschaftlichen Quellen sich speisend und sich naturwissenschaftliche Befunde aneignend, erwecken sie ihrer Klientel gegenüber den Eindruck der Kompetenz und der Lauterkeit, wodurch sie ihre Führungs- und Vorreiterrolle untermauern und ihren Absolutheitsanspruch herleiten.

Wer dächte daran, die Forderung nach Abschaffung von Pkws und Lkws mit dem Prozentsatz der pro Jahr in Verkehrsunfälle verwickelten Fahrzeuge zu begründen? Wem fiele es ein, alle Fernsehsender, Discos und Kultureinrichtungen zu schließen bzw. vom Netz zu nehmen, nur weil sie Strom verbrauchen? Gerade das chinesische kulturrevolutionäre Beispiel hat gezeigt, wohin fundamentalistische Verzichtsideologien führen, die von einer machtfixierten Herrscherclique über die Menschen verhängt werden. In einer Demokratie sind sie fehl am Platze, denn diese Gesellschaftsform lebt vom Dialog, durch den der Interessenausgleich erfolgt. Politik, die nicht auf der Fähigkeit zum Dialog aufbaut, läuft Gefahr, den Menschen zu gängeln und zu bevormunden.

Der Kampf, den wir alle zur Rettung unserer Jagd führen müssen, wird langen Atem ebenso erfordern wie Überzeugungskraft, Kompetenz und Opferbereitschaft. Ihn kann jeder einzelne Jäger in dieser Republik stellvertretend für die gesamte Jägerschaft dadurch führen, dass er sein öffentlich ausgeübtes Jägerhandwerk sauber, fachgerecht und gesetzestreu verrichtet. Weder sollten wir Jäger uns in die Mauselöcher des Zeitgeistes verkriechen noch sollten wir uns als arrogante Pseudoelite aufführen. Den „guten Jäger" sollte der Bürger daran erkennen, dass er das, was er tut, argumentativ ebenso sicher vertreten wie erklären kann, denn wir leben nun einmal nicht auf der einsamen Insel der Glückseligen, die tun können, wonach ihnen ist – ohne auf andere Rücksicht zu nehmen.

Das Medienbild von der Jagd

Zukunftsforscher sagen uns voraus, dass in wenigen Jahren die gesamte Politik Deutschlands nach amerikanischem Vorbild via Television, Internet und anderen elektronischen Medien gemacht, verbreitet und praktiziert wird, was zu einer kompletten Umstrukturierung derselben führen werde. Wahlkampf im Fernsehen nach telegenen Gesichtspunkten bei weitgehendem Verzicht auf Inhalte; Ersatz von Text durch Bild; die Wahl per Mausklick von daheim aus! -

Derzeit noch eher Vision denn Realität, aber durchaus eine Realutopie, die klar zeigt, wie umfassend der Mensch von den Medien in den Griff genommen wird und wie gering seine Chance ist, sich diesem Zugriff zu entziehen. Die Medien haben die Macht, die sie unter dem Aspekt der Steigerung von Einschaltquoten skrupel- und alternativlos ausüben. Sie bestimmen, was gedacht wird in diesem unserem Lande! Deswegen soll an dieser Stelle in gebotener Kürze einmal über das medienvermittelte Bild von Jagd und Jägern nachgedacht werden, denn unsere Zukunft hängt davon ab, wie wir diese Herausforderung bestehen!

Wenn irgendwo ein Jäger eine Katze geschossen hat, Passanten mit Hunden rauh anblaffte; wenn Jogger oder Biker Augenzeugen der Erlegung eines Rehes wurden oder Vorbeifahrende eine Treibjagdgesellschaft im Felde zum Auslaufen sich formierend sahen, dann erscheint dies groß und breit in der jeweiligen Presse mit entsprechend negativen und reißerischen Kommentierungen garniert, in denen die Jäger und die Jagd generell schlecht wegkommen bzw. in Grund und Boden geschrieben werden. Der – erwünschte – Mobilisierungseffekt bei den Lesern ist entsprechend und die Auflage geht nach oben. Eine gleiches gilt für eilig herbeigeeilte Kameraleute von Fernsehanstalten mit Reportern im Schlepp, die „immer auf Augenhöhe mit der Entwicklung vor Ort" operieren, um den geschätzten Zuschauer hautnah und direkt zu informieren. Das ist so recht der Stoff, aus dem Lieschen Müllers Lese- und Fernsehträume sind, bestätigen die es doch in den Vorurteilen über alles, was mit Jagd und Jägern zu tun hat! – -

Schafft demgegenüber ein Jagdpächter in Zusammenarbeit mit anderen Jägern mühsam, aufwendig und unter erheblichen finanziellen Opfern Feuchtbiotope in der Feldflur; begründet er Feldholzinseln; renaturiert er Ablagerungsstätten oder richtet ungenutzte Ackerrandstreifen her bzw. legt Benjeshecken an und organisiert Müllsammelaktionen – dann kommt niemand von den Medien, um darüber in Ton, Wort und Bild zu berichten, denn „das bringt mir ja keinen Öffentlichkeitseffekt für meine Zuschauer oder Leser!"

So ist es – von rühmlichen Ausnahmen abgesehen – nun einmal mit der fairen und objektiven Berichterstattung, die ein öffentliches Bedürfnis nach Information zu bedienen hat, in dieser Republik bestellt; es kann eben auch in den berichterstattenden Medien nicht sein, was nicht sein darf! Gottlob gibt es hier eine leichte Trendwende hin zum objektiveren, weniger voreingenommenen, stärker an den Fakten ausgerichteten Berichten und Informationen, aber das ist allenfalls ein vager Silberstreifen am Horizont. Wir lassen zwar in den Jägerzeitungen, Mitteilungsblättern, Versammlungen, auf Jägertagen und klugen Reden kluger Leute vor klugen Auditorien gelegentlich Dampf ab, aber – wen, bitte erreichen wir denn damit außer uns selbst? Die uninformierte Öffentlichkeit ist auf das angewiesen, was die Medien bringen, denn diese Menschen besuchen weder Verbandversammlungen noch lesen sie unsere Verlautbarungen in unseren Presseorganen.

Ein schwarzes Schaf in den grünen Reihen richtet per Medienberichterstattung nachhaltig mehr bleibenden Schaden an als ihn hundert korrekte und saubere Jäger durch ihr vorbildliches Tun wieder zu beseitigen vermögen. Die Menschen aber, die so „informiert" werden, sind ihrerseits Wähler und sie wählen Parteien, die sich hinsichtlich ihrer Programmatik nach dem „Volk richten, dem sie auf's Maul zu schauen" vorgeben, indem sie dem Zeitgeist nachlaufen. Keine gute Ausgangsbasis fürwahr und keine berauschenden Zukunftsaussichten für uns und unsere Sache.

Verbandsfunktionäre – der Fisch stinkt vom Kopf her!

Ob in der Politik oder in der Jagd – ich mag sie nur sehr bedingt, diese ehrenwerten Funktionäre, denn hier wie dort ist oft der Ehrgeiz, ein herausgehobenes Amt zu bekleiden, weitaus höher als die Qualifikation dafür. -

Passion, Kompetenz, Erfahrung, Überzeugungskraft und Stehvermögen – das ist die Grundausstattung, über die diejenigen verfügen sollten – Frauen wie Männer – die unsere Sache auf den verschiedenen Ebenen der Öffentlichkeit vertreten, denn darauf kommt es schließlich an, wenn man sich nachhaltig und glaubwürdig öffentlich etablieren und behaupten will als Verband!

Wer das Anliegen der Jäger wie der Jagd nach außen hin vertritt, dem muss man anmerken, dass er/sie etwas von dem versteht, was er vertritt bzw. propagiert, das er/sie ein aus der Praxis kommender und in der Praxis qualifizierter Verbandsvertreter/eine Vertreterin ist; dass er/sie die Belange der Jagd passioniert und engagiert vertritt; dass er/sie überzeugend wirkt, auftritt und argumentiert, denn nur solchen Menschen vertraut der Bürger und Wähler, vor dessen Augen wir unserer Jagd nachgehen. –

Menschen aus der Praxis – Rüdemänner und Rüdefrauen; ausgewiesene Fachleute aus den Bereichen Naturschutz, Land- und Forstwirtschaft; Medienfachleute; Berufsjäger; Menschen, die sich für die Sache der Jagd in Feld und Wald verdient gemacht haben; qualifizierte Jägerinnen und Jäger – das sind die Verbandsvertreter/Innen, die ich mir wünsche und die wir brauchen!

Liegt die Öffentlichkeitsvertretung der Jägerschaft in solchen Händen, wird es auch gelingen, an die Menschen heranzukommen, sie dort abzuholen, wo sie auf dem Bahnsteig des Tagesgeschehens stehen. Wer ein öffentliches Verständnis für die Belange der Jagd schaffen will, der muss zuvörderst in der Lage sein, deren Einbettung in den natürlichen Lebenskreis einer Kulturlandschaft aufzuzeigen, denn ganz Deutschland in ein Wildreservat umzuwandeln, wie es so machen Spinnern vorschweben mag – damit begeben wir uns in's Abseits.

Nichts gegen Juristen oder Verwaltungsfachleute – beileibe nicht! Aber: wo, bitte steht es denn geschrieben, dass der Praktiker grundsätzlich nicht genauso gut und überzeugend an der Spitze unserer Organisation stehen kann? Mir jedenfalls reicht es nicht, wenn – vielen Sportorganisationen gleich – Multifunktionäre und Lobbyisten unsere Verbandsspitzen besetzen, die oft weit von der Praxis entfernt ein „virtuelles Dasein" in den verflochtenen Strukturen unserer komplexen Organisation fristen. Händeschütteln, Fototermine, Abzeichen-an-die-Revers-heften sowie dekorative Teilnahme an spektakulären Medienereignissen – das gehört wohl dazu; aber viel wichtiger ist die richtige Frau und der richtige Mann am richtigen Ort – und das ist und bleibt für mich nun einmal der wegen seiner Kompetenz geachtete Praktiker in Loden oder Wachsjacke – Jagdsmoking dagegen muss nicht unbedingt sein!

Kompetenz – das ist Sach- und Fachwissen, aus Praxis gewonnene Erfahrung;

nüchterner Blick für das Erforderliche und Machbare; Verbundenheit mit dem Jagdalltag.

Passion – nur ein passionierter Jäger ist auch in der Lage, seine Empfindungen nach außen zu transportieren. Dort wird sie glaubwürdig, wenn sie auch so gelebt wird.

Erfahrung – nur der kommt letztlich an, der sein Jägersein einer langen – und damit nahezu zwangsläufig erfahrungsreichen – Jagdpraxis verdankt; der sich über die Stufen seiner jagdlichen Lebensleiter Schritt um Schritt nach oben gearbeitet hat.

Überzeugungskraft – wo Wort und Tat einander ergänzen bzw. einander entsprechen, stellt sich Überzeugungskraft ein, denn wenn ich das Anliegen der Jagd vermitteln will, muss mein Gegenüber spüren, dass ich hinter dem stehe, was ich sage. Schönes Reden nämlich kann man lernen, glaubwürdiges und überzeugendes Auftreten dagegen nicht.

Stehvermögen – sich nicht von Enttäuschungen, Misserfolgen und Frustrationen vom erkanntermaßen richtigen Weg abbringen zu lassen und auch bereit zu sein, dicke Eichenbohlen zu bohren – wer das „bringt", der wird sich – und die von ihm vertretene Sache – durchzusetzen verstehen.

Bitte also nicht nur nach „Beliebtheit, Stromlinienförmigkeit, Glattheit und Flexibilität" schielen, denn schließlich verkaufen unsere Verbandsvertreter keine Reinigungsmittel an der Haustür! Sage mir keiner, dass das nicht gehe. Wäre dem nämlich so, gäbe es heute schon längst keine Jagd mehr. Immer waren es wieder Menschen, die durch ihr Beispiel zu überzeugen vermochten und so ihre Sache durchzogen. Was solchen „Spitzenleuten" in schweren geschichtlichen wie krisenhaften Zeitläufen gelang, sollte uns in einer ungleich optimaler organisierten Welt auch möglich sein!

Wirklich „gute" alte Zeiten?

Der Mythos der sog. „guten alten Zeiten" ist offenkundig so alt wie die gesamte Menschheit selbst und hängt ganz entscheidend davon ab, aus welcher Perspektive der Mensch sich anschickt, in seine Vergangenheit zurückzuschauen.

Überdies ist es eine Eigenschaft des Menschen, im Rückblick zu verklären – dies besonders dann, wenn die Gegenwart – aus welchen Gründen auch immer – nicht gerade so beschaffen ist, wie er es gern hätte. Und schließlich ist die zurückliegende Zeit in aller Regel die, wo man noch gesund, erfolgreich, auf dem aufsteigenden Ast befindlich und erlebnisoffener war. Das alles zusammengenommen mag einen verleiten, das, was hinter einem liegt, bunter, farbiger und schöner zu sehen als das, worin man sich gerade befindet!

Aber: tun wir uns denn wirklich einen Gefallen, wenn wir so schauen, denken und blicken? Stimmt das denn so, dass es einer objektiven Prüfung standhielte? War die

Jagd „damals" wirklich um so vieles besser, schöner, ersprießlicher als heute? Zweifel erscheinen angebracht!

Dies schon alleine deswegen, weil Jagd immer von Menschen ausgeübt wurde und wird, die niemals entweder „gut" oder „schlecht" sind, sondern beides zugleich. Schon immer gab es Jagdschinder und Waidmänner in des Wortes bestem Sinne; Stümper und Könner, Egoisten und Großzügige; Verschlagene und Offene; Trophäengeile und Genügsame; Unanständige und Anständige!

Hier kann der Schlüssel zur „guten" alten Zeit also nicht liegen, so dass man tiefer wird graben müssen, um eine seriöse Antwort zu finden, die auch einer genauen Analyse standhält. Bei genauerer Beschäftigung mit dieser Frage stellt sich heraus, dass es wohl die Rahmenbedingungen in Feld, Flur und Wald sind, die den – jagdlich relevanten – Unterschied machen. In einer vielfältigen Feldstruktur mit Stoppelkleeäckern, Gehölzen, Brachen und Heckensäumen zu jagen bedeutete natürlich neben dem gesteigerten Erlebniswert automatisch höhere und vielfältigere Strekken. Das Gleiche gilt für einen Forst, der noch nicht durch ein dichtes, wirtschaftlich ausgerichtetes Wegenetz bis hinein in den letzten Winkel erschlossen und aufgeschlossen war und wo sich dementsprechend alte, starke und unbekannte „Kapitale" dem Zugriff entziehen konnten – besser jedenfalls als derzeit.

Und die Wasserwege mit ihren Uferrandgestaltungen, Mäandern und Altarmen! Sind die Veränderungen, die wir heute so vehement beklagen, aber denn etwa nicht durch uns gemacht worden? Haben wir nicht mit unsensibler, brutaler Hand eingegriffen und Wunden gerissen, über die wir jetzt klagen? Und das alles im Namen des Fortschrittes, unter Berufung auf Experten und mit Verweis auf Sachzwänge! Wenn es darum geht, sich zu entschuldigen, ist der Mensch nun einmal besonders trick- und erfindungsreich. –

Auch der Wertewandel in unserer Gesellschaft hin zum platten Fortschrittsdenken, ungehemmten Profitstreben, excessiven Sichausleben hat dazu geführt, dass vieles von dem, was noch vor zwei Generationen als erhaltenswert, schützenswert und unstrittig sowie allgemeinverbindlich galt, eben diesem „Fortschritt" geopfert und in die Ablage der Geschichte entsorgt wurde. Im Seelischen, Geistigen, Kulturellen, Emotionalen und Sozialen haben wir alle sehr viel zu tun, die angerichteten Schäden wieder zu sanieren, die uns Heilslehren, Ideologien, Konzepte, Projekte und Perspektiven beschert haben. Die ufer- und grenzenlose Freiheit des Menschen, seine Befreiung aus Bindungen, seine totale Kontrolle über das Seiende und der Anspruch, alles rational erklären und steuern zu können, haben uns gesamtgesellschaftlich wie auch jagdlich in eine immer enger werdende Einbahnstraße hineinrasen lassen, aus der wir gerne wieder herausführen, wenn wir es denn noch könnten.

Also kein sentimentales Jammern über die „verlorenen guten alten Zeiten" ist angesagt und erforderlich sondern ein entschiedenes Zupacken und Gegensteuern wie Umdenken. Denn wir selbst waren und sind es immer noch, die es in der Hand haben darüber zu entscheiden, wie gut die alten Zeiten waren und wie schlecht die neuen sind!

Jäger in die Schulen!

Über den bildungspolitischen Auftrag von Schulen lässt sich – je nach Standort – trefflich streiten, denn was in Schulen vermittelt bzw. gelehrt werden soll, ist von Gesellschaft zu Gesellschaft, von Nation zu Nation, von Bundesland zu Bundesland verschieden und darüber, wer den richten Weg beschreitet, kann es keine schlussendliche Klarheit geben, weil wir in der Bundesrepublik das föderale System haben, in dem jedes Bundesland seine eigene Bildungspolitik macht. -

Wenn es die Aufgabe von Schule ist, die Auszubildenden und Lernenden auf ein Leben in der Gesellschaft vorzubereiten und sie deshalb mit dem dazu notwendigen Rüstzeug auszustatten, sollte es auch möglich sein, im Sachunterricht oder in Biologie durch Fachleute (= Jäger) auch mit den Grundelementen der Jagd vertraut zu machen, denn diese ist ein Jahrtausende altes Kulturgut, das die Geschichte des Abendlandes nachhaltig geprägt hat.

Wer glaubwürdig über Jagd mitreden will, der muss wissen, wovon er spricht! Teilhabe an der Willensbildung innerhalb einer Demokratie setzt Wissen und Faktenkenntnis voraus, ohne die jedwede Diskussion zum bloßen Geschwätz verkommt. Da die jungen Menschen im Erwachsenenalter Entscheidungen treffen, Weichenstellungen vornehmen und Auswahlen treffen müssen, sollten sie zuvor im schulischen Umfeld dazu befähigt werden. Kurz: wer über Jagd mitreden, darüber befinden und per Wahl die entsprechenden Vorentscheidungen treffen will, der sollte über den Entscheidungsgegenstand hinreichend informiert sein.

Erfreulicherweise haben vor diesem Hintergrund viele Gegenstandsbereiche Eingang in die Lehr- und Unterrichtspläne der allgemeinbildenden Schulen gefunden, die das bestehende Angebot erweitert und aufgelockert haben (Gesundheitskunde, Verkehrserziehung, Umweltkunde, Verbraucherinformation, Ernährungskunde, Energie- und Müllinformation, Haustierkunde etc.). Hier könnte, sollte und müsste seitens der für die Bildungspolitik Zuständigen auf Landes-, Kreis- und Gemeindeebene und der regionalen wie lokalen Jägerschaft nach Kooperationsmöglichkeiten gesucht werden, in einen sachdienlichen und informationsfördernden Dialog einzutreten.

Das, was es punktuell auf Kreisebene schon in Ansätzen gibt, müsste erweitert, ausgedehnt und systematisiert werden, denn dadurch hätte die Jägerschaft erstmalig die Möglichkeit, sich selbst, ihre Sache und ihre Arbeit vor Ort exemplarisch darzustellen – unter Einschluss der immer beliebter werdenden Freiluftveranstaltungen in Wald, Feld und Umgebung der Wohn- bzw. Schulstandorte der Schüler. Neben der erfreulichen und sinngebenden Horizonterweiterung würde hier von früh auf auch für Fragen der Naturgestaltung und Naturnutzung sensibilisiert und die jungen Menschen würden immunisiert gegen die polemischen Desinformationen über Jäger und Jagd von interessierter Seite. Hier mit dem Kultusministerium in sachdienliche und zielführende Verhandlungen einzutreten, wäre des Schweißes des Landesjagdverbandes sicherlich wert. Arbeit vor Ort direkt am und mit dem jungen Menschen – wie viel wichtiger ist das als dekorative Leistungs- und Hegeschauen mit hochkarätig besetzten Podien und edlem Wettstreit der Lobbyisten und Experten. Denn: gerade auch diese jungen Menschen haben es mit Erreichen des Wahlalters in der Hand, per Entscheidung für oder gegen eine Partei, für oder gegen die Fortsetzung der Jagd zu entscheiden und sich selbst zur Wahl zu stellen. So könnte die Jägerschaft langsam, sicher und kostengünstig aus dem Ghetto der Lobbylosigkeit herauskommen und zu einem Faktor werden, an dem keine der politischen Parteien mehr so leicht vorbeikommt. Ich sage dies klar und deutlich als Schulmann ebenso wie als Parteipolitiker und Mandatsträger. Auch hier gilt „Wer seine Chancen nicht rechtzeitig erkennt und nutzt, der darf sich nicht wundern, wenn ihn Zeit überrollt und beiseite fegt!" –

Warum wir jagen

Sammeln, Fischen und Jagen waren die ursprünglichsten Formen menschlichen Nahrungserwerbs, dessen Erfolg davon abhing, ob der sie praktizierende Mensch die zur Nahrungsbeschaffung notwendigen Kenntnisse, Fähigkeiten und Fertigkeiten so sicher beherrschte, dass daraus eine nachhaltige Versorgungssicherung der Horde folgte – sie waren mithin überlebensnotwendig! -

Vegetationskenntnisse waren daher ebenso erforderlich wie eine Kenntnis der Lebensweise der Beutetiere, denn nur so war es möglich, die vorhandene Energie gezielt einzusetzen, um zur richtigen (Jahres)Zeit am richtigen Platz unter Berücksichtigung der richtigen Strategien zur Beute zu kommen, hingen doch davon Überleben, Gesundheit und Fortbestand ab. Vom Mittelalter bis fast in das 18. Jhdt. war dann die Jagd ausschließliches Privileg des Adels und des hohen Klerus, die dies mit einer Fülle detaillierter Vorschriften, Regelungen, Gesetzen und Einlassungen sorgfältig und rigide gegen Eingriffe von außen abzusichern und zu schützen wussten und diejenigen hart bestraften, die dagegen verstießen. Auch dies ein Grund, weshalb Adel, Klerus und Bauern jahrhundertelang erbitterte Auseinandersetzungen um Wildschäden ausfochten, die daraus resultierten, dass das Jagdwild der Privilegierten schadenersatzlos die Felder der Bauern verwüstete und so die Versorgung der Familien ruinierte. Vergriffen sich diese – sozusagen in Notwehr – am herrschaftlichen Wild, hatten sie schwerste körperliche und sachlich-dingliche Strafen zu gewärtigen.

Die Rache kam dann in den Revolutionen und Aufständen, wo die herangehegten Wildstände erbarmungs- und gnadenlos heruntergeschossen wurden – quasi als „Ersatz" für angetane Schmach und erlittenes Unrecht. Leidtragender war in der Hauptsache das Rotwild, das bis auf wenige Exemplare aus der Wildbahn eliminiert wurde, während die schwere Bejagbarkeit dem Schwarzwild oft die Schwarte rettete. Auf die zahlreichen Aberrationen und Perversionen der Jagd in Barock und Fürstabsolutismus aber auch bis in das 20. Jahrhundert und Kaiserreich auf deutschem Boden hineinreichend – eingestellte Jagen – sei der historischen Kontinuität halber nur am Rande verwiesen.

Für unsere Fragestellung bleibt festzuhalten, dass von der germanischen Horde bis in unsere Tage hinein der Mensch auf vielfältigste und vielschichtigste Art und Weise mit der Jagd verbunden, in sie verwoben war und von Anfang an Teil an ihr hatte. So gründet die Jagdtradition, über die noch zu reden sein wird, tief im Wesen des Menschen, ist von daher Teil seines Ichs und hat entsprechend tiefe Spuren in seinem innersten Wesen hinterlassen, die den jagenden Menschen noch immer prägen und antreiben, auch wenn er das bewusst gar nicht mehr wahrnimmt.

Irgendwo, irgendwie und auf irgendwelche Weise sind der Banker, der Facharbeiter, der Pilot, der Handwerker und der Akademiker immer noch Sammler, Fischer und Jäger, was uns ein Blick auf das Berufsspektrum der einzelnen Jägerprüfungslehrgänge eindrucksvoll lehrt. Gerade diese Spanne zwischen archaischem Erbe und Einbettung in die Strukturen des Informationszeitalters machen das Schicksal des modernen Jägers aus und erklären so, weshalb wir uns diesbezüglich noch immer allenfalls marginal von diesen untersten Vorstufen abheben.

Jäger sind von daher gesehen „historische Rückfälle in ihre eigene Vergangenheit", die sie dort wieder einholt, wo sie sich berufs- und lebensmäßig gerade befinden.

Daran werden, sollen und dürfen auch diejenigen „Zeitgenossen" nichts ändern, die in – bewusster!? – Verkennung dieser Zusammenhänge aus ideologischer Perspektive, mit massivem Sozialneid ausgestattet und feindbildgesteuert auf vielen Ebenen unserer Gesellschaft angetreten sind, um Jagd und Jäger zu diskreditieren. Und viele Jäger geben ihnen durch ihr jagdliches Verhalten auch noch die Steine in die Hand, mit denen sie nach uns werfen. Der Mensch – ein rationales Wesen??

Unsere Traditionen, unsere Rituale

Die geschichtliche, kulturelle, soziale und technische Entwicklung des jagenden Menschen durch die Jahrtausende seiner Existenz erklärt, dass sein Handeln auch heute noch von Traditionen und Ritualen geprägt ist, deren Ursprung längst nicht mehr vorhanden ist und die deshalb auf Vorbehalte und Vorurteile dort stoßen und stoßen müssen, wo andere ihrer ansichtig werden. Das ist einerseits historisch verständlich, andererseits aber auch existenzbedrohend für uns.

Was der Mensch – vor allem dort, wo er als amorphe Masse handelt – anzurichten vermag, wenn es um seine Konfrontation mit anderen und anders strukturierten Einzelwesen und Gruppen geht – davon gibt die deutsche Geschichte der letzten hundert Jahre eindrucksvoll Zeugnis: „Was ich nicht verstehe, was mich reizt und worum ich andere beneide – das ist Grund für mich, „es zu zerstören und zu liquidieren!" – nach dieser dumpf-blutigen Logik frustrierter und fanatisierter Massen sind im Namen hehrer Ziele von Deutschen gegen Deutsche unter Berufung auf „Gerechtigkeit und Sauberkeit" die schlimmsten kollektiven Verbrechen verübt worden – immer im Namen von irgendwas und irgendwem! -

Dass auch akademische Eliten nicht frei vom Virus solcher Motivationen sind, zeigen die bilderstürmerähnlichen und kulturkampfgeprägten Aktionen, mit deren Hilfe selbsternannte Heilsbringerelitern die reine ökologische Lehre ausbreitend gegen Jagd und Jäger zu Felde ziehen – auch sie im Namen und im Auftrag sog. „höherer Güter" oder „edler Ziele"! -

Was z. B. muss sich ein Mensch gefallen lassen, der es wagt, in jagdlichem Gewand -vielleicht sogar mit entsprechenden Ausrüstungsgegenständen oder Hund – durch eine belebte Straße oder über einen stark frequentierten Platz zu gehen! Das Spektrum reicht von stummer, gebändigter Aggression bis hin zu direkter Anpöbelei oder gar physischen Attacken von „Otto Normalverbrauchern", die das Recht dazu aus ihrem vorurteilsfundierten Unwissen herleiten.

Es sind unsere aus Traditionen entwickelten Rituale, an denen man sich immer häufiger zu stoßen beginnt, weshalb wir an dieser Stelle auf sie eingehen werden und müssen.

Jäger reden, handeln, agieren, bewegen sich und kleiden sich anders als die große Masse der anderen Mitmenschen, da ihr Habitus, ihre Sprache, ihre Aktionen und ihr Wesen stark traditionell und rituell geprägt und strukturiert sind.

Wie wir unsere Beute verbrechen und versorgen; das Streckelegen; das Blasen von Signalen; unsere Sprache im Umgang miteinander; unser Trophäenkult und unsere Kleidung sind nach innen identitätsstiftende und nach außen abgrenzende Rituale, die wir übernommen haben, praktizieren und weitergeben – just so, wie es überall dort der Brauch ist, wo altes, tradiertes Kulturgut im Generationenverbund am Leben erhalten wird. Hier befinden wir uns Seite an Seite mit allen anderen kulturellen und gesellschaftlichen Institutionen, die eine lange und komplexe historische Tradition haben. Manches Ritual reicht so weit zurück, dass der Sinngrund, aus dem es entstanden ist, kaum noch oder gar nicht mehr bekannt ist und man es gleichwohl fortführt und praktiziert. Hierauf haben wir Jäger ebenso geschichtlichen wie kulturellen Anspruch wie andere Traditionen, die unsere Geschichte nachhaltig geprägt haben.

Wer die multi-kulturelle Gesellschaft propagiert und zur Toleranz gegenüber den Lebensformen anderer Ethnien aufruft, der darf sich den eigenen Menschen (hier: Jägern) nicht verweigern, will er sich nicht dem Vorwurf des Messens mit zweierlei Maß aussetzen. Das aber geschieht derzeit vielfach mit massiver Medien- und Politikunterstützung, die oft genug bzw. allzu oft rein populistische Motive verfolgt.

Im Zuge der noch viel zu zögerlich, unsystematisch und unkoordiniert anlaufenden Öffentlichkeitsarbeit der Jägerschaft in allen ihren Gliederungen hat auch die offensive Darstellung von Traditionen und Ritualen der Jäger einen zentralen Platz. Wir müssen nach draußen gehen, damit wir in unserem Inneren und von innen heraus die Legitimation unserer Existenz nachzuweisen in der Lage sind, denn nur so hört man uns und nimmt uns wahr.

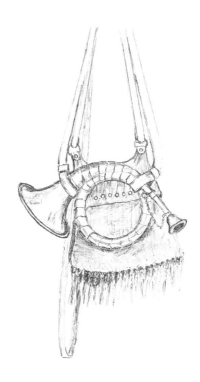

Unser Lehrprinzensystem – einmalig und nachhaltig

Das Tradieren von Kenntnissen, Fertigkeiten und Praktiken; das Anlernen von Neulingen; das Lebendigerhalten von Traditionen und schließlich die Tradition als Ganzes ist immer auf Menschen angewiesen, von denen die einen in der weitergebenden, einführenden und anlernenden Position sind, die anderen in der des Auf- und Annehmens, Geführtwerdens und Lernens.

Ohne diesen beiderseitig angenommenen Dialog, ohne das Miteinander und Aufeinanderzu ist die lebendige Weitergabe, Aufnahme und Fortführung einer Tradition nicht denkbar. „Erfahrungen zahlt man teuer – obwohl man sie gebraucht billiger haben könnte!" Diese Worte meines Vaters – ich habe sie damals nicht verstanden, geschweige denn begriffen – werden mir immer einleuchtender, je mehr ich mich als Schulmann und Jäger mit der Politik der Gegenwart in all ihren Ausformungen beschäftige und über die Entwicklung, die unser Jagd- und Gesellschaftswesen nehmen, nachdenke.

In einer solchen Kette sehe ich auch das für die deutsche Jägerei strukturbestimmende und sinnstiftende Lehrprinzensystem, das ich auch im Zeitalter computergestützter und info-basierter Crashkurse für Jäger in entsprechenden Einrichtungen und Institutionen für unverzichtbar halte, wollen wir nicht nur den faktensammelnden, faktenspeichernden und faktenabsondernden „Jäger" am Ende der datenverarbeitenden Kette!

Ich selbst habe Lehrprinzen gehabt, wie man sie sich idealerweise vorstellt: erfahren, sachkundig; Autoritäten, Persönlichkeiten; Menschen, die in der Lage waren, mir vorzumachen, worauf es ankommt, die mich schauen und beobachten lehrten; die es verstanden, meine überschießende Passion konsequent in die rechten Bahnen zu lenken; die auf meine Fragen antworteten und – was letztlich ausschlaggebend ist – mir in jagdästhetischer Hinsicht und im Hinblick auf Waidgerechtigkeit – Vorbild! – waren, Vorbild im menschlichen, fachlichen und jagdlichen Sinne. –

Von Menschen, die die gleiche Wellenlänge besitzen, der gleichen Sache verschrieben sind, die gleichen Ansichten vertreten, lernt man bereitwilliger und effektiver und vor allem – nachhaltiger – weil das Fachliche immer an den Faktor der Glaubwürdigkeit gekoppelt ist, der als Grundlage einer Lernbeziehung unverzichtbar ist. Intellektuelle, fachliche, menschliche, persönliche und vorbildliche bzw. beispielgebende Elemente waren und sind die Fundamentalsubstanz des jagdlichen Lehrprinzensystems und damit die Garanten des Zustandekommens eines der Sache der Jagd förderlichen Miteinanders, das ein ganzes Leben fortbestehen und sich weiterentwickeln kann.

Andere Zeiten, andere Sitten: was vor noch gar nicht allzu langer Zeit, als die „Jägerausbildung" noch keine Massenproduktion war, von Mensch zu Mensch, von Betreuer zu Betreutem erfolgte, das wird jetzt in Gruppen, Kursen, Lehrgängen „abgewickelt". Sachlich-fachlich ein Vorteil, denn auch bei uns Jägern nimmt das Wissen und die Information immer größere Dimensionen an, die so sicherlich besser und effektiver zu bewältigen sind: datenverarbeitetes und aufbereitetes Material ist schnell zu ergänzen, zu vervielfältigen, zu differenzieren und kann so zur gleichen Zeit an viele „user" (= Lernende) weitergegeben werden. Und ohne solides Faktenwissen geht heute im jagdlichen Raum gar nichts mehr.

Neue Erkenntnisse in Verhaltensforschung, Wildbiologie, Seuchenkunde, Gesetzeskunde und Ökologie müssen laufend in die Jägerausbildung eingespeist werden, soll der Jäger auf Augenhöhe mit dem aktuellen Wissensstand bleiben – wozu er übrigens auch verpflichtet ist! Ob da allerdings – wie in jedem Studium und Examen – nicht auch manches vermittelt wird, was letztlich nur von minimalem Gebrauchswert ist, das kann und soll hier nicht erörtert werden.

Unser Ausbildungssystem dürfte im europa- und weltweiten Vergleich das anspruchsvollste – aber eben auch bürokratischste sein: eine typisch deutsche Erscheinung, wie ich meine.

Vor einem allerdings möchte ich mit allem Nachdruck warnen: vor dem fatalen Irrglauben nämlich, die Masse und Qualität des Erlernten in der Summe mache automatisch schon „den Jäger"! Jäger sein ist nicht das Produkt des Absolvierens bestimmter Ausbildungs- und Qualifizierungsangebote oder des Abspeicherns ellenlanger komplexer Lehrstoffakkumulationen, also „des Kopfes", sondern zutiefst eben eine Sache des Herzens. Des Herzens im Sinne von Spüren, Empfinden und Realisieren, dass wir Jäger über Leben und Tod von Mitgeschöpfen entscheiden und dass wir wissen, was wir der uns umgebenden Natur in all ihren Erscheinungsformen „schuldig" sind; welche Verantwortung wir der Schöpfung gegenüber haben: „Wenn Ihr's nicht spürt – Ihr werdet's nie erjagen!" -

Jagdmoral, Jagdethik und jagdlichen Anstand nämlich kann man nicht in einzelne Lehrschritte oder Lektionen „verpacken" dem künftigen Jünger Huberti eintrichtern; sie werden durch Vorleben und Beispielhaftigkeit – hier: des Lehrprinzen – weitergegeben, an denen sich der Jungjäger orientiert. Was man hier erlernt, das sitzt ein

Leben lang! Dies an die Adresse derer in unserer Gesellschaft, die naiv und fortschrittsgläubig auf das reine Er/Lernen setzen. In einer zunehmend „verkopfenden Gesellschaft" wie der unseren freilich hört sich das an wie romantisierende Spinnereien. Für mich bleibt unwiderlegbar klar: gäbe es mehr solcher „Lehrprinzen" in der angerissenen Form, gäbe es eindeutig weniger jagdliche Fehlentwicklungen, die ausschließlich im Faktor Mensch ihren Ursprung haben!

Die Verantwortung des Jägers

Hat er denn nun welche oder nicht? Und wenn ja – welcher Art ist sie, wie äußert sie sich und welche Bedeutung hat sie für unser Jagdwesen insgesamt? Wenn ich es nach vierzig Jahren erfüllenden und bewusst verarbeitenden Jagens richtig sehe, hat der Einzeljäger – wo er sich auch befinden und was er auch bejagen mag – eine klar definierte Verantwortung auf insgesamt drei Feldern, die sich naturgemäß auch überlappen: erstens die Verantwortung sich selbst gegenüber für sein Handeln und für seine Art der Jagdausübung; zweitens und ganz besonders die nicht teilbare und auf niemanden ablastbare Verantwortung dem Tier gegenüber, das ein Recht auf Leben aus sich heraus hat und es nicht verdient, nur aus dem Beuteblickwinkel des Jägers gesehen und geachtet zu werden; drittens dem Lebensraum von Mensch, Tier und Pflanze gegenüber, denn wo dieser ge- und zerstört wird – aus welchen Interessen auch immer! – leiden alle Not, die in, von, mit und durch die Natur leben!

Ich sagte „Einzeljäger", denn allein draußen, wo es niemand sieht, wo niemand richtend oder ge- und verbietend interveniert – gerade dort ist die Verantwortung am größten, weil auch die Versuchung zu verantwortungslosem Handeln dort am verführerischsten ist. Nur: wer angeblich unbeobachtet und ungesehen verantwortungslos handelt, der schädigt letzenendes allein – sich selbst! -

Wie aber ist die Selbstverantwortung des Jägers beschaffen, wem gegenüber hat er sie, da er quasi sein eigener Auftraggeber und Ausführer zugleich ist? Er entscheidet mit der Waffe in der Hand über Leben und Tod von Lebewesen, die ihm vom Gesetzgeber überantwortet sind, also in seinen Verantwortungsbereich überstellt wurden. Das allein ist ein hohes Maß an unteilbarer Verantwortung. Und dies in einer Zeit, da die Sache der Jäger und der Jagd durchaus nicht auf ungeteiltem gesellschaftlichem Konsens basiert. Hier gilt der altbekannte Grundsatz, demzufolge ein fauler Apfel die gesamte Apfeleinlagerung im Keller anzustecken vermag. Gerade auch deshalb gilt es seitens der Jägerschaft – auch im wohlverstandenen Eigeninteresse – sich konsequent von „schwarzen Schafen in den grünen Reihen" zu trennen.

Ein Jäger, der nicht in der Lage oder bereit ist, sich der Natur, innerhalb derer er lebt und jagt, fürsorglich anzunehmen und Schaden von ihr abzuwenden, der Landschaft und Umgebung lediglich als Jagdkulisse sieht und behandelt; der nicht hinreichend über Naturschutzbelange, Belange der Forst- und Landwirtschaft informiert ist; der nicht ausreichend über die Lebensraumansprüche unserer Fauna Bescheid weiß und das Jagen losgelöst aus der es umgebenden Natur sieht und praktiziert – der gehe besser auf den Schießplatz, um dort seine Selbstbestätigungsdefizite zu kompensieren.

St. Hubertus oder St. Bürokratius?

Diese Frage stellt sich in Europa vor allen anderen dem deutschen Jäger, denn bei uns findet die Jagd innerhalb eines engmaschig begrenzten Raumes statt, der von Bürokraten aller Schattierungen „zum Wohle der Natur" abgesteckt wird, denn „hier herrscht Ordnung!"

Abschussplanung und -durchführung, Altersklasseneinteilung, Jagd- und Schonzeiten, die Einteilung in bejagbare und von der Jagd ausgenommene Tierarten, die Anlage von Wildäsungsflächen und Biotopgestaltungsmaßnahmen, Klasseneinteilung von Trophäenträgern, Waffenaufbewahrungsvorschriften, Wildfolgevereinbarungen, Jagdkataster etc. etc. – dies ist nur ein kleiner Teil der das Jägerleben so unendlich bunt und schön machenden bürokratischen Alltagserscheinungen, die so von Herzen „typisch deutsch!" zu sein scheinen.

Jagen ist mithin der vergebliche Versuch, im bürokratischen Dschungel noch Vergnügen und Lebensfreude zu finden, für den der Jagende alljährlich hohe Summen aufzubringen hat. Erlasse, Verfügungen, Satzungen, Verordnungen, Anweisungen, Anordnungen etc. – sie regeln das Leben des Bundesdeutschen vom Wurfkessel bis zum letzten Wundbett und erfassen bzw. durchsetzen sämtliche Verästelungen des menschlich-zivilisatorischen Lebens – zum Wohle – ja, wessen eigentlich?

Die Oberen müssen vor „ihrem" Volk ja einen Mohrenrespekt haben und ihm abgrundtief misstrauen, dass sie es in einen derartigen Kokon der Reglementierungen einspinnen, so dass diesem der Lebensatem geradezu ausgepresst wird. Keinen Schritt durch Wald und Flur, keinen Fahrkilometer ins Revier, kein abgegebener Schuss auf Wild, kein Bau einer jagdbetrieblichen Einrichtung, die nicht von Bürokraten begleitet, beobachtet, ausgeforscht und reglementiert werden. Irgendwie scheint unser Gesetzgeber der irrigen Annahme verfallen zu sein, man bedürfe als jagender Mensch unbedingt der Reglementierung und Bevormundung durch den Bürokratenapparat, wohl weil man ansonsten nicht in der Lage wäre, selbstverantwortet und eigenverantwortlich handeln zu können.

Vergessen dabei wird aber offenkundig, dass „der Staat" letztlich nichts anderes ist, als die Summe aller seiner Bürger, denen man offenkundig das Recht eigener Gestaltungsfreiheit rundweg abspricht namens und im Auftrag „einer höheren Ordnung!"

Wem aber dient denn dieser im Wuchern begriffene bürokratische Wildwuchs wenn nicht denen zuvörderst, die an und von ihm profitieren bzw. feste Bestandteile desselben sind, indem sie ihn am Leben erhalten, weil er ihr Ernährer ist. Nun könnte man meinen, eine solch totale Kontrolle des Menschen=Jägers verhindere wirksam jedwede Form des Missbrauches und mache Vergehen bzw. Verstöße unmöglich. Weit, weit gefehlt, denn jedes noch so engmaschig gestrickte Netz hat Maschen, durch die der Kundige hindurchschlüpfen und es so austricksen kann.

Wenn man bedenkt, dass ein ganz normaler Jäger pro Jahr erhebliche Geldsummen aufzuwenden hat, um der Jagd frönen zu können und wenn man diese mit der Kopfzahl der registrierten deutschen Jäger multipliziert, dann kommt unter dem Strich eine Zigmillionensumme in der Bundesrepublik zusammen, von der wiederum ein erheblicher Teil an den Staat zurückfließt, der seine Untertanen=Jäger im Gegenzug dafür mit alljährlich neuen Restriktionen und Gängelungen beglückt. Ein ganz normaler Jäger kauft Produkte von Handel, Handwerk und Gewerbe, wofür er Mehrwertsteuer zahlt. Er ist überdies Kraftfahrer, und was das in Zeiten steigender Spritpreise und von Sondersteuern heißt, ist unschwer zu erraten. Darüber hinaus legt er viel Geld für die Anpachtung von Jagdflächen oder als Abschussnehmer auf die diversen Tische unserer Gesellschaft. Jagdsteuer darf er ebenso entrichten wie Jagdabgaben und alle Sorten von Gebühren bei Ämtern und Behörden. Wildschäden schließlich treiben ihm die Haare ebenso zu Berge wie ihn die Anlage und Begründung von Biotopverbesserungsmaßnahmen unterschiedlichster Art Geld kosten, das ansonsten von Kommunen aufzubringen wäre. Überdies darf und soll er jagdgeeignete Hunde vorhalten um den Geboten der Waidgerechtigkeit und dem gesetzlichen Auftrag nachzukommen.

Irgendwie scheinen Jäger in durchorganisierten und bürokratisierten Systemen die Zwitterrolle zwischen Sündenbock und Masochist bzw. Melkkuh und öffentlichem Watschenmann zu spielen und sich sogar daran gewöhnt zu haben.

Als Waffenbesitzer und Waffenträger sind die Jäger vollends in die Schusslinie geraten, denn der Staat scheint in der Jägerschaft eine Hochrisikogruppe zu sehen

– so argwöhnisch und vorurteilsvoll behandelt er sie! -

Es tut dem Ansehen der Jägerschaft ebenso gut wie dem Selbstbewusstsein eines jeden Jägers, wenn sie – was angebliche Gefährdung der öffentlichen Sicherheit und Ordnung anbetrifft – mit Kriminellen auf eine Stufe gestellt und entsprechend behandelt wird. Jeder Gauner kann – wenn er über entsprechende Beträge verfügt – seine Wünsche nach der Beschaffung illegaler „Artillerie" schnell und diskret im Milieu und der Szene unserer Metropolen befriedigen, wobei ihm die Marktsituation nach Grenzöffnung und Zerfall des Warschauer Paktsystems noch zusätzlich in die Hände spielt. Auf diesem Markt ist alles käuflich, was Herz und Hirn Krimineller begehren – unbehelligt, unkontrolliert, unbemerkt! -

Unser(e) brave(r) Jägersmann/Jägersfrau dagegen – durch die Mühlen von Lehrgängen, Prüfungen und Praktika gegangen, diplomierte Naturschützer und unbescholtene Bürger, die diesen Tatbestand per Führungszeugnis nachzuweisen haben – sehen sich im Waffenerwerbsfalle mit einer hohen Bestimmungs- und Auflagenhürde konfrontiert, die schikanöse Praktiken übelwollender Bürokraten und Amtsschimmelreiter einschließen und zur Steigerung jägerischer Lebensqualität beitragen sowie die Motivation absolut fördern!

In unserer Republik scheint sich ein fundamentaler Wandel im Selbstverständnis unserer Behörden vollzogen zu haben, denn diese werden immer mehr und deutlicher von Genehmigungsbehörden zu Verhinderungsbehörden: Dem mehrfach gestressten Staatsbürger wird schon immer im Voraus übel, wenn er einen Behördentermin bei den Staatsdienern vor sich hat, weil ihm dann Formularberge ebenso drohen wie ein arroganter Umgangston und oberlehrerhafter Habitus des „Ansprechpartners". Daran haben auch die Höflichkeitsdrillkurse nichts geändert, denen manche Behörden ihre Mitarbeiter in entsprechenden Abständen unterziehen. Viele scheinen total vergessen zu haben, dass Behörden zuvörderst Dienstleister sind, deren Besoldung aus Steuergeldern der Bürger/Innen stammen, die eben keine Bittsteller oder Untertanen sind! Es wird Zeit, dass diese Dinge endlich vom Kopf wieder auf die Füße zurückgestellt werden, wo sie eigentlich schon immer hingehört haben.

Einen Trost, liebe(r) Mitjäger(in): so, wie es Dir ergeht im Umgang mit der alle beglückenden Bürokratie deutscher Provenienz, so geht es zahllosen Leidensgefährten(innen) – gleichgültig, ob es sich um Bauantragsteller, Existenzgründer, Kreditnehmer oder Einreicher von Prüfungsunterlagen handelt: Revolution hin – Grenzöffnungen her – diese bürokratischen Strukturen werden uns alle als Altlasten mit Sicherheit noch in das dritte Jahrtausend hinein begleiten. Insoweit: trotzdem Waidmannsheil und ein unverzagtes Jägerherz!

Jäger – Bambikiller oder Naturfreunde?

Gott sei Dank – weder noch, denn solch klischierte Alternativen taugen nicht als Grundlage der Urteils- und Bewusstseinsbildung der Öffentlichkeit, weil sie Extreme verkörpern, die es so gar nicht gibt.

Jede geschichtliche Epoche hat auch den für sie spezifischen Jäger, wodurch zweierlei bewiesen ist: Jagd hat eine sehr lange kulturschaffende Tradition und muss – um zu überleben – in der Lage sein, sich flexibel historischen Gegebenheiten anzupassen, indem sie die jeweilig herrschenden Präferenzen und Schwerpunktsetzungen adaptiert.

Im ersten Jahr des zweiten Jahrtausends unserer Zeitrechnung (also 2001) jagen wir in einer Gesellschaft und (Um)Welt, die sich in vielerlei Hinsicht gravierend von dem Zeitpunkt unterscheidet, als viele von uns ihr „Grünes Abitur" ablegten und unsere ersten Schritte als eigenverantwortliche Jäger unternahmen.

Die Generation der „Endfünfziger – Baujahr 1941/42", zu denen auch ich mich ausweislich meiner Ausweisdokumente zu zählen habe, konnte damals, als wir den begehrten Jagdschein endlich in mehr oder minder zitternassen Händen hielten, nicht ahnen, was einmal an der Jahrtausendwende an Rahmenbedingungen vorliegen würde, unter denen wir heute jagen, jagen müssen.

In Politik, Gesellschaft, Wirtschaft und Umwelt hat sich unendlich vieles rasant und total verändert, dass man sich zusammen und an die Koralle nehmen muss, um nicht einem Don Quixote gleich gegen Windmühlenflügel anzugaloppieren, was bekanntlich zu nichts anderem führen wird als zu Blamage und geprellten Rippen.

Die Welt, in der wir heute jagen, ist im Vergleich zu der, in der wir jagen lernten, kleiner, enger, überlaufener, übernutzter, rücksichtsloser, ärmer und lauter geworden, was konkret bedeutet, dass sich der Jäger in Konkurrenz zu ungleich viel mehr und anspruchsvolleren „Mitnutzern" der Natur befindet, mit denen er sich zu arrangieren hat, will er nicht beiseite gefegt oder auf das Abstellgleis der Geschichte geschoben werden!

Aus dieser Realität gibt es kein nostalgisch-verklärtes Entkommen, keine kollektive Frontstellung, sondern es gilt, diese Zwänge anzunehmen, sich ihnen zu stellen, sie offensiv in das eigene Handeln mit einzubeziehen. Die Zukunft gehört dem, der die Gegenwart besteht ohne dabei die Vergangenheit zu vergessen – auch und gerade auf der Jagd! Larmoyante Rückschau kann dabei ebenso wenig Ratgeber sein wie trotziges Beharren auf unhaltbarer Position, denn beides ist nicht von Bestand. -

Auch die vielfach geschundene, ausgebeutete, zum Spekulationsobjekt herabgewürdigte und auf vielfältige Art in ihrem Bestand bedrohte „Welt, in der wir leben" bietet uns Jägern noch immer die Möglichkeit, unsere Art der legitimen Naturnutzung zu betreiben – vorausgesetzt wir tun dies in handwerklich sauberer, verantwortungsbewusster, neuen Erkenntnissen aufgeschlossener und naturorientierter Art und Manier.

Nach wie vor nämlich ist richtig, dass es „ohne Jagd kein Wild!" geben kann, so sehr paradox diese Formulierung auch Mitbürger und Zeitgenossen anmuten mag! Auch der Wirtschaftswald, die ausgeräumte Kulturlandschaft, die zu renaturierende Fläche, die kleine Oase und die angelegte Feldholzinsel ermöglichen jagdliches Handeln und Ernte mit Flinte und Büchse! Diese Umwelt bedarf des gestaltenden, ordnenden, pflegenden, wiederherstellenden, ausgleichenden und ersetzenden Jägers, der um seine diesbezügliche Gesamtverantwortung weiß und diese annimmt. Gerade er, der intensiv am Werden und Sterben in der Natur aktiv und passiv teilnimmt weiß, dass jagdliches Handeln immer unter dem Vorbehalt der Nachhaltigkeit erfolgen muss, will er sich nicht dem Vorwurf aussetzen, auf kurzfristige Befriedigung allein angelegt zu sein.

Ihm kann und darf es nicht gleichgültig sein, was in seinem Wahrnehmungs- und Verantwortungsbereich geschieht; welche Eingriffe dort vorgenommen werden; welche Wunden die komplexe Anspruchsgesellschaft der Natur zufügt und wie diese zu heilen sind! Ahnungslosigkeit, Rücksichtslosigkeit und Profitgier nämlich stehen in der Statistik der Schadfaktoren ganz oben an – von Menschen begangen und nicht selten im Namen einer Notwendigkeit oder Gebotenheit praktiziert.

Gerade diese alltäglichen, gewohnheitsmäßigen, normalen und somit unreflektierten Schadverhaltensweisen großer Massen nämlich sind es, die am tiefsten einschneiden und am schwierigsten auszugleichen sind – wenn überhaupt!

Weder als Bambikiller noch als Naturfreund kann der sein Handwerk sicher beherrschende, qualifiziert ausgebildete, zur Wahrnehmung seines Auftrages konditionierte, passionierte und verantwortungsbewusste Jäger den komplexen Aufgabenstellungen, denen er als Naturnutzer unterliegt, nachkommen. Da bedarf es schon eines Menschen, der weiß was er tut, warum und wie.

Als solcher bewegt er sich derzeit an der Nahtstelle zwischen Tradition und Moderne so, dass er naturorientiert und verantwortungsbewusst eingreift, Beute macht und sich dabei der Konsequenzen seines Handelns jederzeit voll bewusst ist. Hier ist weder Platz für Dilettantismus noch für Selbstbestätigung. In der Jagd wie in der Politik sollten die Akteure nicht vergessen, dass sie letztlich eine dienende Funktion erfüllen und einen Auftrag wahrnehmen – auch wenn das zunehmend in Vergessenheit zu geraten scheint. -

Wer das zu spät begreift, der wird abgewählt oder dem wird die Jagd irgendwann einfach abgenommen nach der unausweichlichen Logik „Du hast Deine Aufgabe weder verstanden noch wahrgenommen; wir brauchen Dich nicht mehr!" Das wird dem Jäger als Bambikiller ebenso wenig erspart bleiben wie dem bloßen Naturfreund ohne Bereitschaft zur Übernahme aktiver Verantwortung!

Jagen – eine Sache auf Leben und Tod!

Hauptsächlich die Tatsache, dass auf der Jagd Tiere getötet werden, bringt die Menschen gegen sie auf und stempelt den Jäger zum Bösewicht, der aus Mordlust grausam unschuldige, liebe Tiere tötet! -

Die so geschaffene Aversion ist um so radikaler und emotionaler, je „niedlicher, goldiger und süßer" das Tier ist, das der Jäger erlegt. Reh, Hase und auch der Hirsch sind aufgrund ihrer tiefen Verankerung im Volksmythos und der Volksseele absolut sakrosankt und tabuisiert, wodurch ihre Erlegung nahezu zwangsläufig zu einem brutalen Tötungsakt durch den bösen Jäger gegenüber dem unschuldigen Tier verzerrt wird.

Hinzu kommt, dass in unserer perfekt organisierten und hypersensibilisierten Gesellschaft das Phänomen „Tod" weitgehend verdrängt wird, tabuisiert und so nicht mehr Bestandteil des gesellschaftlichen Bewusstseins ist. Der Mensch stirbt heute schon längst nicht mehr in seiner Familie sondern fernab in „Entsorgungseinrichtungen" wie Klinik, Hospiz oder Pflegeheim. So ist der Tod – ehemals integraler Bestandteil des Lebens in der Familie – zu einem ausgelagerten Phänomen geworden und damit dem Bewusstsein der Menschen entzogen.

Geburt und Tod – biologisch, sozial und emotional – die zwei das Menschenleben flankierenden Elementarereignisse – sind entzerrt worden, abgekoppelt vom normalen Lebenszyklus des Menschen. In unserer virtuellen, keimfreien, ergonomischen und funktionell optimierten Gesellschaft sind elementare Naturereignisse wie Saat und Ernte, Geburt und Tod, Werden und Vergehen nicht mehr verankert – weder emotional noch rational. Sie stören nämlich das kollektive Bedürfnis nach Wohlfühlen, Harmonie, Selbstverwirklichung und Zerstreuung, die „Werte" geworden sind, nach denen zu streben als sinnvoll angesehen wird.

Das Tier – ursprünglich als Nahrungslieferant des Menschen domestiziert – hatte seine Funktion darin, vom Jagderfolg unabhängig zu werden, nachhaltig und ausreichend Fleischversorgung sicherzustellen, wozu dann später noch Arbeitsleistungen kamen. Dieser Gedanke steckte hinter Züchtung und Aufzucht der sog. „Haustiere", deren wichtigste in unserem Kulturkreis, Pferd, Kuh, Schwein, Schaf, Ziege, Hase und Huhn waren, die die Basis der Nahrungssicherung stellten. War ein solches Tier „reif", waren die Vorräte aufgebraucht, wurde es geschlachtet und verarbeitet. Geburt, Aufzucht und Schlachtung von Tieren war eine normale Alltagserscheinung des Familienlebens, in das alle Mitglieder arbeitsteilig eingebunden waren.

Unser rasanter Struktur- und Wertewandel, den wir hinter uns gebracht haben bzw. in den wir unentrinnbar eingebunden sind, hat es mit sich gebracht, dass der Mensch um diese elementaren und fundamentalen Ereignisse nicht mehr weiß; weil er sie nicht mehr erlebt; weil sie ihm nicht mehr präsent sind; weil er keine Verbindung mehr zu und mit ihnen hat!

Vor diesem Hintergrund wird deutlich, warum der Jäger in dieser unserer Zeit in eine so profunde Legitimationskrise gelangt ist, die ihn zu einer randständigen, obsoleten und störenden Erscheinung macht und auf die eine ebenso ahnungslose wie einseitig sensibilisierte Gesellschaft mit Abstoßung reagiert. -

Er wird nachweisen müssen, warum er so handelt; welche Funktion die Jagd hat; dass seine spezifische Art der Naturnutzung legitim, ökologisch vertretbar und ökonomisch geboten ist; dass eine biotopangepasste Wildbestandsregulierung nur durch den dazu ausgebildeten Jäger möglich ist; dass er allein die dazu notwendige Kompetenz besitzt sowie über das erforderliche Instrumentarium verfügt.

Er hat überdies den Nachweis zu erbringen, dass es möglich und geboten ist, im Sinne der Erhaltung eines artenreichen und gesunden Wildbestandes die Vorgaben der Reduktion mit denen der Selektion zusammenzuführen und so dem Ziel der Erhaltung der Kulturlandschaft insgesamt zu dienen. Kein vernünftiger Mensch nämlich wird daran zweifeln, dass die Wiederherstellung des Urwaldes in Mitteleuropa allenfalls realitätsfremden Utopien entspringt, nicht aber Ziel einer Realpolitik sein kann! Und genau an dieser Stelle hat der Jäger ein ebenso vielschichtiges wie verantwortungsvolles Betätigungsfeld, in dem er die ihm von der Gesellschaft übertragene Aufgabe zu erfüllen hat.

Und eben diese kommt nicht ohne das Töten von Tieren aus, zu denen auch solche gehören, zu denen der Mensch ein emotionales und irrationales Verhältnis entwickelt hat, das sachlich nicht fundiert ist und begründet werden kann. Dies allerdings hat er so vorzunehmen, dass dabei die berechtigten Tierschutzforderungen konsequent eingehalten werden, denn zum schnell tötenden, sicheren Schuss, der ein schmerzloses Ende nach sich zieht, gibt es keine legitime Alternative.

Aber der Jäger sollte sich auch dazu bekennen, dass er Freude an einer Trophäe haben will und diese anstrebt, denn sie steht ihm quasi als Lohn für seine vielfältigen, mühevollen, kostenintensiven und arbeitsschaffenden Aktivitäten und Initiativen zu.

Da es von Natur aus weder „süße noch goldige oder liebe Tiere" gibt, sondern dies Übertragungskategorien des Menschen sind, die in der Natur keine Bestätigung finden, wie auch die Kategorien „böse und gut" hier nicht greifen, ist es weder schlimm noch verwerflich, wenn der Jäger verantwortungsbewusst und kompetent in die Natur nutzend eingreift!

Bevor er also seine Entscheidung trifft, die in der Überschrift thematisiert wurde, wird er abzuwägen und zu entscheiden haben, ob der Abschuss des ausgewählten Wildes vom Geschlecht desselben, seiner Konstitution, seiner optisch festgestellten Verfassung, dem Gesamtbestand, der Biotopkapazität und der Schadenssituation her gerechtfertigt, geboten, angezeigt oder vertretbar ist. Diese Entscheidung hat naturgemäß schnell und entschieden zu erfolgen, denn „nicht jeder Jagdtag ist auch Fangtag!" –

Der Jäger ist aber nicht nur Regulator, Selektor und Exekutor, sondern auch Mensch, dem in Ausübung seines Handwerks Fehler unterlaufen können, die Nachsuchen, Krankschießen oder Wildverluste nach sich ziehen können. Was in solchen Fällen zu tun ist, hat er gelernt, und so mancher Nachsuchenbericht zeugt von dem unbändigen Willen des Nachsuchengespannes, die zugefügten Leiden abzukürzen und möglichst bald zu beenden.

Vorurteile, Neidprojektionen, fehlgeleitete Tierliebe, Unwissenheit und Emotionalität auf Seiten der Nichtjäger und Arroganz, elitäres Gehabe sowie anmaßendes Auftreten in der Öffentlichkeit seitens des Jägers errichten Kommunikationsbarrieren zwischen den Parteien, die von beiden Seiten her angegangen und abgebaut werden müssen, will man in einen nachhaltig vertrauensvollen Dialog miteinander eintreten, zu dem es keine Alternative gibt!

Ausnahmen bestätigen die Regeln

Wir haben es uns angewöhnt, die Mehrzahl der Angehörigen einer Gruppe nach wenigen Negativausnahmen derselben zu be- und zu verurteilen. In Anwendung dieser „Logik" wären alle CDU-Mitglieder Spendennehmer, alle Bündnis Grünen Öko Fundamentalisten und alle Konservativen Rechtsextreme.

Diese Seh- und Urteilsweise hat für denjenigen, der sie anwendet, den „Vorteil", dass unsere komplexe Welt einfach und überschaubar in Gut und Böse bzw. Richtig und Falsch eingeteilt werden kann, was ihn der Mühe enthebt, sich mit den Dingen intensiver und genauer auseinanderzusetzen als er es eigentlich müsste. Nur: die Hochrechnung vom Einzelbefund auf die Gesamtmenge kann nicht funktionieren, weil sie die Erkenntnis außer Acht lässt, derzufolge die Ausnahme die Regel bestätigt. -

Der Aasjäger, der Grenzschinder, der Abknaller und der Trophäengeile sind Negativausnahmen, deren Existenz niemand seriöserweise leugnen wird, die aber keinen Rückschluss auf die Befindlichkeit der gesamten Jägerschaft zulassen. Wer alles über einen Kamm schert, bevor er alle in einen Topf wirft, um sie dann im Saft wohlfeiler und eingängiger Vorurteile und Verallgemeinerungen zu garen, der wird daraus niemals etwas Verträgliches zusammenbrauen.

Die klare, eindeutige und überwältigende Mehrheit der deutschen Jägerschaft besteht nachweislich aus passionierten, anständigen, waidgerechten und korrekten Menschen, die sich ihrer Sache mit Hingabe, Passion, Ausdauer und Verantwortungsbewusstsein widmen. Sie jagen mit Kopf und Herz, akzeptieren und beachten die jagdlichen Ge- und Verbote, halten sich an die unausgesprochenen Regeln und wenden viel Zeit und Geld auf, um der Natur dort wieder auf die Füße zu helfen, wo sie durch menschlichen Unverstand und menschliches Fehlverhalten großen Schaden genommen hat. -

Die Jagd führt sie zusammen und stiftet Zusammengehörigkeit ebenso wie das Bewusstsein der gemeinsamen Verantwortung für das Wohlergehen der anvertrauten Natur und deren Geschöpfe. Sie verdienen es deshalb nicht, mit solchen in einem Atemzug genannt zu werden, die diesen Konsens einseitig aufkündigen und rücksichtslos aus ihm aussteigen, wenn es ihnen geboten erscheint. Im Gegenteil: sie leiden unter dergleichen „Waidgenossen", weil sie wissen, dass man außerhalb der eigenen Reihen um diese Differenzierungen nicht weiß und weil sie – zu recht – befürchten, egal was sie tun und wie viel sie tun, dass sie mit ihnen zusammengeworfen werden.

Wir Jäger sind weder bessere noch schlechtere Menschen als der gesamtgesellschaftliche Durchschnitt unserer Republik, sind weder Lichtgestalten noch Monster. Weil wir exponiert leben und agieren; weil wir uns in vielerlei Hinsicht optisch, akustisch, sprachlich und praktisch von den Mitmenschen abheben geraten wir automatisch unter Generalverdacht, von dem es nur ein kleiner Schritt zur Kollekivverurteilung ist, mit der wir im Vor- und Nachkriegsdeutschland schlimme Erfahrungen gemacht haben. Es ist geradezu paradox, dass wir uns ob unserer multikulturellen Toleranz beweihräuchern und auf die Schultern klopfen und gleichzeitig die von uns allein schon deswegen verurteilen, die das tun, was schon die Urväter taten – jagen!

Ein Vorurteil wird nicht schon allein deswegen Wirklichkeit, weil es auf Annahmen beruht, die die Allgemeinheit teilt und formuliert und weil es – politisch und medial verstärkt – communis opinio geworden ist. Auch wenn es schwer sein wird und schwer fällt: wir alle sind daher aufgefordert, durch unser Alltagshandeln von unserer Gesinnung und unserer Einstellung durch praktisches und vorbildliches Handeln Zeugnis abzulegen – nicht durch Reden sondern durch Handeln. Wir brauchen uns daher unseres Tuns nicht zu schämen, sollten aber gleichwohl bestrebt sein, unsere eigenen Reihen sauber zu halten, denn ein einziger fauler Apfel steckt bekanntlich schnell die anderen an.

Jagen – nur Befriedigung des Beutetriebes?

Menschliches Handeln ist – ob uns das nun behagt oder nicht – in wesentlichen Teilen triebgesteuert, wenngleich diese Erkenntnis manchen so gar nicht in das Klischee des rational und aus edlen Motiven handelnden Menschen, der dazu prädestiniert ist, gut und richtig zu handeln, passt. Aber die Natur richtet sich nun einmal nicht nach dem Theoriediktat des Menschen sondern nach den ihr eigenen Evolutionsgesetzen. -

Fortgeführt ergibt sich aus diesem Ansatz die Konsequenz, dass menschliches Handeln auf Triebbefriedigung hin angelegt ist, denn wozu diente es sonst? Gelangt der triebgesteuerte und -motivierte Mensch in seinem Handeln nicht zur Befriedigung, tritt die Triebfrustration an deren Stelle, die bekanntlich viele unterschiedliche Gesichter hat. Gerade auf dem Felde der Jagd lässt sich dieser Mechanismus gut nachweisen, denn wer von uns kennt nicht die lähmende Wirkung vieler frustrierender Heimkehrwege von der Jagd, wenn sich „der Ersehnte" – wieder einmal – nicht blicken ließ, obwohl er anderen geradezu über die Stiefelspitzen lief!

Unsere jagenden Urväter zogen aus, um für die Sippe „Fleisch zu machen", wenn die Vorratslager und die Mägen leer waren. Kehrten sie erfolglos heim, bedeutete das oftmals Hunger, Entbehrung, Krankheit oder Tod. Um diesen Frustrationen zu entgehen, verfeinerte der jagende Mensch sein jagdliches Repertoire, optimierte es und entwickelte es fort. Geblieben ist uns Nachfahren der Beutetrieb, denn wenn wir erfolg-, anblicks- und beutelos in unsere Wohnhöhle zurück kommen, bricht dort keine Hungersnot aus, weil wir ja die Gefriertruhe mit ihren diversen Schätzen dort wissen. Gleichwohl ist unsere Reaktion gleich der unseres ehrwürdigen Vorfahren – wir sind frustriert (= sauer, enttäuscht, zerknirscht, demotiviert). -

„Jägerisches Handeln" als Triebbefriedigung? Im Ansatz, vom Fundament her gesehen schon, aber doch deutlich mehr und anders! Wir jagen – unserem Vorfahren gleich – um Beute zu machen; Wild zu erlegen; etwas mit nach Hause zu bringen; etwas zum Herzeigen zu haben. Das ist es, was uns immer wieder hinaus treibt, Pflichten, Wetter und den strafenden Blicken der Familie zum Trotz.

Vom Erschlagen des Mammuts durch die felsbrockenschleudernde Menge bis hin zum optikunterstützen Einzelschuss auf das Blatt von Reh, Sau oder Hirsch war es ein langer, windungs- und unebenheitenreicher Weg, aber er wurde vom jagenden Menschen gegangen, weil dieser „dem dunklen Drange" folgend hinaus ging, obgleich ihn kein existenzieller oder überlebensnotwendiger Zwang mehr treibt.

Was also ist denn nun dran an der Sache mit der „Jagd als Befriedigung des menschlichen Beutetriebes"? Sie ist mehr, anders, unterschiedlich, obwohl sie auf diesem Fundament basiert. Der heutige Jäger erfährt seine Befriedigung dann, wenn: er das ausgeguckte Stück mit gutem Schuss richtig, schnell und schmerzlos strecken konnte; es sich beim genauen Hinsehen als vorgabeentsprechend erweist; und – das ist dann das „Sahnehäubchen" – durch seine Trophäe dem Glücklichen ein heißersehntes Geschenk macht.

Dann – und nur dann – tritt Befriedigung im Sinne von Beruhigung in das vorher aufgewühlte Jägerherz. Sie ist aber auch dann gleich tief und ausgeprägt vorhanden, wenn das laufkranke, abgekommene, überalterte oder verwaiste Stück – endlich – zur Strecke ist!

Die jägerische Befriedigung zieht dann in den Jäger ein, wenn die Erbeutung in einer nachvollziehbaren Relation zum vorherigen Aufwand steht und diesen krönend abschließt. Was nicht heißen soll, dass nicht gerade auch die unverhoffte kapitale Begegnung tiefe Befriedigung auslösen kann.

Ich persönlich bin tief dankbar und – wenn es denn erwünscht wird „befriedigt" – wenn es mir gelungen ist, richtiges Ansprechen, sauberes Schießen und nachsuchenlose Inbesitznahme zu Deckung zu bringen; wenn es mir gelungen ist, einen sauberen Strich unter eine saubere Jagd zu ziehen. Wenn am Ende die „befriedigende Gewissheit" und nicht die unbefriedigende Ungewissheit steht. Heute sage ich mir: lieber nicht als zu schnell, falsch und unsauber!

Im High-Tech-Zeitalter, wo dem Jäger Nachtsichtgeräte, Geländewagen, Transportwinden, Lock- und Duftstoffe unterschiedlichster Verwendungsdimensionen, Komfortkanzeln „bis minus 40 Grad Celsius" und Kirrungsequipment vom Feinsten „zur Verfügung stehen", kommt es besonders auf die menschliche, ethische und moralische Grundausstattung des Waidmannes an, damit er nicht im Gestrüpp der vielfältigen und verführerischen Angebote den Überblick über sich selbst und sein Handeln verliert. Erlaubt ist eben nicht, was technisch machbar ist sondern jagdlich vertretbar, angemessen und nachprüfbar. Der anständige Jäger braucht niemanden, der ihm von Gesetzes wegen nachschnüffelt und nachspioniert, denn er weiß selbst, was er zu tun bzw. zu unterlassen hat. Derjenige aber, der vom Geld nach oben geschwemmt ohne innere Beziehung zu Tier, Landschaft und Pflanze seinem „Geschäft" nachgeht, der jagt nicht und bedarf der Kontrolle. Das ist alles andere als eine pharisäerhafte Aufforderung zu Denunziation oder Observation sondern die Aufforderung, den eigenen Stall reinzuhalten von Elementen, die uns allen nur schaden und die Jagd ihren militanten Gegnern ausliefern.

Versuch einer Jägertypologie

Nein, es gibt sie nicht, d i e Jäger, wohl aber sehr viele unterschiedliche und verschieden geartete Menschen, die durch die Tatsache, dass sie sämtlich der Jagd nachgehen, als zusammengehörig anzusehen sind, aber das ist es dann auch schon! Jeder jagt so, wie es seiner Persönlichkeit entspricht, die zum Teil sogar genetisch festgelegt ist und drückt der Jagd dadurch „seinen Stempel" auf. Gleiches gilt für die Art und Weise, wie er auf Freude oder Leid reagiert oder sich zu seinen Mitmenschen verhält. Also bitte nicht d i e Jäger sondern Jäger – das ist sachlich richtig und stimmt mit den Realitäten überein. Ansonsten könnte man ja auch gar nicht sagen: „Zeige mir, wie Du jagst, und ich sage Dir, wer Du bist!"

Von dieser Erkenntnis ausgehend sind mir im Laufe meines hier niedergeschriebenen Jägerlebens so allerlei „Varianten des Jägers" untergekommen, dass es mich geradezu verlockte, eine „Jägertypologie" aufzustellen, die freilich weder wissenschaftlich korrekt noch bierernst gemeint ist. Man lese sie also bitte augenzwinkernd, denn so wurde sie auch geschrieben – fernab von jeglichem Versuch einer Schablonisierung und Prototypisierung. Wie es denn generell nicht gelingen kann, den Menschen über einen Leisten zu schlagen oder rastermäßig zu erfassen! -

Am auffälligsten weil stets in den Vordergrund drängend und sich dort unangenehm breit machend registrieren wir dementsprechend „den Prahler"! Seinem eigenen Bekunden – und nur dem! – entsprechend führt er ausschließlich absolute Präzisionswaffen, mit denen er auf astronomische Entfernungen gezirkelte Blattschüsse anträgt, die auch das stärkste Wild „blitzartig im Knall zusammenwerfen und umreißen"! Schon diese Wortwahl verrät, wes Geistes Kind solche grünen Zeitgenossen sind. Ihre Hunde sind natürlich ebenso feinnasig wie ausdauernd, rabiat scharf, haben sämtliche Prüfungen summa cum laude bestanden und – wer würde je daran zweifeln – den Formwert Vorzüglich!

Wer diese beiden nicht einlädt, weil er ihren wahren Wert nicht erkennt, der ist selbst Schuld daran, dass ihm so eine einmalige Bekanntschaft versagt bleibt. Jede Trophäe, die ein anderer vorweist, wird natürlich von seinen getoppt. Dass er „gar nicht mehr weiß, wo ich meine Knochen noch aufhängen soll" wird ebenso beiläufig eingestreut wie die Tatsache, dass seine Sauen „dicke Keiler", seine Hirsche „Klotzkronenträger" und seine Böcke „Sibirier" sind -was denn auch sonst! Mit derlei Waidgesellen kann ich überhaupt nicht, denn ich empfinde sie als unerträgliche Wichtigtuer, die jede nette Runde oder Gesellschaft sprengen. Da empfehle ich mich dann lieber schnell aus der Hörweite, denn das halten meine Nerven nicht – mehr! – aus. Gräbt man dann einmal genauer nach, kann es passieren, dass die vorgebliche Präzisionswaffe lediglich aus einem Katalog stammt und der Dicke gerade mal eben Überläuferformat hatte. Hat der Betroffene wirklich einen Hund, dann ist der oft genug waidlaut, schussscheu oder gar ein Blinker. Deshalb: Ball flach halten, lieber Waidgenosse und nicht allzu heftig auf die Pauke hauen; denn: Arroganz kommt in aller Regel vor der Peinlichkeit des Realitätstestes! -

Dicht auf den Schalen folgt ihm „der Besserwisser"; er ist keineswegs weniger schwer zu ertragen und eine ausgesprochene „Bereicherung" jedweder Vergesellschaftung Grünberockter!

Dieser Mensch zeichnet sich dadurch aus, dass er – wie der Name schon sagt – in allem Bescheid weiß und zwar besser als jeder Experte. Er kann bei Gesellschaftsjagden, Schüsseltreiben, beim Begutachten von Trophäen, bei der Hundearbeit, beim Hochsitzbau, der Kaliberleistung von Büchsengeschossen, der Deckung von Schrotläufen sowie bei der Anlage von Wildäckern bis hin zur Zubereitung von Wildgerichten und der Traktion von Allradfahrzeugen die jeweils Betroffenen gewaltig und nachhaltig durch seine Einlassungen: „Nein; also, mein Lieber, ich hätte das ganz anders .. ! ... So, wie Sie das machen, ist das völlig falsch! ... Nein, da muss ich widersprechen, denn Ihre/Deine Meinung ist total verkehrt! ... Ich mache das immer ...!!" nerven.

Wer ist ihnen denn nicht schon begegnet und wer hat sie nicht schon in voller Aktion erlebt! Ob die psychologische Wurzel solchen Fehlverhaltens Minderwertigkeitskomplexe sind oder ob hier eine genetische Disposition zu Grunde liegt, darüber kann spekuliert werden; aber das macht solche Prachtexemplare auch nicht erträglicher. Übrigens: dieses Phänomen lässt sich quer durch alle sozialen Schichten und Berufsgruppen hindurch nachweisen und ist weder geschlechts- noch schichtenspezifisch. Besserwisser auf der Jagd haben natürlich die gesamte Waidgerechtigkeit „mit Löffeln gefressen" und strotzen geradezu vor Selbstgerechtigkeit. Ich sehe sie am liebsten von hinten in weiter Ferne und meide – wenn irgend möglich – jeglichen Kontakt mit ihnen! -

Nun „der Neidling" – sprich: der jagdneidische Jäger. Bevor ich mich genauer mit ihm befasse gleich zu Anfang ein Geständnis: ich war in meinen jagdlichen Sturm- und Drangjahren vom Jagdneid regelrecht gebeutelt und entsprechend „sympathisch". Auch habe ich alle Höhen und Tiefen des jagdneidinfizierten Nimrods durchlaufen und weiß daher, wie sehr sich solche Leute selbst im Wege stehen und sich so um das Schönste an der Jagd bringen können. Erst mit den Jahren und – geläutert durch manche Nackenschläge privater, jagdlicher und beruflicher Art – bin ich zunehmend davon weggekommen, denn sie lehrten mich, dass es im Leben eben nicht nur auf Jagd, Jagderfolg und Jagdglück ankommt. Schlimm daran sind solche „Mitbrüder und -schwestern", die auch im fortgeschrittenen Lebensalter nicht in der Lage sind, ihren Jagdneid zu zügeln oder zumindest sozialverträglich in den Griff zu bekommen. Man sieht es solchen Menschen förmlich an, dass sie beim Waidmannsheilwunsch dem beglückwünschten Erleger innerlich sicherlich alles andere wünschen als „Waidmannsheil!" Ihre Blicke verraten sie dabei ebenso wie ihre Körperhaltung und der gesamte Habitus. Im Grunde genommen sind es arme Menschen, die sich selbst jede Freude an der Jagd vermiesen, das auch wissen, darunter leiden, aber dennoch nicht zu beherrschen vermögen.

„Der Zaghafte" – ein liebenswerter, sympathischer, zuvorkommender, netter Zeitgenosse, der sich aber nicht traut, etwas zu tun, weil er von den unterschiedlichsten und unterschiedlichst fundierten Skrupeln und Zweifeln geplagt ist, die ihn nahezu lähmen. Er bringt den Schuss auf freigegebenes Wild einfach nicht heraus, obwohl er sich eigentlich sicher ist, dass er schießen will und dass das Stück, das er vorhat, richtig und passend ist. So lässt er die Chancen ungenutzt verstreichen – immer im Anschlag auf das Stück, Auge am Zielfernrohr, rechte Hand am Abzugsbügel. Nach dem Ansitz auf Anblick oder Anlauf angesprochen berichtet er dann stockend und leise, dass er sich seiner Sache doch nicht sicher gewesen sei und dass das Stück nicht richtig gestanden habe oder dass ein Ast das Stück verdeckt habe oder abgesprungen sei oder...! Sie haben oft guten Anblick, Anlauf und ihnen bieten sich neiderregende Chancen, die sie gleichwohl nicht umzusetzen wissen, weil sie irgendwie „mit angezogener Handbremse" jagen – und darüber total unglücklich sind. Ein gequältes Lächeln, emporgezogene Schultern, erhobene Hände, Kopfschütteln – die Körpersprache sagt es, was sie nicht herausbringen: „Ich habe mich nicht getraut!"

„Der Heißsporn" – in allem das genaue Gegenteil des Zaghaften hat er das – jagdlich ungleich schwerer ins Gewicht fallende – Problem zu schnell, zu unüberlegt zur Sache zu gehen bzw. zu kommen, was selten ohne gravierende Folgen bleiben wird. Offenkundig sind er wie der Zaghafte Menschen, die jagdlich so handeln bzw. nicht, wie es ihnen ihre Natur, ihr Wesen nahe legt. Sie können nicht aus dem ihre Persönlichkeit prägenden „psychologischen Korsett" heraus und geraten dadurch nicht selten mit geschriebenen und ungeschriebenen „Gesetzen" in Konflikt: der eine, weil er sich nicht traut, der andere, weil er sich zu viel zutraut.

Der Heißsporn ist schnell entschlossen, seine Reflexe laufen blitzartig ab, er handelt oft ohne nachzudenken, er riskiert Schüsse im Grenzbereich, fackelt nicht lange – er steht dann oftmals da wie ein Häufchen Elend, wenn der rauschhaft wabernde Nebel verflogen ist und er am Objekt seiner Begierde steht, das er so gar nicht gesehen hatte, als der „Funken riss!" Da ist dann schnell aus einem Knopfer eine führende Ricke geworden, der alte Geheimrat weist einen Abschliff eines Dreijährigen auf und der Achter hatte in der rechten Stange doch ein drittes Ende, das ihn zum jungen einseitigen Kronenhirsch mit bester Zukunft macht. Absägen hilft nicht – ebensowenig wie reumütiges An-die-Brust-Schlagen nach dem Motto „mea maxima culpa!" Solche Gäste sind oft erhebliche Sicherheitsrisiken, deren Ankunft der Einladende ebenso angespannt entgegensieht wie er erleichtert die Abreise registriert. -

„Der Könner" – beneidet habe ich ihn stets: sei es beim Schnappschuss auf die schneisenquerende Sau; der Entendoublette noch über Kopf; dem hochflüchtigen Fuchs in der Garbe des linken Laufes. Ruhig, beherrscht und abwartend zunächst, dann „wenn es passt" die Blitzreaktion und – Waidmannsheil! Gute Reflexe, ein entsprechendes Auge, langjährige Übung, Erfahrung und die Fähigkeit, eine Situation blitzschnell analysierend zu eigenen Gunsten umzudrehen – das ist der Stoff, aus dem der Könner ist. Der wahre Könner wird niemals lauthals prahlen oder sich herausstreichen, denn er weiß, dass er es kann; er ist bescheiden und unaufdringlich, doch seines Könnens voll bewusst.

Solchen Jäger sieht der Gastgeber gern auf seinen Jagden und weiß ihn entsprechend zu platzieren, denn es soll ja schließlich auch irgendwie Strecke gemacht werden. Wenn man ein gutes Auge und Gesellschaftsjagderfahrung hat, dann verraten gewisse Kleinigkeiten am Gegenüber, ob man es mit einem Könner im vorerwähnten Sinne zu tun hat: eine Gebrauchsspuren aufweisende Waffe aus gutem Hause; einen mit entsprechenden Accessoires ausgestatteten Hut; die mit zusätzlichen Knöpfen oder Schnallen nachgerüstete Joppe und/oder die verspeckten, gepichten Bundlederhosen mit den spitzen Knieausbeulungen!

„Der Schweigsame" – er kann und mag nicht über seine Erlebnisse auf der Jagd erzählen, er trägt das, was er sah und hörte, wohl verwahrt in seinem Inneren zur eigenen Verfügung mit sich herum. Er hasst es, wenn er genötigt wird, sein Schweigen zu lüften und seine Aussagen bzw. Stellungnahmen fallen in der Regel mehr als knapp, ja geradezu dürftig aus.

Oft auch sprechen sie sehr langsam und leise – ohne mimischen oder gestischen Aufwand – und der „Gesprächspartner" ist in der misslichen Lage herausfinden zu müssen, wie denn eine gesprächsähnliche Kommunikation möglich sein könnte. In wenigen Sätzen – den Durchschnittssatz zu ca. sechs Wörtern gerechnet – könnte der „Bericht" über die Erlegung eines guten Bockes in des Schweigsamen Diktion etwa folgendermaßen lauten – die Fragen möge sich der Leser bitte in den Text hineindenken: „Ja, was soll ich da sagen? Er stand schon auf der Wiese. Er lag im

Feuer!" – Oft sind die Mienen der Schweigsamen so beschaffen, dass man aus ihnen rein gar nichts lesen kann oder aber es spielt ein allenfalls angedeutetes Lächeln um ihren Äser, was schon als besondere innere Anteilnahme gelten kann. Oftmals sind Könner Schweigsame oder Schweigsame Könner, wie ich es oft erlebt habe.

„Der Bodenständige" – er ist ein durchweg sympathischer, natur-, wald- und wildverbundener, passionierter Jäger, der entsprechend genetisch bedingt grüne Blutkörperchen besitzt und dem das Jagen angewölft ist – oft schon seit mehreren Generationen. Weit entfernt von allem überkandidelten und abgehobenen Brimborium, das manche um die Jagd machen, sind sie – wann immer es geht – „draußen im Busch", wo sie sich bestens auskennen: die Gewohnheiten des Wildes zu den unterschiedlichen Tages- und Jahreszeiten; seine Wechsel, Einstände und Verhaltensweisen; sie handhaben Kugel- und Schrotwaffe sicher und gekonnt wie die vielfältigsten Werkzeuge; sie sind auch in der jagdlosen Zeit um die Wege und halten die jagdbetrieblichen Einrichtungen ebenso in Ordnung wie Wildäsungsflächen; sie helfen aktiv bei der Beseitigung von Wildschäden an landwirtschaftlichen Kulturen und haben zu den Menschen ihres Jagdraumes ein intaktes Verhältnis, weil sie mit beiden Beinen im Leben und auf dem Boden der Realitäten stehen. Wohl dem Revierinhaber oder -pächter, der solche Leute zur Hand hat: er weiß, dass „sein" Revier, das Wild, die Jagd und die Anlagen in besten Händen sind. Nicht selten führen sie auch noch reviergeeignete und revierspezifische Hunde, was das non plus ultra ist. Bei ihnen ist die Jagd des – oft genug abwesenden – Pächters in den denkbar besten Händen! – Da bekanntermaßen die Jagd als eine der elementarsten menschlichen Existenzformen aufgrund ihrer tiefen Verwurzelung im menschlichen Triebsystem entsprechend den Firnis, den Kultur, Erziehung und Beruf darüber gelegt haben, jederzeit zu durchbrechen vermag, legt sie alles das bloß und offen, was ansonsten verborgen bleibt. „Auf der Jagd zeigt sich, wes Geistes Kind ein Mensch ist!" Sie offenbart seine Stärken und Schwächen, seine Fähigkeiten und sein Unvermögen, seine Möglichkeiten und Grenzen. So kommt es, dass unter dem Einfluss der Jagd bzw. gerade im laufenden Jagdbetrieb gelegentlich „alle Hüllen fallen", die Erziehung und Zivilisation um die Schultern des Jagenden gelegt haben. „Der war wie ausgewechselt; ich habe ihn so noch nie erlebt!" – Die Jagd hat eben Zugriff auf das Seelenverließ des Menschen, das sie immer gerade dann öffnet, wenn man es am wenigsten erwartet. Auch eine Begleiterscheinung der Jagd, die man auf den ersten und zweiten Blick gar nicht vermutet. Jagd ist eben viel mehr, anders und umfassender als alles das, was viele Menschen von ihr und über sie zu wissen vermeinen.

Die Zukunft unserer Jagd

Jeder verantwortungsbewusste Mensch beschäftigt sich, wenn er „in die Jahre gekommen ist", auf irgendeine Art und Weise mit seiner Zukunft, denn auf diese läuft ja sein Leben hinaus. Dies gilt für den privaten Bereich ebenso wie für den öffentlichen. „Was wird werden, wenn?" lautet die Frage, die sich der junge Mensch nicht stellt, weil er nach vorne drängt und auf Fortschritt setzt. Anderen Zeitgenossen stellt sich diese Frage nicht, weil sie sich deswegen keine grauen Haare wachsen lassen und darauf vertrauen, dass „alles seinen Gang geht, weil man doch sowieso nichts ändern kann!" – Außerdem vertreten ernstzunehmende Wissenschaftler zunehmend die These, dass Zukunft schlicht nicht prognostizierbar sei, weil derartige Vorhersagemodelle auf zu unsicheren Parametern und Annahmen begründet seien.

Alles dies einmal eingeräumt sind wir gleichwohl in der Lage, uns unter Zugrundelegung unserer Gegenwartssituation, eines systematisch angelegten Rückblicks sowie gewisser ablesbarer Trends eine Vorausschau zu wagen, die uns Auskunft darüber gibt, geben kann, wie die Zukunft unserer Jagd aussehen könnte. Unvorhersehbare Geschichts-, Gesellschafts- und Kulturabbrüche einmal herausgenommen wird/kann unsere Jagd folgende Entwicklung nehmen, wenn wir die Gegenwart richtig beurteilen und die Vergangenheit korrekt aufgearbeitet haben:

1. Die Jagdferne des Bundesbürgers nimmt eher zu denn ab mit der Folge, dass sie in Jagdkritik, Jagdfeindschaft und Jagdächtung umschlägt.

2. Je nach politischen Rahmenbedingungen wird dieser Prozess noch befördert, denn Politik und Politiker handeln ausschließlich nach Opportunität und Akzeptanz wodurch sie in die sog. Zeitgeistfalle laufen.

3. Der Jägerschaft werden immer weitergehende und einschneidendere Restriktionen auferlegt, die ihnen immer geringere Ermessensspielräume und Handlungsmöglichkeiten belassen.

4. Dort, wo der Einzelne zunehmend ausgeschaltet wird und mit ihm die Eigenverantwortung, dringt die Masse in die von ihm freigegebenen Positionen ein und übernimmt die Meinungsführerschaft.

5. Politisch setzt sich das Planungsziel der geistigen und materiellen Enteignung allmählich durch und eine exklusive, selbsternannte intellektuelle Elite übernimmt in Politik, Gesellschaft und Kultur die Meinungsführerschaft – unterstützt und protegiert von den gleichgeschalteten Medien.

6. Wer künftig noch jagen will, der muss sich der Bevormundung unterordnen, die ihm funktionärsdominiert vorschreibt, ob, wo, wann, wie und worauf er zu jagen hat.

7. Die Jagd und das in Jahrhunderten gewachsene Jagdwesen sieht sich zunehmend einer schleichenden Entsubstantiierung ausgesetzt, die ihm alles, was es auszeichnet, im Namen einer vorgeschriebenen Natursicht und Naturideologie nimmt.

Wird mithin die Jagd in absehbarer Zukunft eine Jagdausübung sein, die auf Erlaubnis, Genehmigung, Gestattung und engmaschigen Vorschriften basiert und durch Institutionen erteilt bzw. erlassen wird, die unter Vorspiegelung falscher Tatsachen „an die Macht" gekommen sind? Wird die dritte Diktatur auf deutschem Boden die einer sozialneidischen, ökologischen, fundamentalistischen und elitären Gruppe über eine medienfehlgeleitete Masse sein? Wird der Jäger zu einem Erfüllungsgehilfen, Vollstrecker und einer Marionette staatlicher Reglementierungsinstanzen, die sich nach ihrem langen Marsch durch Medien, Exekutive, Legislative und Judikative nun an der Spitze unseres Gemeinwesens etabliert haben? Durchaus nicht unwahrscheinlich, aber eben in einer Demokratie auch aktiv zu verhindern, denn Jäger sind Wähler!! Und eben darin liegt ein schmaler aber nicht unbedeutender Hoffnungsschimmer über dem Horizont unserer Zukunft. Dies jedoch nur dann, wenn wir alle gemeinsam, entschieden und geschlossen in die informationelle Offensive gehen, denn wer in dieser Gesellschaft keine Lobby hat und dazu noch schweigt, den fegt der Zeitgeist unbarmherzig und gnadenlos beiseite!

Wie steht es um unsere Jägersprache?

Sprache allgemein ist – das ist wissenschaftlich erwiesen – strukturell dem gesellschaftlichen Wandel ihrer Sprachgemeinschaft unterworfen und verändert sich mit ihr.

Wäre dem nicht so, wäre Sprache nicht anpassungs- und somit überlebensfähig sondern konservierte einmal eingenommene Positionen. Damit ist Sprache abhängig veränderlich von der Dynamik der sie tragenden und hervorbringenden Sprachgemeinschaft. Ein Beispiel: nach dem Ende des Zeiten Weltkrieges hielten Amerikanismen in großem Umfang Einzug in die deutsche Sprache und veränderten deren angestammten Wortschatz in einem bis dato unbekannten Maße und Umfang. Durch das Computerzeitalter, die Sprache der Medien und die Globalisierung von Wirtschaft und Kultur intensivierte sich diese Durchsetzung und Anreicherung, so dass damit ein Prozess der permanenten Veränderung, Erweiterung und Neubildungen eingetreten ist, der seinerseits eine eigene Entwicklungsdynamik angenommen hat.

Während heute die sog. „ältere Generation" (50 – 70-Jährige) kaum noch in der Lage ist , sich hierin zurechtzufinden geschweige denn diese Sprachmuster anzuwenden, sind „unsere Kids und Youngsters" (10 – 25-Jährige) demgegenüber kaum noch in der Lage, komplexere Satzgefüge zu verstehen, geschweige sie selbst aktiv zu verwenden: „Deutsch als Fremdsprache der Deutschen!" -

Unsere Jägersprache hat sich im Zuge der Ausdifferenzierung unseres Jagdwesens in Jahrhunderten zu einer Sondersprache entwickelt, die nur von Jägern beherrscht und verwendet werden kann und wird. Unter sprachsystematischem Aspekt ist die Jägersprache eine Fach-, Sonder- und Gruppensprache mit begrenztem Geltungsbereich und beschränktem Nutzerkreis. Sie verfügt über einen Wortschatz, der lediglich den Jägern zugänglich ist und wirkt daher nach außen abgrenzend, ausschließend und hermetisch – wie übrigens alle solche Untergruppen unserer Sprache. Als solche stiftet sie nach innen hin Identität und Zusammenhalt der Mitglieder dieser Lebens- und damit Sprachgemeinschaft, weshalb deren sichere Beherrschung eine zentrale Zugehörigkeits- und Zuordnungsfunktion besitzt. Durch diese Sondersprache vor allem setzt sich der Jäger von allen anderen Mitgliedern der gleichen Sprachgemeinschaft unverwechselbar ab.

Bis zum Ende des Zweiten Weltkrieges nun galt die eifersüchtig und puritanisch überwachte Einhaltung einer „korrekten" Jägersprache als Zunftzeichen, das von allen Mitgliedern vorausgesetzt wurde und als Gradmesser der „Jägerhaftigkeit" angesehen wurde.

Ich selbst habe es in jungen Jägerjahren noch erlebt, wie man im Falle missbräuchlicher, inkorrekter oder unzureichender Beherrschung der Jägersprache von den Gralshütern im grünen Rock massiv frontal angegangen und der unwaidmännischen Gesinnung geziehen wurde – Verbesserungen und Korrekturen vor versammelter Mannschaft inklusive! Es war geradezu ein Sakrileg, die Jägersprache nicht sach- und anlassgerecht zu beherrschen. Und dabei war es für uns grüne Füchse eine Frage der Ehre, gerade auf diesem Felde nicht zu versagen, weil man um die Sanktionen wusste.

Werde ich heute – freiwillig oder unfreiwillig – Ohren- oder Gesprächszeuge so mancher Jägerunterhaltung, so stellen sich mir, der ich seit Jahrzehnten Glatzenträger bin, auf eben derselben die Haare zu Berge. Zunehmend immer mehr Jäger aller Couleur und Profession sind offenkundig nicht mehr in der Lage, die Jägersprache anlassgerecht, situationsentsprechend und kommunikativ korrekt zu benutzen, wobei sich diese Unfähigkeit selbst auf die oft simpelsten Tatbestände bezieht. Ein Beispiel, das ich mir damals aufgeschrieben habe, weil ich es für symptomatisch hielt und halte, anbei: vom Ansitz zurückgekehrt trafen wir uns bei dem Jagdherren und erstatteten Bericht über die Vorkommnisse. Unter uns ein frischgebackener Jäger, seines Zeichens leitender Angestellter bei einer Versicherung. Dieser hatte ein Schmalreh gestreckt, das nach Erhalt der Kugel erst noch eine Fluchtstrecke mittlerer Länge zurücklegte, bevor es verendete. Hier der Bericht: „Das Reh kam auf die Wiese gelaufen und guckte nach dem Hochsitz. Dann fing es an zu fressen und steckte den Kopf in das Gras. Ich habe geschossen, aber es flüchtete mitten in die Wiese hinein ab, bevor es plötzlich umfiel. Als ich hinkam, war es aber schon tot!"

Wenn ich oben ausführte, dass diese Erscheinung gegenwärtig bei nahezu allen Berufsgruppen zu beobachten ist, dann stellt sich die Frage, ob die Jägersprache nicht mehr verbindlicher und zentraler Teil der Jägerprüfung ist. Oder aber geht sie auf das Konto der generellen Sprachschluderei und Sprachverwahrlosung, die wir derzeit allenthalben beobachten können? Auch aus Frankreich, England und Amerika dringt Kunde von vergleichbaren Entwicklungen zu uns. Man braucht ja nur einmal in unsere Landtags- und Bundestagsdebatten „hineinzuhören", um an den dort abgelieferten Reden engagierter Volksvertreter ablesen zu können, was man der deutschen Sprache alles anzutun in der Lage ist. Oder aber bei Interviews mit sog. „Promis": das Reservoir, aus dem sie Plattitüden, Allgemeinplätze, Floskeln, Leerformeln und Klischees schöpfen, scheint ebenso weitverbreitet wie unerschöpflich zu sein. Da möchte man unserem wackeren Versicherungsmann fast schon verzeihen, wie er den Tod seines Schmalrehes schilderte. Mit der Sprache entsorgt eine Gesellschaft aber auch ihre Kultur und ihr Selbstwertgefühl auf die Müllhalde der Geschichte – ohne dass ihr bewusst wird, was sie dort deponiert. Sprache im allgemeinen und Jägersprache im besonderen sind eben wesentlich mehr und empfindlichere Kulturgüter als die Zeichen einer auf Primitivstform reduzierten zwischenmenschlichen Verständigung, nach der dann offensichtlich wieder die Stufe der Zeichensprache kommt. Welch ein Verlust, welch ein Verfall! -

Mein ganz persönliches grünes Glaubensbekenntnis!

Ja, ich jage, weil mir die Jagdleidenschaft angewölft ist und mich an – und umtreibt, seitdem ich meine ersten Kinderschritte in den Wald lenkte!

Ja, ich jage, weil mir die Jagd Befriedigung, Glück, Erfüllung und Entrückung dadurch verschafft, dass sie mich in die Natur eintauchen lässt, die mir alles bedeutet!

Ja, ich jage, weil ich die vielfältigen Verpflichtungen, die mir die Waidgerechtigkeit auferlegt, bejahe, obwohl ich alles andere bin als ein jagdlich fehlerfreier Mensch!

Ja, ich jage, weil ich mich als Teil und Träger einer kulturellen Tradition verstehe und begreife, die ich weiterzugeben und fortzuentwickeln mich verpflichtet fühle!

Ja, ich jage, weil ich eine gute Trophäe ebenso schätze wie das Zusammensein mit Gleichgesinnten!

Ja, ich jage, weil ich dort am ehesten und schnellsten zu mir selbst finde, wenn ich mich aus dem Auge verloren habe!

Ja, ich jage, weil mir das Jagen Sinnerfüllung ebenso bedeutet wie Lebensperspektive!

Ja, ich jage, weil mir die Jagd bisher die intensivsten, tiefstgehenden und im weitesten Wortsinne „erschütterndsten" Erlebnisse bescherte, die mich vieles neu sehen ließen!

Ja, ich jage, weil ich dort meine besten, engsten und wichtigsten Freunde finden durfte, die mein gesamtes Leben beeinflussten!

Rückblick in Dankbarkeit – Vorausschau in Erwartung

Wem es vergönnt ist, so jagen zu können wie es mir vergönnt war und ist, der darf sich glücklich schätzen; und ich tue das! Dabei waren und sind es die Jagderlebnisse ebenso wie die menschlichen Begegnungen, die mich diese Jahrzehnte als ein großes Lebensglück empfinden lassen. Für mich gilt „Ohne Menschen ist die Jagd ein Erlebnis, das man nicht teilen kann. Geteilte Jagdfreude jedoch ist und wirkt doppelt"!

Viele Menschen durfte ich auf meinen heimatlichen Jägerpfaden kennen lernen, die mir – jagdlich wie menschlich – unendlich viel bedeuteten und bedeuten. Hier wie nirgendwo anders wurde mir bewusst, dass man ein Leben lang lernt und eigentlich nie fertig ist. Und das ist gut so!

Was geht über das Vorweisen einer Jagdbeute bei Freunden; die anschließende Plauderei am erlegten Stück; das gemeinsame Pläneschmieden für die nächsten Unternehmungen; die Teilhabe am Erfolg des Freundes; das Teilnehmen an seinem Misserfolg. Arm sind solche, die dazu verurteilt sind, alles, was sie jagdlich bewegt, für sich behalten zu müssen, es mit niemandem teilen zu können!

Egal, ob ich aus der kalten Nacht in einen warmen Stall trat, wo der Jagdaufseher des Jagdherrn am Füttern war; ob ich bei meinem Gastgeber vorfuhr, um ihm im Kofferraum den Erlegten vorzuweisen; ob wir uns zu mehreren nach dem Ansitz trafen, um gemeinsam gemeinsame Beute zu begutachten und uns auszutauschen; ob wir uns auf der Hütte im Schein der Petroleum- oder Gaslampe zusammensetzten, um Nachlese zu halten, während der Nachtwind um diese wehte!

Schön, beglückend und vertraut, wenn man weiß, dass nach dem Ansitz irgendwo irgendwer auf einen wartet, um zu hören, was war. Schön, beglückend und vertraut wenn man von weiter her die knirschenden Schritte auf nächtlichem Waldweg hört, die einem die Ankunft des erwarteten Freundes ankündigen, der zum Treffpunkt kommt.

Es war, es sind und es bleiben diese jagdlichen Miniaturen, diese kleinen Erlebnisse am Rande des Jagdgeschehens, die mir die Jagd stets zu etwas Besonderem gemacht haben! —

Was also erwarte ich denn nun noch angesichts dessen, was ich schon alles habe? Wohin richtet sich der begehrliche Blick eines zufriedenen Jägers? Noch mehr? Noch Kapitalere?

Natürlich geistert durch den Hinterkopf noch die Silhouette des dicken Keilers, den zu strecken mir bisher nicht vergönnt war! Liebend gern würde ich auch vor einem braven Abschusshirsch stehen – aber das wäre es dann auch schon – es müsste nicht sein! Wenn ich meine Gehörnwände mit den Augen absuche und da und dort verweile – jedes Stirnbein ist grün beschriftet und damit im Erlebnis rekonstruierbar – dann wandere ich zurück in vergangene Zeiten zu Freunden, die nicht mehr sind. Darin sehe ich den Sinn dieses Kultes, den ich mir von niemandem vermiesen lasse. Was also dann noch? Eigentlich wenig und doch viel zugleich:

Noch die mir zugemessenen Jahre aktiv und bewusst empfunden mit Freunden in heimatlichen Revieren zu verbringen.

Nachsuche und Nachlese

Dass Jagd und Jäger ganz etwas anderes sind als die medial vermittelten Zerrbilder, die auf Vorurteilen, Uniformiertheit und Neid beruhen – das wollte dieses Buch aufzeigen und vermitteln.

Unsere Jagd, wie wir sie von unseren Altvorderen übernommen haben, droht gegenwärtig zwischen den Mahlsteinen einer emotionalisierten Öffentlichkeit und schwarzen Schafen in den eigenen Reihen zerrieben zu werden, denn die Medien entscheiden darüber, ob und wie wir künftig – noch – jagen können.

Unsere Jagd unseren Kindern und unseren Enkeln im Sinne unserer Vorfahren zu erhalten und zu bewahren – das möchte ich mit dieser jagdlichen Lebensbeschreibung im Rahmen meiner Möglichkeiten anstoßen und vorantreiben.

Wir Jäger müssen in die Öffentlichkeit gehen, uns in die Politik einmischen, Stellung beziehen und – vor allem anderen – so sauber jagen, dass wir uns unseres Tuns nicht zu schämen brauchen. Auch sollte es keine falsche Solidarität mit denen aus unseren Reihen geben, die die Gesetze der Waidgerechtigkeit und des jagdlichen Anstandes mit Füßen treten.

Wir müssen den Mut haben, uns von ihnen zu trennen, damit nicht Profitgier, Prestigesucht und herzloses Schießertum all das zerstören, was im Miteinander der Generationen zuvor auf uns gekommen ist.

Der anständige Jäger hat keinen Grund, sich seines Jahrtausende alten Handwerks zu schämen und er darf und soll sich seiner Trophäen freuen. Er soll sich nur immer und überall darüber im Klaren sein, was er tut und wie er es anpackt!

Insoweit: „Hie gut Waidwerk allewege!"

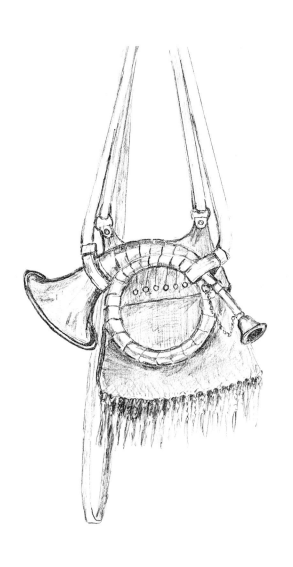

FINALE

Oft geht mein Blick zurück im Dank. -
Streift er Trophäen, Waffenschrank,
Dann wird mir warm um's Herz und klar,
Wie reich erfüllt mein Jagen war!

Was hält Hubertus noch bereit?
Wie lange haben wir noch Zeit?
Was ist noch für uns vorgesehen?
Jagt weiter, Freunde! Bleibt nicht stehen!

Jagt sauber, ehrlich, unverdrossen!
Das Wild, das ihr einstmals geschossen
Schießt Ihr nicht mehr, der Zeiger dreht
Sich auf der Uhr, die vorwärts geht!

Jagen dürfen – ein Geschenk!
Seid Euch dessen eingedenk. -
Jagt sauber, ehrlich, unverzagt:
Dann war es eine gute Jagd!

Öffnet Augen, Herzen weit,
Haltet Euch zur Jagd bereit!
Blickt nach unten! Schaut nach oben!
Dann wird man Euer Jagen loben!

Inhalt

Impressum 2

Der Autor 5

Dem Leser an's Herz gelegt 7

Präludium 9

Stationen 11

Mein jagdlicher Lebensweg 11

Der Kreis öffnet sich – jagdliche Kindheit und Jugend im Schlitzerland 11

Ein Füllhorn ergießt sich – Jagd, Menschen und Landschaft im Vogelsberg . . .19

Der Kreis schließt sich – erfülltes und erfüllendes jagen um Ludwigseck 25

Passionen 29

Jagen ist und bleibt eine Sache des Herzens 29

Jagd in den Jahreszeiten 29

Ein Gastjägerleben 32

Meine Waffen 35

Meine Ersten 37

Unvergessene Weggefährten 43

Gaststuben und Jägerklausen 45

Könnern auf die Finger geschaut 47

Erstes Niederwild: Hasen und Enten 50

Reineke und Ringellunte 54

Rehe – eine Jagd mit vielen Überraschungen .57

Hochwildjagd: Rotwild, Sauen und Muffel 60

    Rotwild 61

    Sauen 65

    Muffel 68

Auf Erdsitzen, Leitern und Kanzeln 71

Schlumpschüsse und Patzer 73

Passion und Jagdneid 78

Das verflixte Jagdfieber 80

Originale im Lodenmantel 82

Heimatliche Klepperjagden 88

Schlitzer Saujagden 91

Gesellschaftsjagden 96

Lauterbacher Drückjagden 97

Gast in der Westerholtschen Forstverwaltung 99

Im Oberwald 102

Eisenbacher Jagden 104

Jagden im Forstamt Ludwigseck 107

Höhepunkte und Sternstunden 110

Hüttenleben 112

Ehrenrottenmeister im Traumrevier 115

Fischen in Bach und Fluss 117

Pilze im Visier 120

Jagdliches Humorrido 123

„Halt, wer da?" 124

„Herbert, sie liegt!" 125

Der Teerfasskeiler 126

Frischlufttest im Kofferraum 127

„In's Buch oder ins Moos?" 128

„Gell, ich honn e lang Zong!" 128

„Schießt Euch doch selber tot!" 129

Grenzscheißereien 130

Warmer Regen in der Sylvesternacht 131

Ein Allradduell 132

Die himmelnde Sau 133

Die Nummernbuche 134

Pferde schauen dabei zu 134

„Was ist Hartholz?" 135

Das Herz eines Brunfthirsches 135

Nächtlicher Elektroschock 136

Wildschadensverhütung mit Gesang 137

Nackte Baumbesteigung im Winterwald 138

„Rrrappp!" 139

Talfahrt auf dem Kontrabass 140

Die abgeschlagene Trophäe 141

Die falsche Schrotpatrone 141

Das wiedergefundene Gebiss 142

„Stell' vor, wie wär!" 143

„Such' Verloren! Apport!" 145

Die Dicke 147

Wand der Wahrheit 152

Geschichten um „HÄTTE" und „WÄRE" 156

Um einen Rehbock 157

Um einen Keiler 158

Um zwei Hirsche 160

Über Wilderei 162

Freunde durch Jagen – Jagen durch Freunde 166

Positionen 168
Jagd im Spannungsfeld des Zeitgeistes 168
- Jagen wohin? 168
- Ohne Jagd kein Wild 170
- Jäger, Jagen und Jagd zwischen Mahlsteinen 173
- Unsere Jagd ist kommerzialisiert! 174
- Der moderne Mensch und das Tier 176
- Naturnutzung – eine Todsünde!? 178
- Das Medienbild von der Jagd 179
- Verbandsfunktionäre – der Fisch stinkt vom Kopf her 181
- Wirklich „gute" alte Zeiten? 182
- Jäger in die Schulen! 184
- Warum wir jagen 185
- Unsere Traditionen, unsere Rituale 187
- Unser Lehrprinzensystem 189
- Die Verantwortung des Jägers 191
- St. Hubertus oder St. Bürokratius? 192
- Jäger – Bambikiller oder Naturfreunde? 195
- Jagen – eine Sache auf Leben und Tod 197
- Ausnahmen bestätigen die Regel 199
- Jagen – nur Befriedigung des Beutetriebes? 200
- Versuch einer Jägertypologie 202
- Die Zukunft unserer Jagd 207
- Wie steht es um unsere Jägersache? 208
- Mein ganz persönliches grünes Glaubensbekenntnis! 211
- Rückblick in Dankbarkeit – Vorausschau in Erwartung 212
- Nachsuche und Nachlese 213
- Finale 215